AF618351

ANJA MÜLLER

SECHZIG PLUS

EROTISCHE FOTOGRAFIEN AUS BERLIN

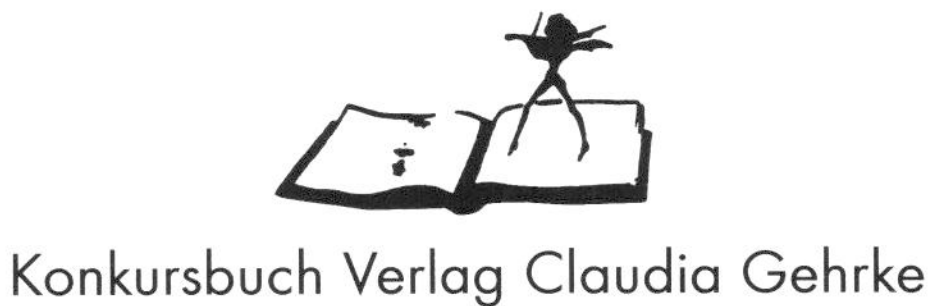

Konkursbuch Verlag Claudia Gehrke

Auf einer Fotoausstellung wurden Spuren der Vergangenheit gezeigt, verwitterte, blätternde Buchstaben an Häuserwänden, Fragmente von Namen. Ich stand vor den Bildern, wollte an Überleben und Überdauern denken und wunderte mich über mein wachsendes Befremden. Später erfuhr ich, der Fotograf habe seine Motive vor dem Ablichten mit Wasser besprüht, der Brillanz wegen. Das war's. Wie geplättet kamen mir die Wände auf den Fotos vor. Der Fotograf hat gelernt, wie man Effekte hinkriegt, offenbar nicht gelernt hat er, wo man lieber auf Effekte verzichten sollte. Auf einer anderen Ausstellung sah ich Tierfotografien eines bekannten Fotografen. Ärgerlich stand ich vor den Bildern und dachte an Claudia Schiffer. Rehe, Schmetterlinge, Papageien, Maul und Pranke des Löwen, Gräser, Bäume, Wasser, jedes Detail makellos. Jedes Bild eine Schablone. Es schien mir, als habe der Fotograf die Tiere nicht wirklich angeschaut. Fertige Bilder im Kopf, hat er sie herangezoomt und geschossen. Selbst der Einblick in die Tiefe des Tigerrachens ließ mich kühl, denn außer Tiefenschärfe kam nichts bei mir an. Mit einem Arsenal von Technik hat der Fotograf wilde und bizarre Tiere auf eine einzige gemeinsame Eigenschaft reduziert, Fotogenität.

Die meisten Bilder in Aktfotobänden öden mich gleichfalls an. Die Modelle darin haben bestimmt noch anderes vorzuweisen als die zur Genüge bekannten Ersatzteile wie aufgeworfene Lippen, große Augen, lange Beine, vollendete Hinterbacken, was dazwischen ist wenn sie sich bücken, und so weiter. Im Vorwort zu diesen Büchern wird gesagt, der Fotograf, die Fotografin ließe die Modelle spontan agieren, die Bilder bewiesen eine hohe Sensibilität. Ich sehe nur immer wieder die gleichen Rundungen, Spreizungen, Verbiegungen, Muskeln und hübsch dreinschauenden Augen, hervorragend ausgeleuchtet, scharf in jeder Hinsicht. Spontaneität spüre ich selten, dafür eher Kalkulation. Vieleicht fehlt mir ja die Antenne für den Genuss ausschließlich virtuoser Fotografie. Aktfotos wären entschieden erotischer, meine ich, sähen Fotografen und Fotografinnen an ihren Modellen nicht nur deren Gefälligkeit. Daher teile ich manchem Fotoband nach dem ersten und letzten Durchblättern seinen geklemmten Dauerplatz im Regal zu.

Anja Müllers Menschenbilderbücher gehören nicht zu dieser Kategorie. In ihren Porträt- und Aktfotografien erkenne ich die Sehweise einer Fotografin, die dem eigenen Blick auf ihr Modell standhält. Die abgebildeten Menschen erscheinen mir da im besten Sinn unperfekt. Im besten Sinn heißt schlicht: lebendig. Lebendigkeit ist das Gegenteil von Perfektion. Ich erahne den Augenblick vor dem Auslösen, Spannung, Abwarten, beharrliche Aufmerksamkeit. Kaum eines ihrer Bilder, vermute ich, war schon als Vorstellung im Kopf, die nun so gut wie möglich nachgestellt werden soll. Es scheint ihr um den Moment zu gehen, wenn das Modell echt ist. Feierlicher formuliert ist es der Moment, wenn sie etwas Wahres sieht. Im Vertrauen auf den Augenblick, in dem das Modell Kamera und Fotografin vergessen hat, entsteht ihr Bild, dessen Optik keinen Geschmack bedient, keinem Trend huldigt, das nichts Sensationelles behaupten will. Die Menschen auf Anja Müllers Fotografien behaupten sich selbst. Ob sie nackt oder angezogen sind und wie scharf auch immer, sie erlauben mir, wenn ich sie ansehe, meine eigene Spontaneität. Ich sehe Individuen, deren Mimik und Gestik ich mag oder ablehne, finde das Bild gut oder weniger gut, freue, ärgere, wundere mich. Die Schönheit des Bildes muss ich nicht vom geschönten Aussehen des Modells abhängig machen. Ich sehe keine für Konsumenten aufbereitete An- und Ausziehpuppe, kein Abziehbild. Der Ausdruck ihrer Modelle (ich sträube mich gegen Modelle; soll ich denn aber statt dessen Objekte, Motive, Themen sagen?) reflektiert den unvoreingenommenen Blick der Fotografin. Mit dem Sucher vorm Auge will sie einen Menschen herausfinden, dessen augenblickliche Richtigkeit, seine Widersprüchlichkeit, nicht nur seine Tauglichkeit zu gefallen. Ein Dialog zwischen Hinsehen, Warten und Entdecken spricht aus den eigensinnig genauen Arbeiten.

Darin entfaltet das Licht Stimmung. Wie sie mit

Licht umgeht, möge ihr selbst ein Geheimnis bleiben. Sie dreht und lenkt die vorhandenen Quellen, lässt Licht und Schatten über Körper und Gesichter schweben, tanzen, geistern. Licht und Schatten umhüllen und übermalen Konturen, betonen Formen, überzeichnen und übergehen sie. Auch wenn die Fotografin ihre Handhabung des Lichts aus dem Einfall heraus experimentell nennen mag, meine ich, reicht ihre leichte Hand über den bewusst spielerisch-experimentellen Umgang mit dem Arbeitsmittel Licht hinaus. Bei der Licht- Schattenverteilung muss ihr Instinkt im Spiel sein, eine Fertigkeit, die man wie Musikalität nicht erlernen kann.

Weil Anja Müller ihre Menschen sein lässt wie sie sind, ihnen auch ermöglicht sich zu zeigen, wie sie gesehen werden wollen und weil man keine Leistungsangst vor ihr zu haben braucht, ist es ihr gelungen, alte Menschen vor die Kamera zu locken. Eine neugierige junge Fotografin bringt alte Leute dazu, sich nackt vor der Kamera zu zeigen. Auch auf diesem strittigen Feld ohne parate Vorbilder vertraut sie dem eigenen Blick, richtet ihn auf Gestalten hinter dem Zaun des Zumutbaren und Abgesegneten. Mit ihrer Art hinzusehen wendet sie sich gegen jenes Vorurteil, das das Ansehen der Nacktheit gnadenlos beeinflusst. Unsere gängigen Sehweisen dem Ungenormten und Ungewohnten gegenüber, die auch oder sogar erst recht den mitleidigen Blick einschließen, wird sie als Fenster genommen haben, um da hindurch zu sehen. Mit dem, was sie wahrnimmt, zeigt sie schwarz auf weiß, dass das Alter es wert ist, wahrgenommen zu sein. Und sie beweist, dass Erotik alterslos ist. Die Fotografien in diesem Buch halten sich aus der Flut der Bilder, in der wir sonst treiben und uns treiben lassen. Es sollen keine Gegenbilder sein, sondern Fürbilder. Mitbilder.

Anja Müller lässt sich auf ihre Menschen ein. Darum lassen sie sich von ihr ansehen. Sie besprüht sie nicht mit Wasser, einer aber wässert sich selbst vergnüglich unter der Dusche. Niemand wird präpariert, kein Gesicht durch Glitzercremes beschönigt, keine Haut hinter egalisierendem Puder versteckt. Der Körpersprache von Frauen und Männern, die sich um ihre sexuelle Anziehungskraft weniger oder gar keine Gedanken mehr machen, der Mimik von Menschen, die alt geworden sind und nicht aufgehört haben, sich zu achten und zu mögen, spürt die Fotografin nach. Sie erkennt in ihren Modellen das liebenswert Eigene. Die einzelnen Bilder sprechen für sich, zugleich tritt jedes über den Rand und erzählt mir von Verschämtheit und Aufbegehren, vom Zweifel, sich auf die Situation eingelassen zu haben, der spitzbübischen Lust sich zu zeigen, das Sosein verewigen zu lassen, der erschrockenen Verwunderung über den eigenen Mut. Wenn die alte Frau, sich erinnernd, wie ein Kind mit der ungewohnten Situation gespielt haben mag, so ist in ihrem Gesichtsausdruck das Ungeübte des Spiels als überraschender Spaß wahrzunehmen. Humor, Schalk, Selbstironie, Mädchen- und Jungenhaftigkeit fliegen mich an. Jedes Bild erzählt von der Furcht vor der Ungunst des Moments, von der Hoffnung gut auszusehen, von Entrüstung und Scheu. Vom Dennoch.

Die Fotografin hat Fragilität, Befangenheit, Verschmitztheit und Ernst, die gemischten Gefühle mit Vorschlägen und Ermunterungen ihrer sanften Stimme, den Einfällen des Lichts, ihrem Blick und ihrem Vertrauen in den richtigen Moment eingefangen. In keiner Aufnahme verrät sich eine Pose, ich entdecke keine berechnende Geste. Was unzählige Fotografien, die das Vorurteil transportieren, trotz oder wegen ihrer Brillanz selten zum Ausdruck bringen, kommt in der Lebendigkeit dieser Bilder zum Vorschein. Schönheit lassen sie sehen, Schönheit des Blicks, des Lächelns, einer Bewegung. Schönheit durch das Blättern der Zeit hindurch.

Schönheit, die sich nicht kalt machen lässt.

Sigrun Casper

Für Mama und Papa

Vielen Dank an:
Eleonore, Brigitte, Hartmut, Eva, Detlef, Sigrun, Hans C., Helga, Eveline, Annelie, Gisela, Rolf, Barbara, Dieter, Gerburg, Heidi, Leslie, Ellen, Felice, Oma, Wolfgang W., Hans, Ella, Eckart, Klaus, Hans, Margot, Rudolph, Hannelore, Wolfgang, Christa, Burkhard, Hildegard, Karl-Heinz, Roland, Nina und Dagmar – und ein besonderer Dank an Mathias, der noch lange keine sechzig ist.

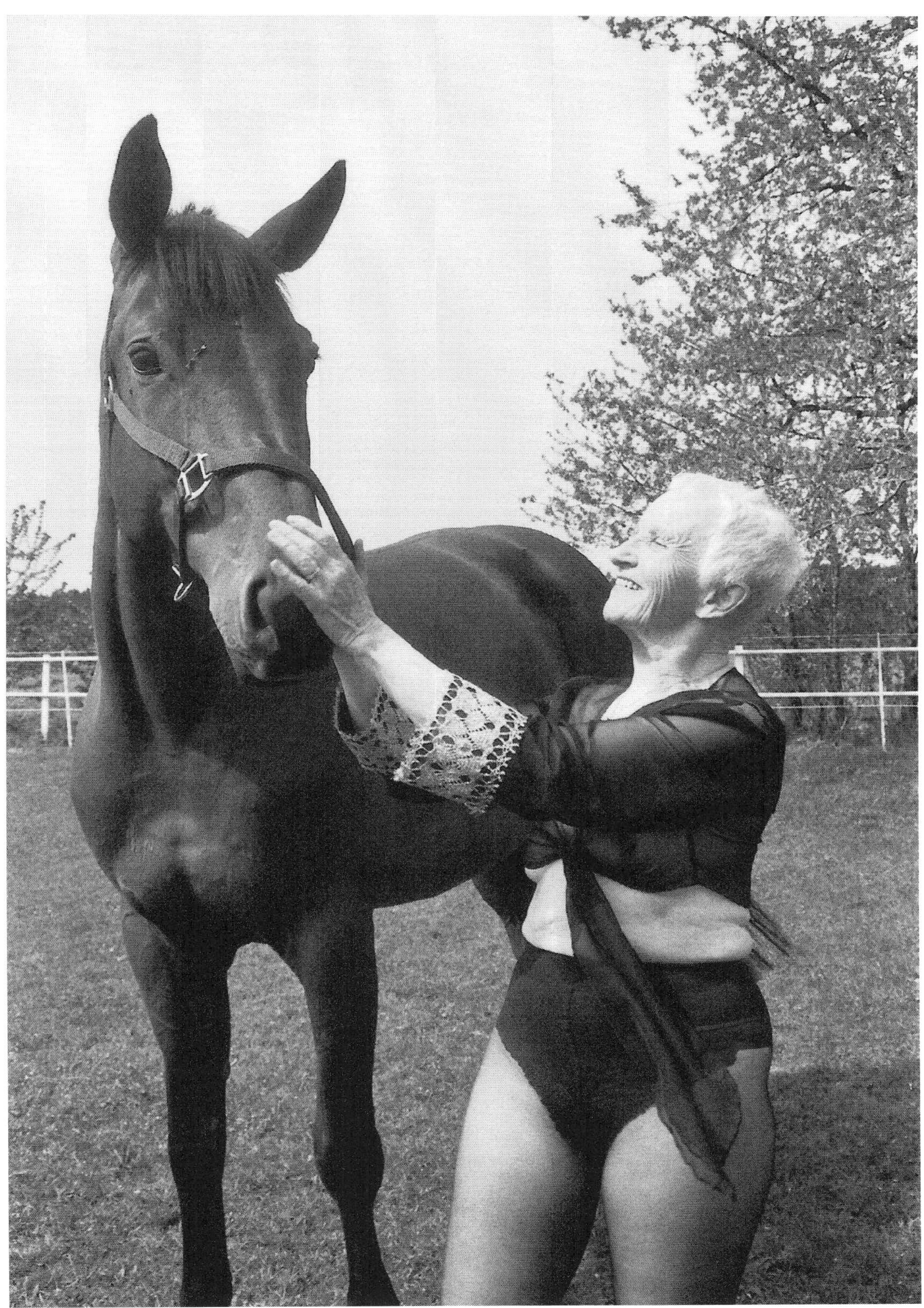

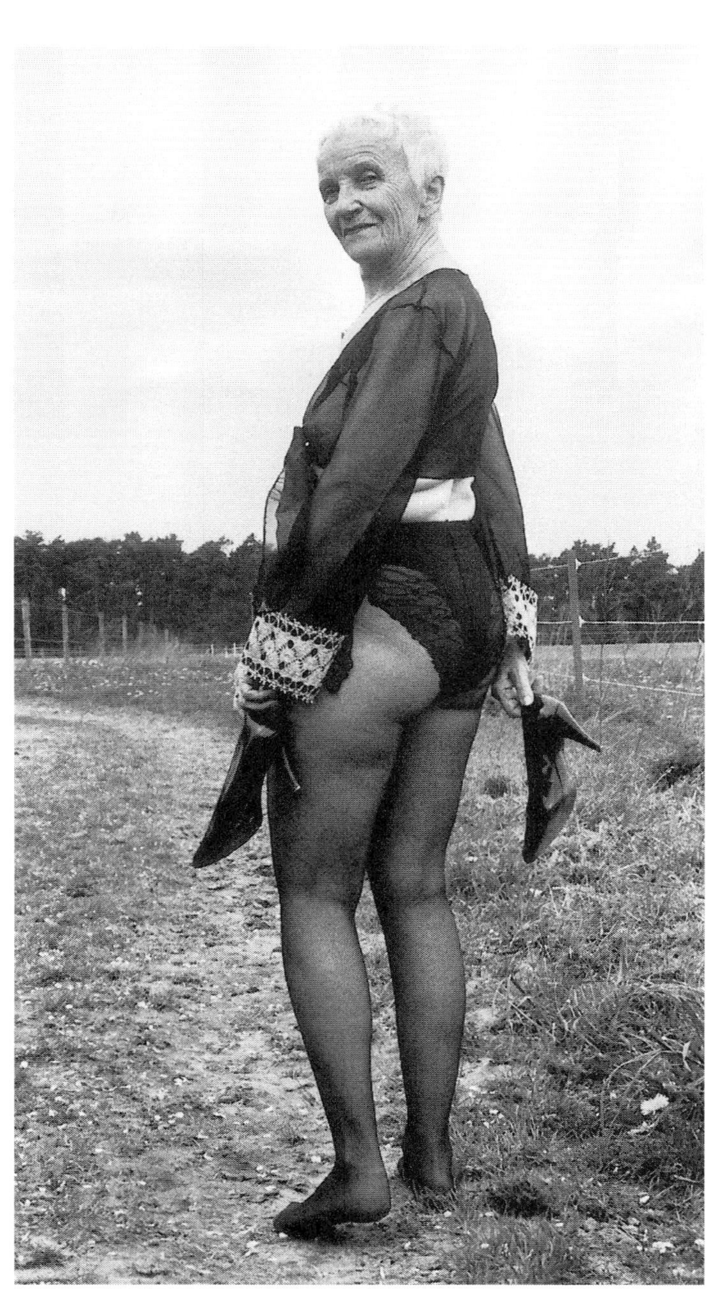

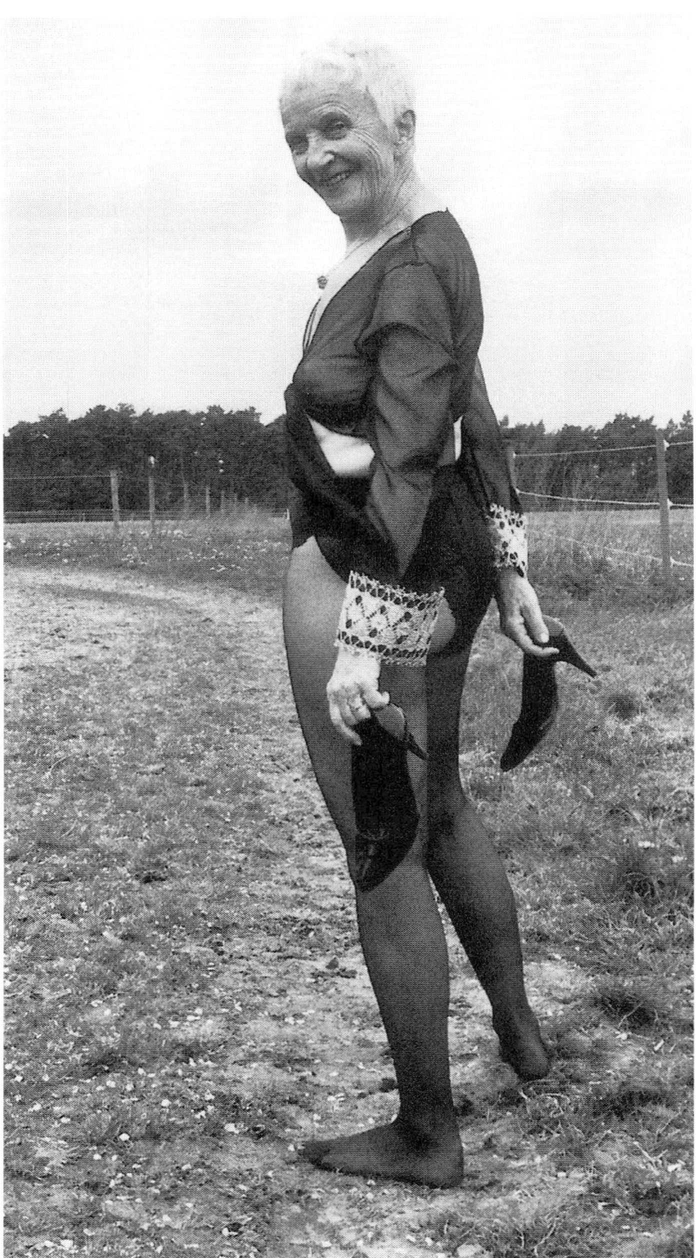

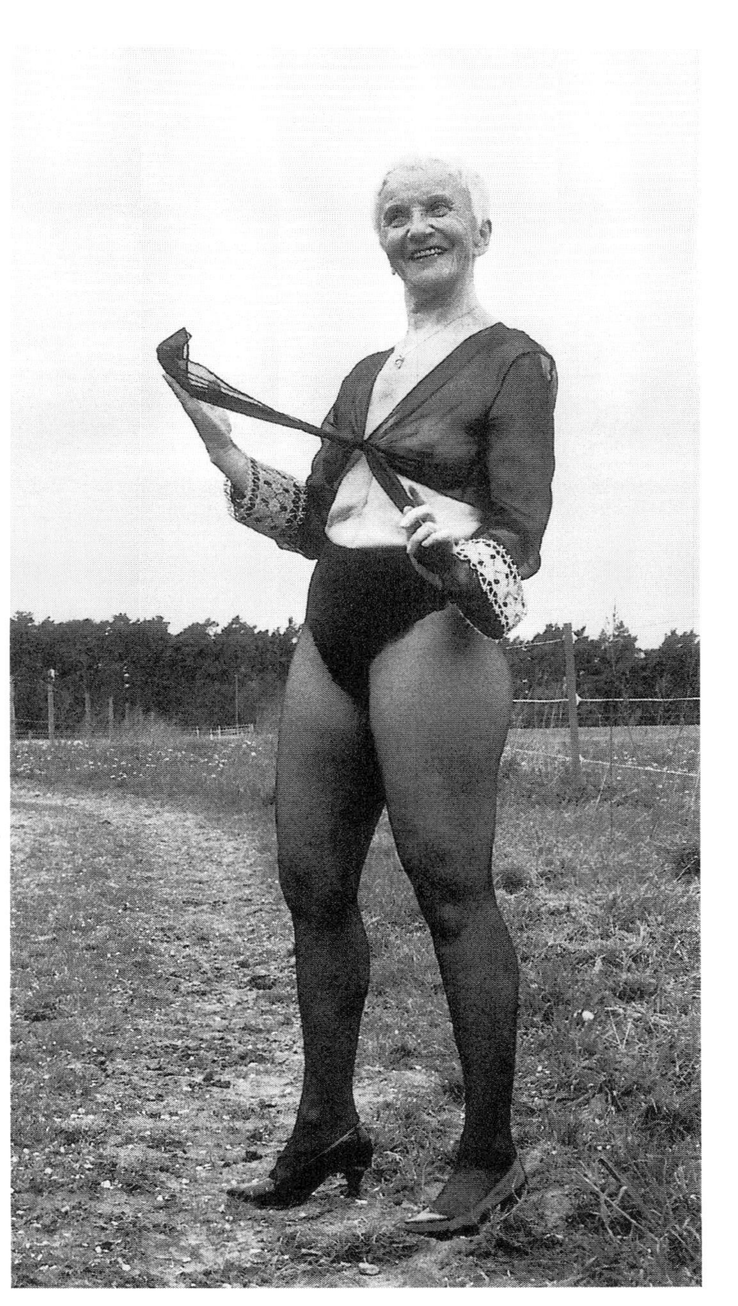

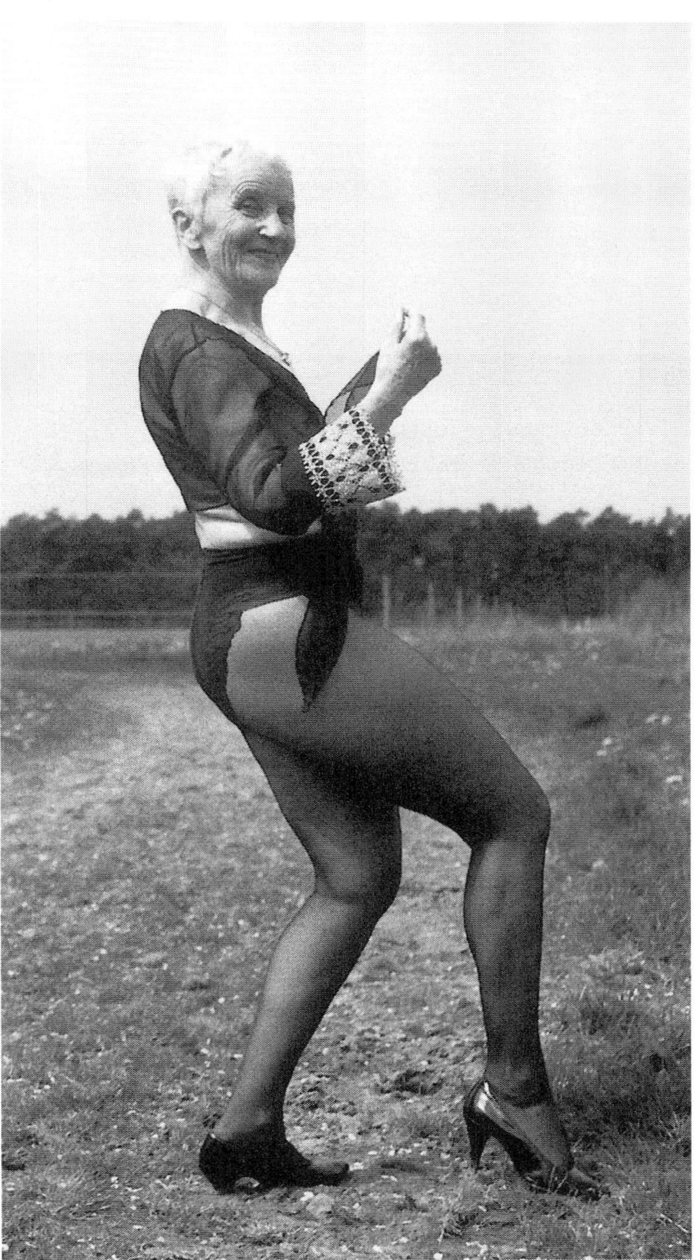

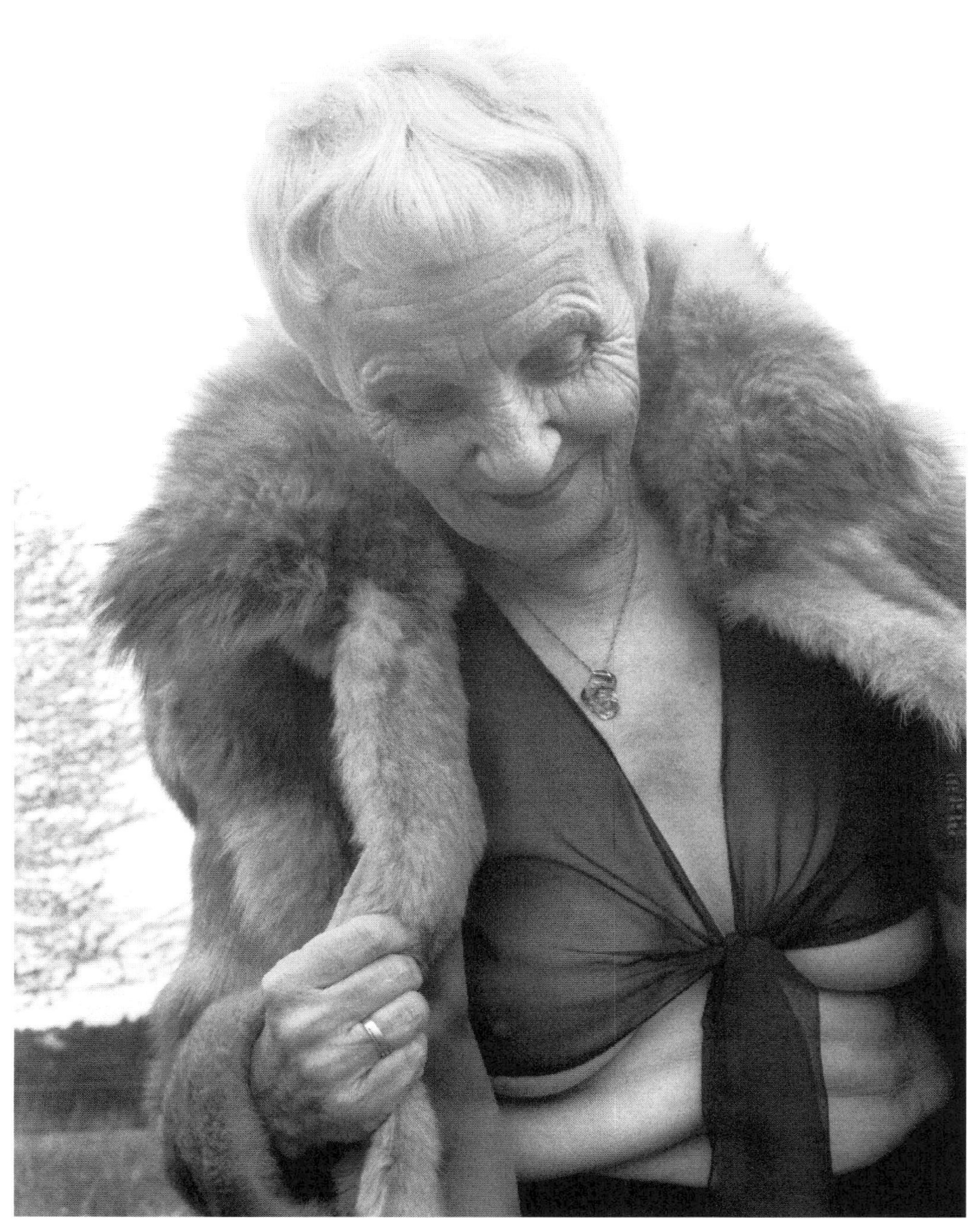

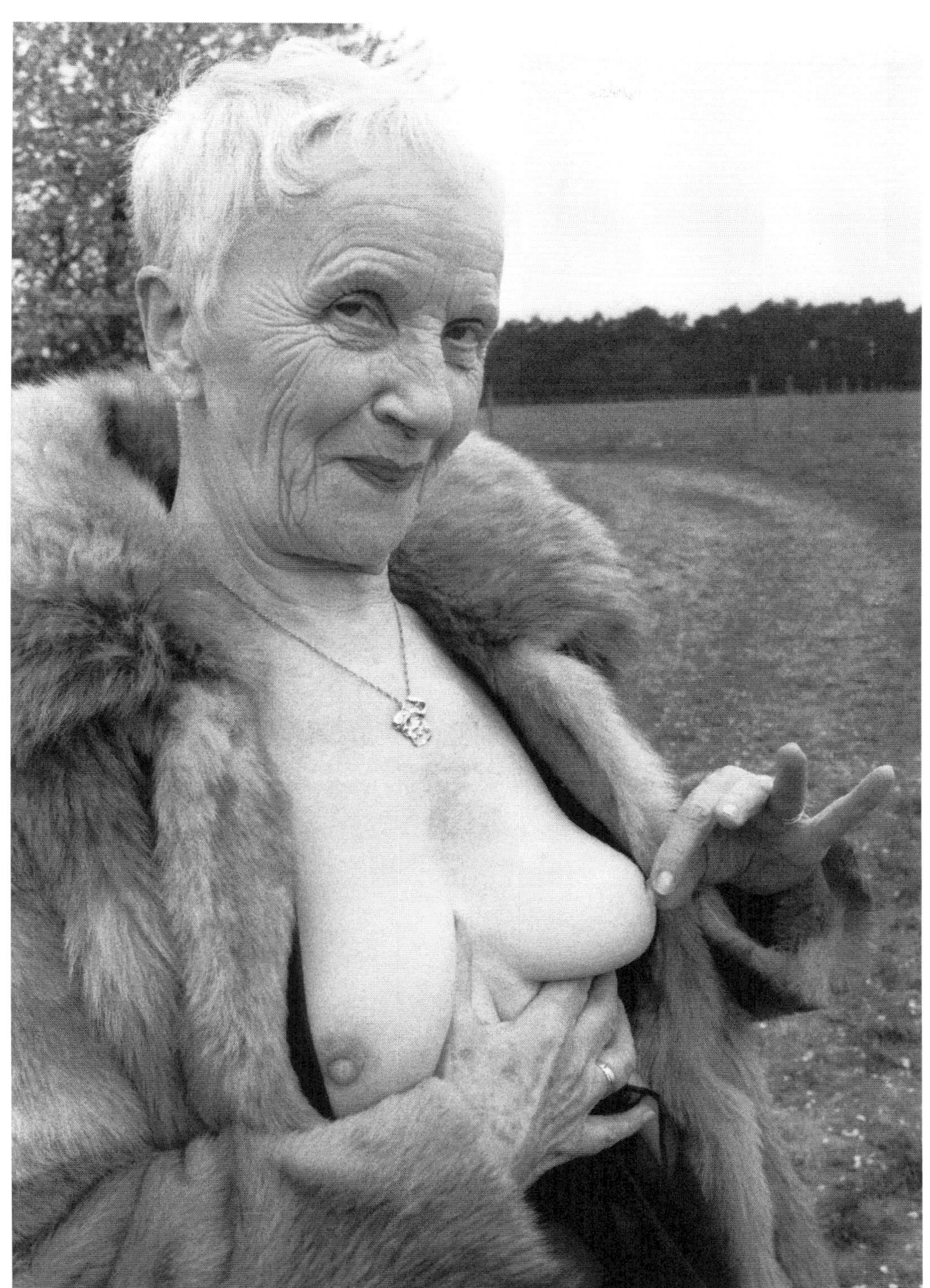

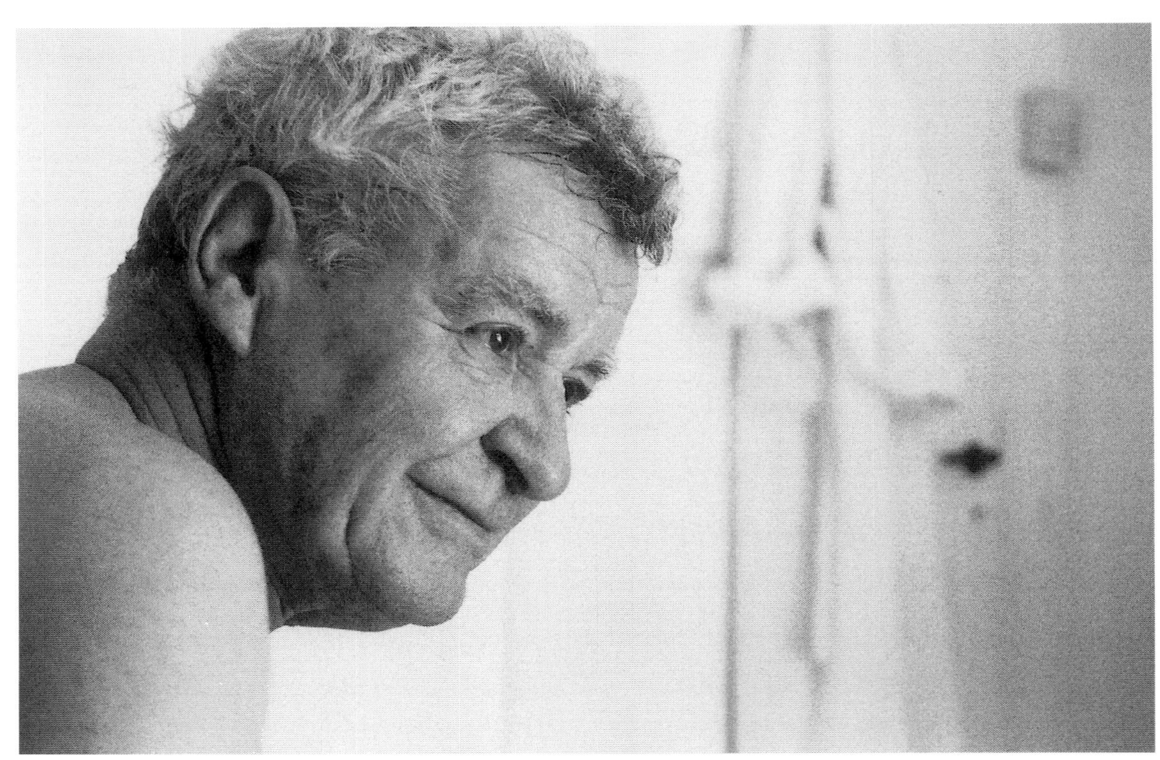

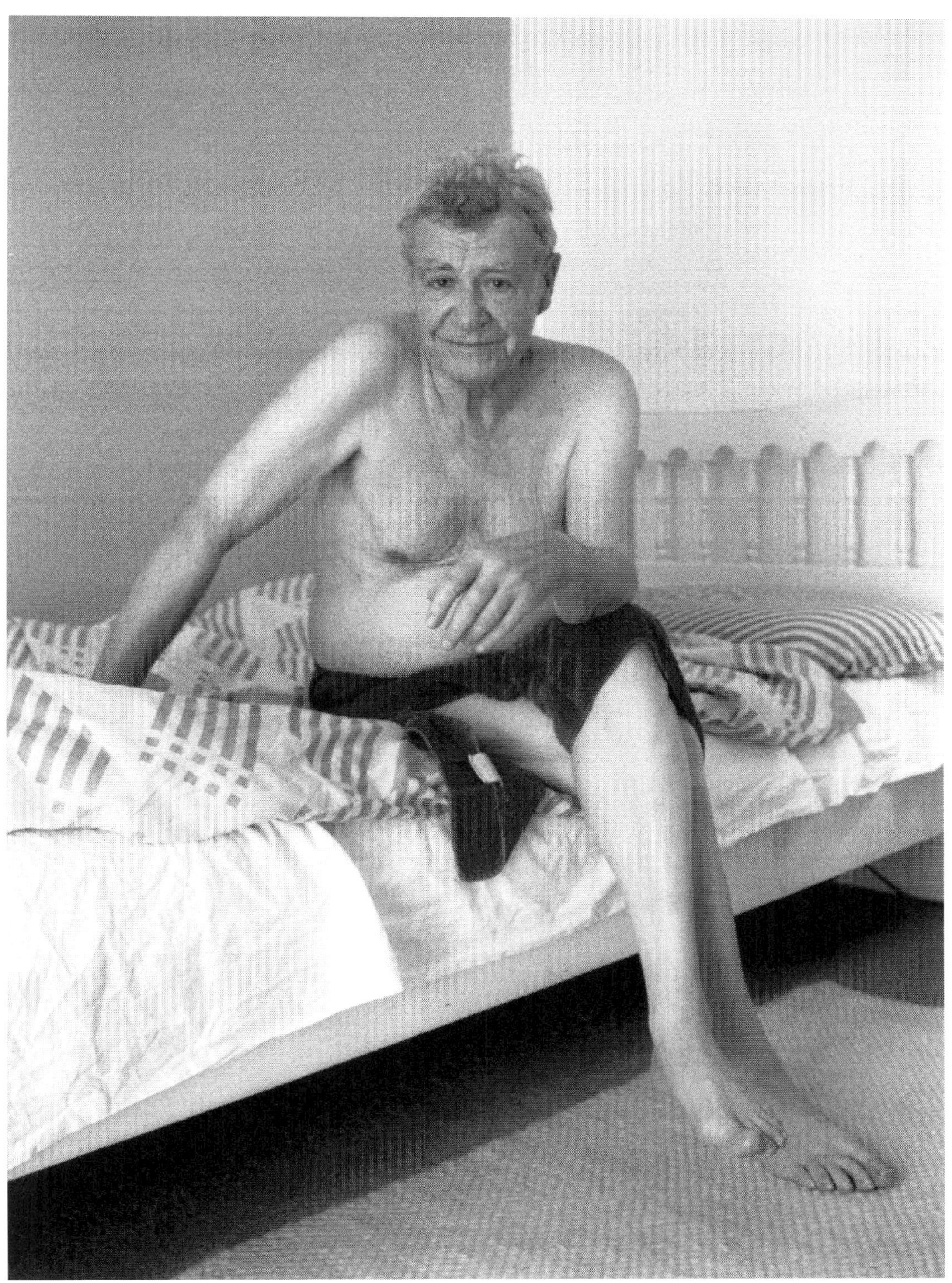

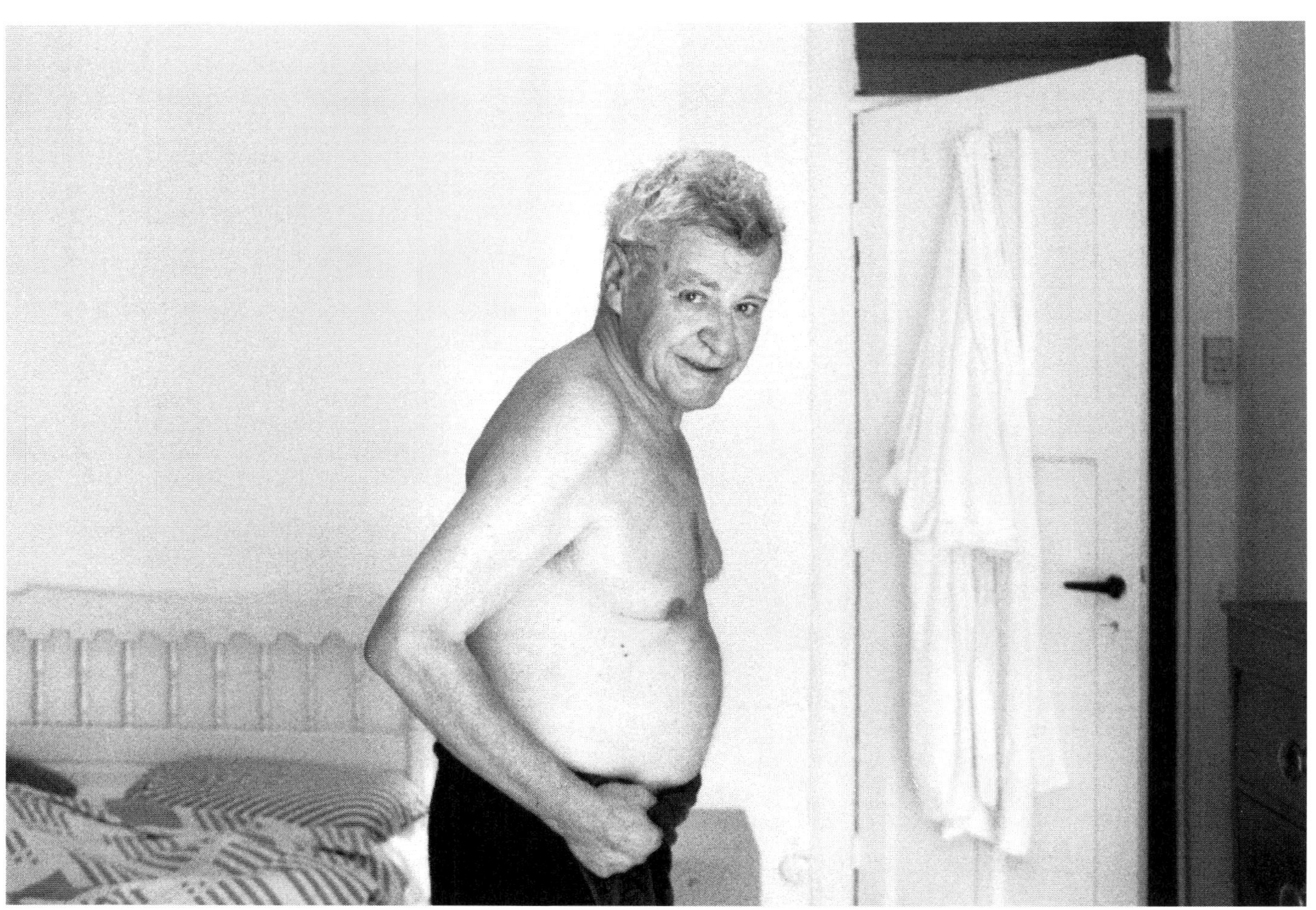

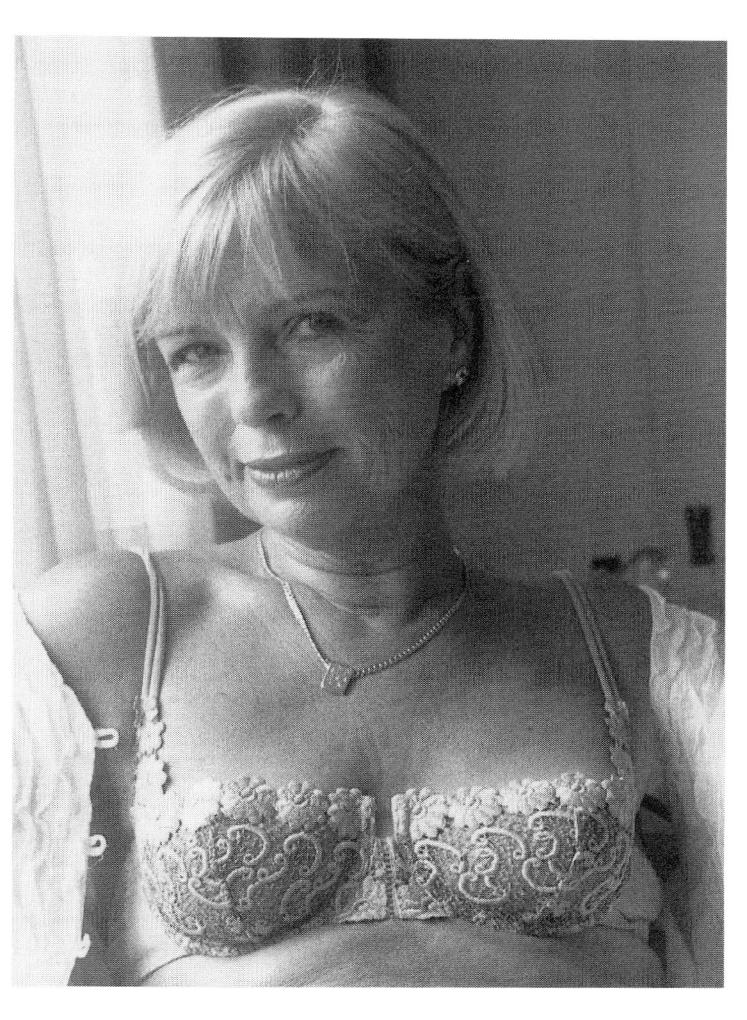

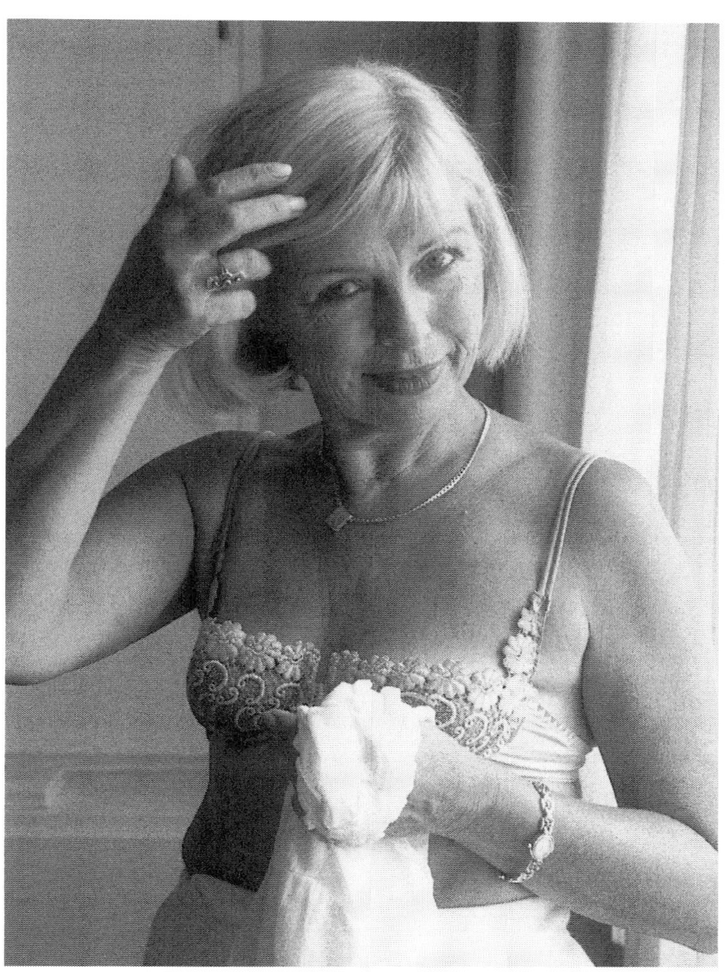

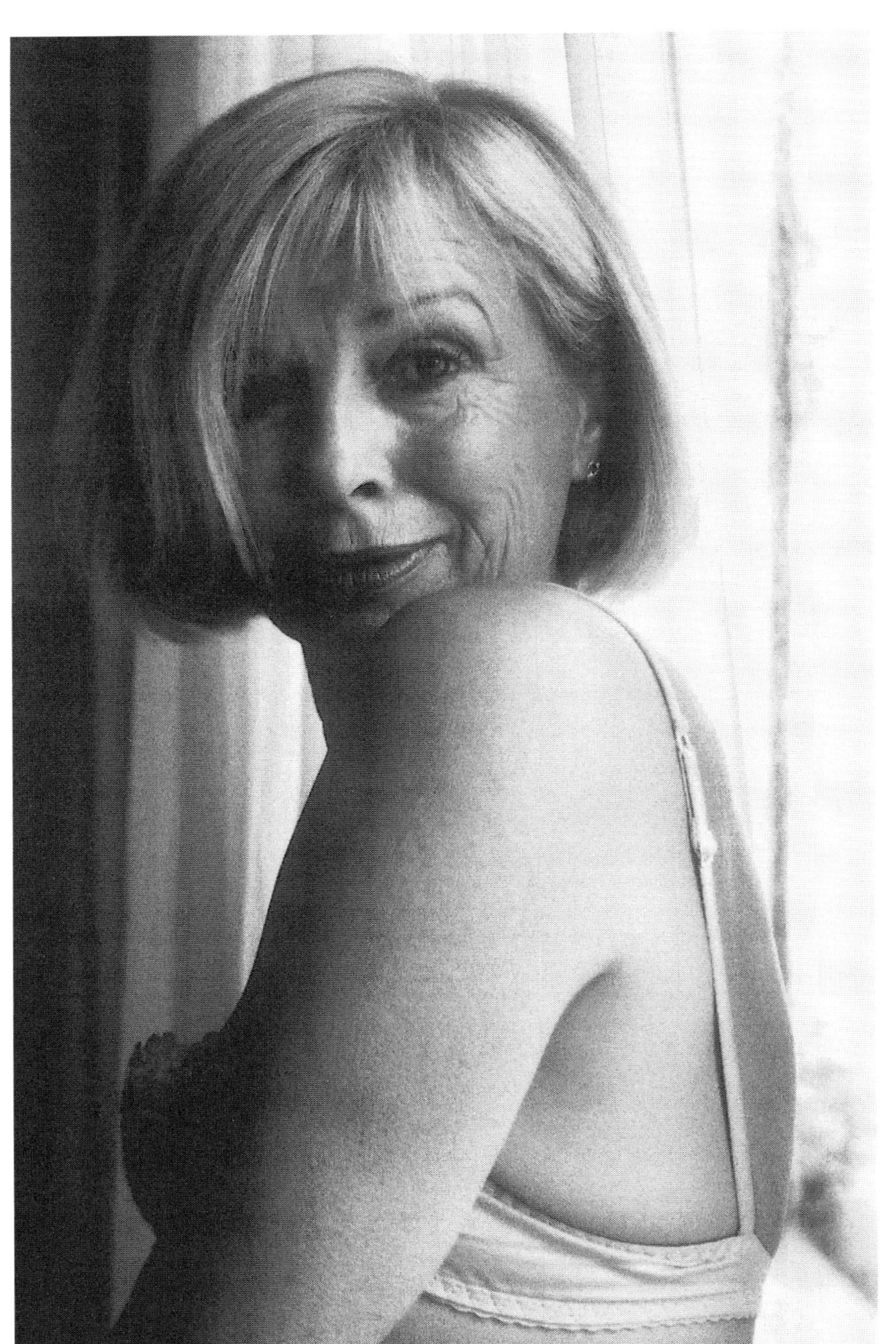

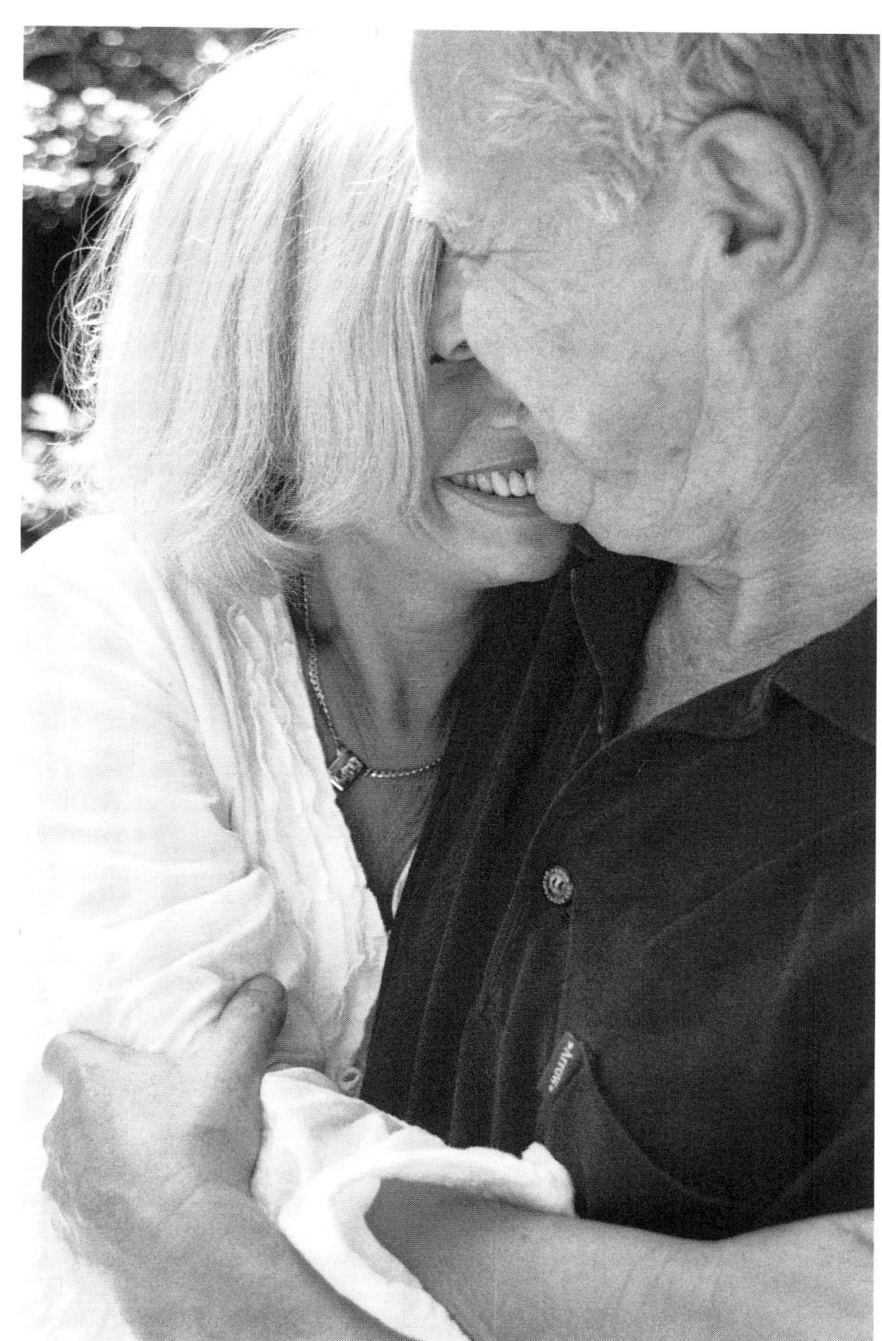

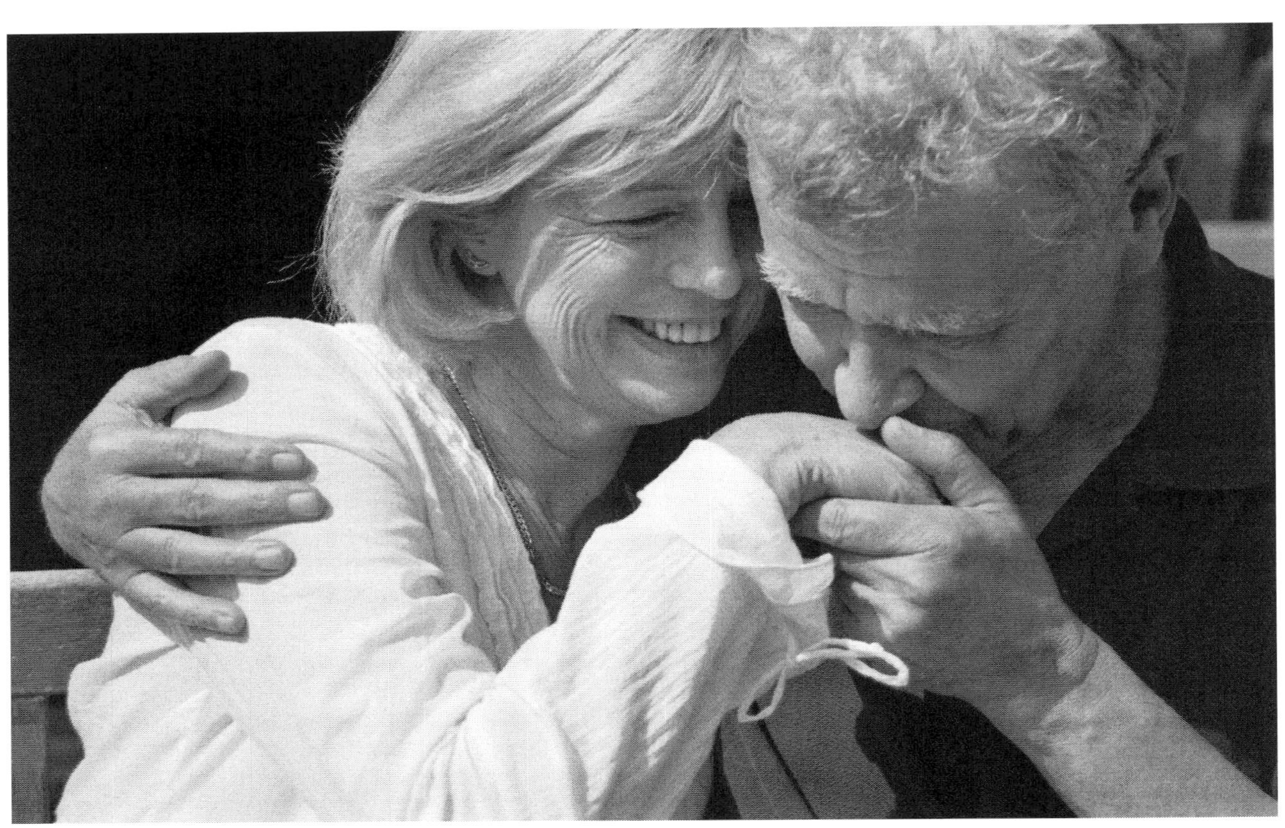

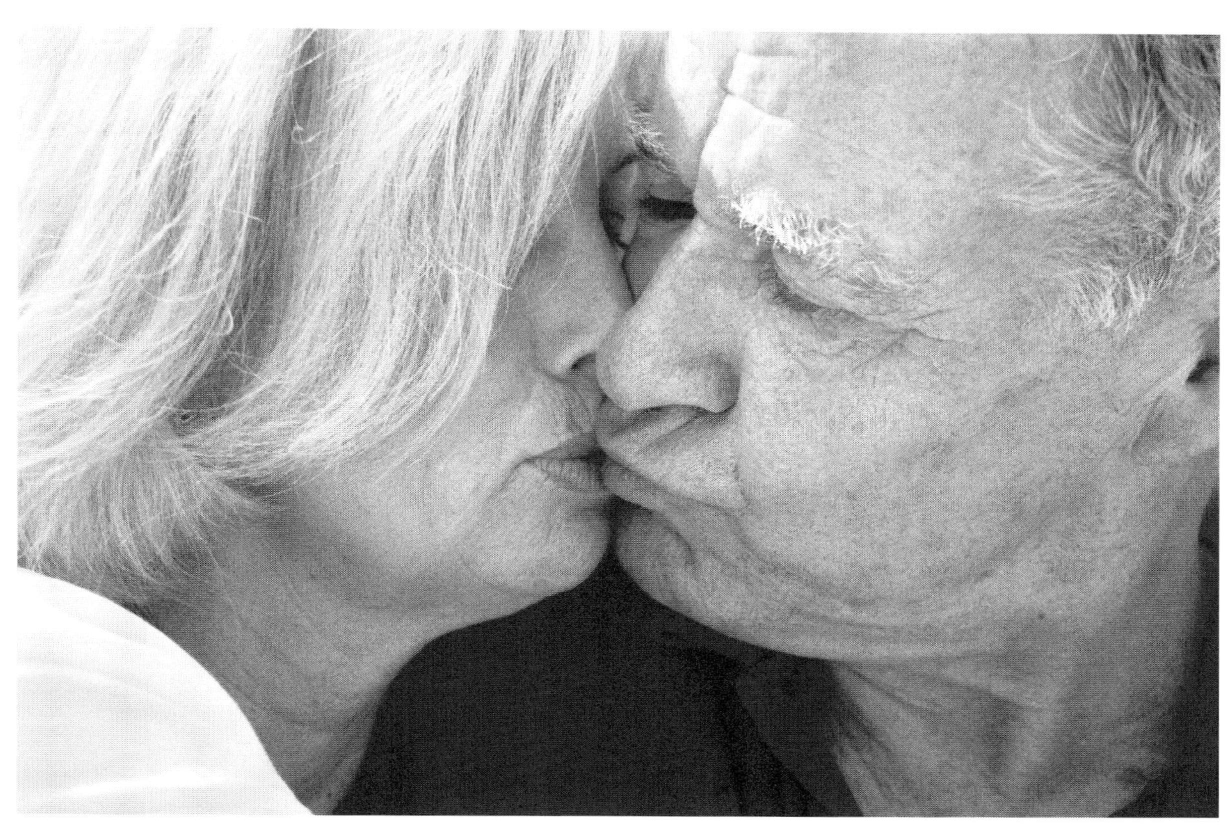

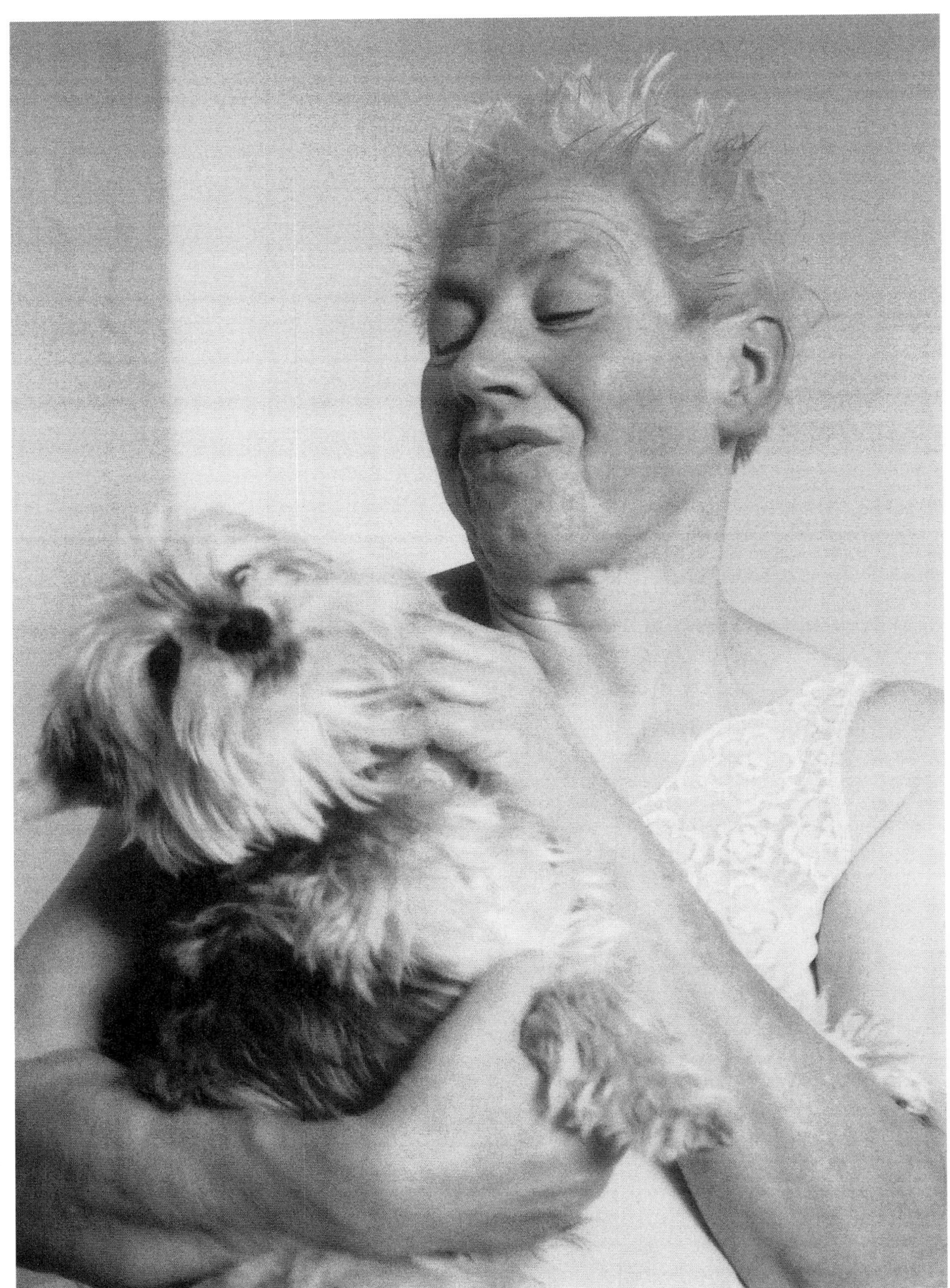

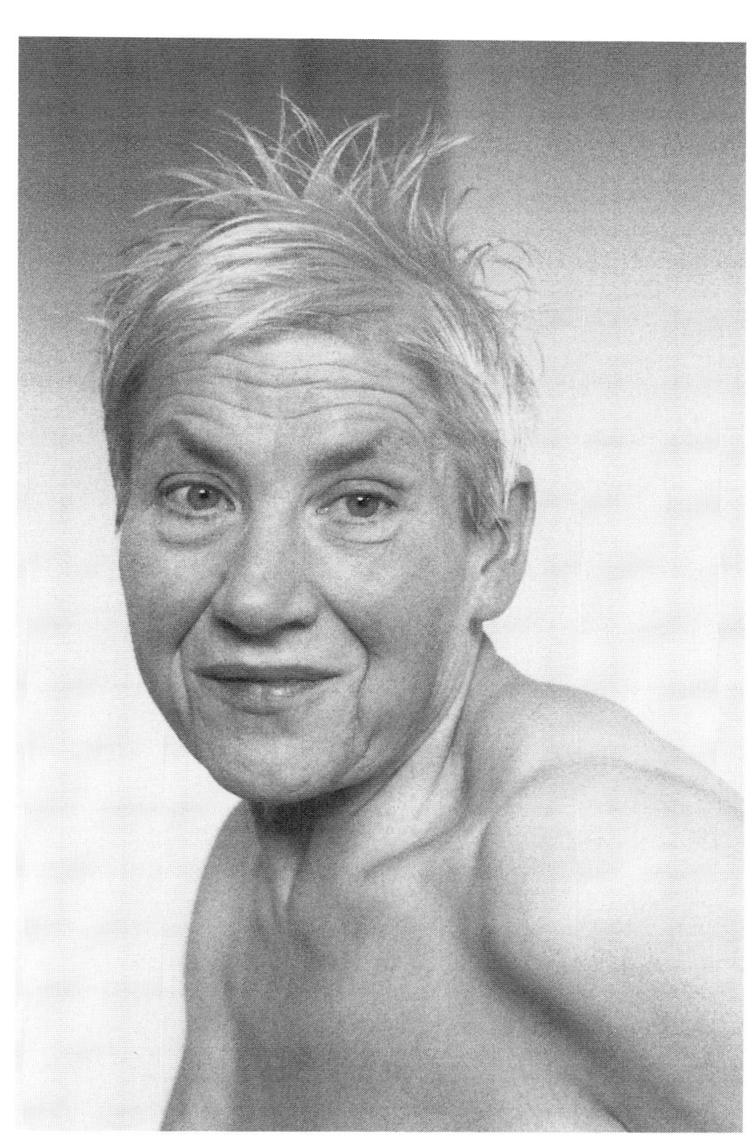

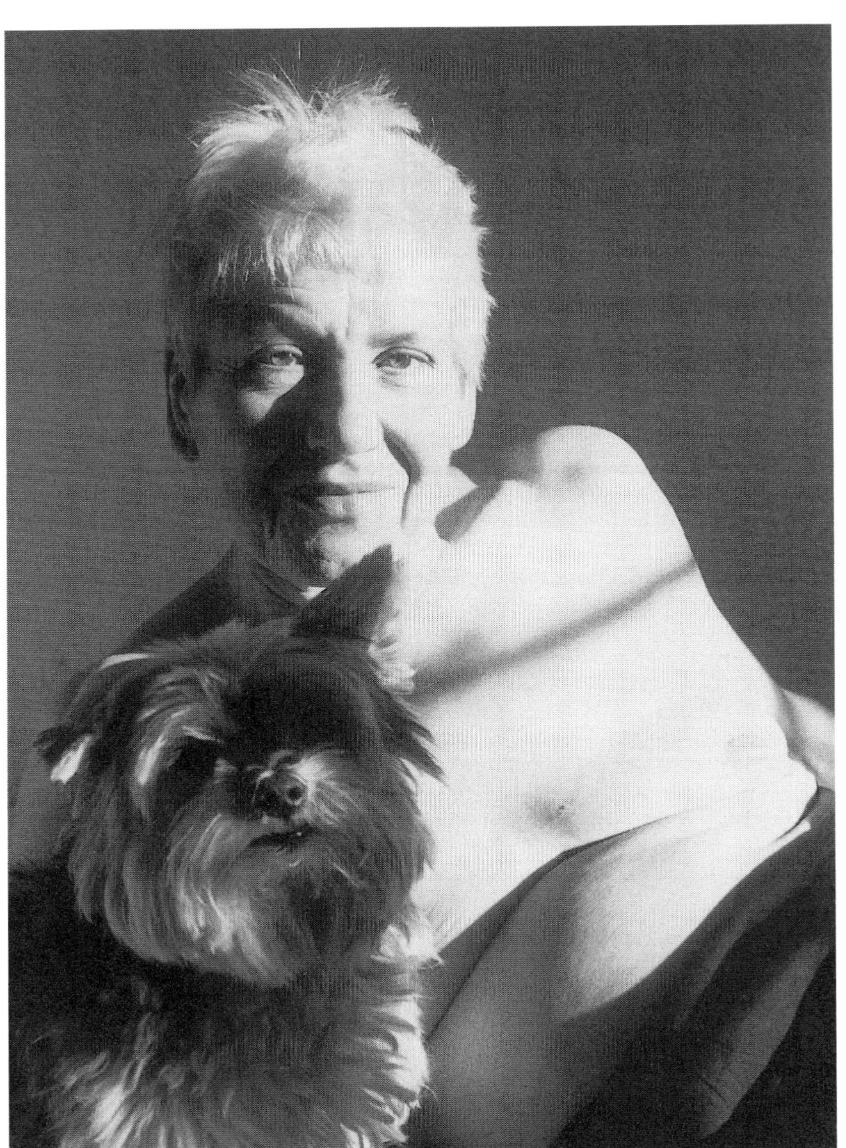

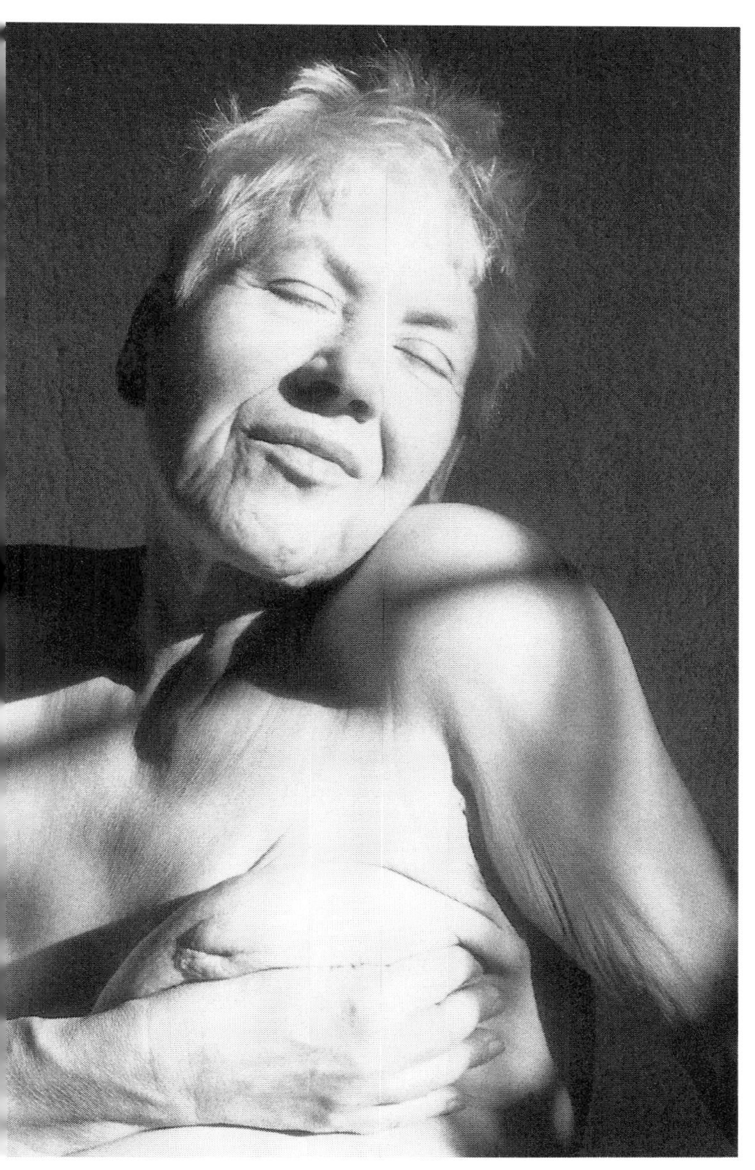

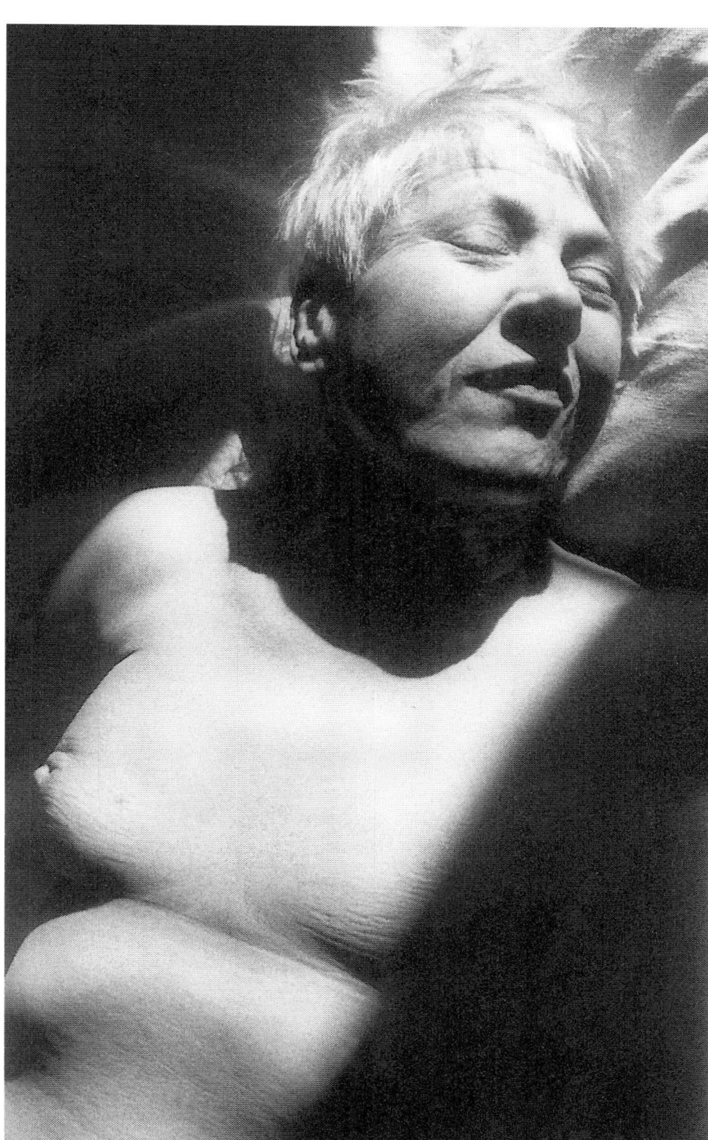

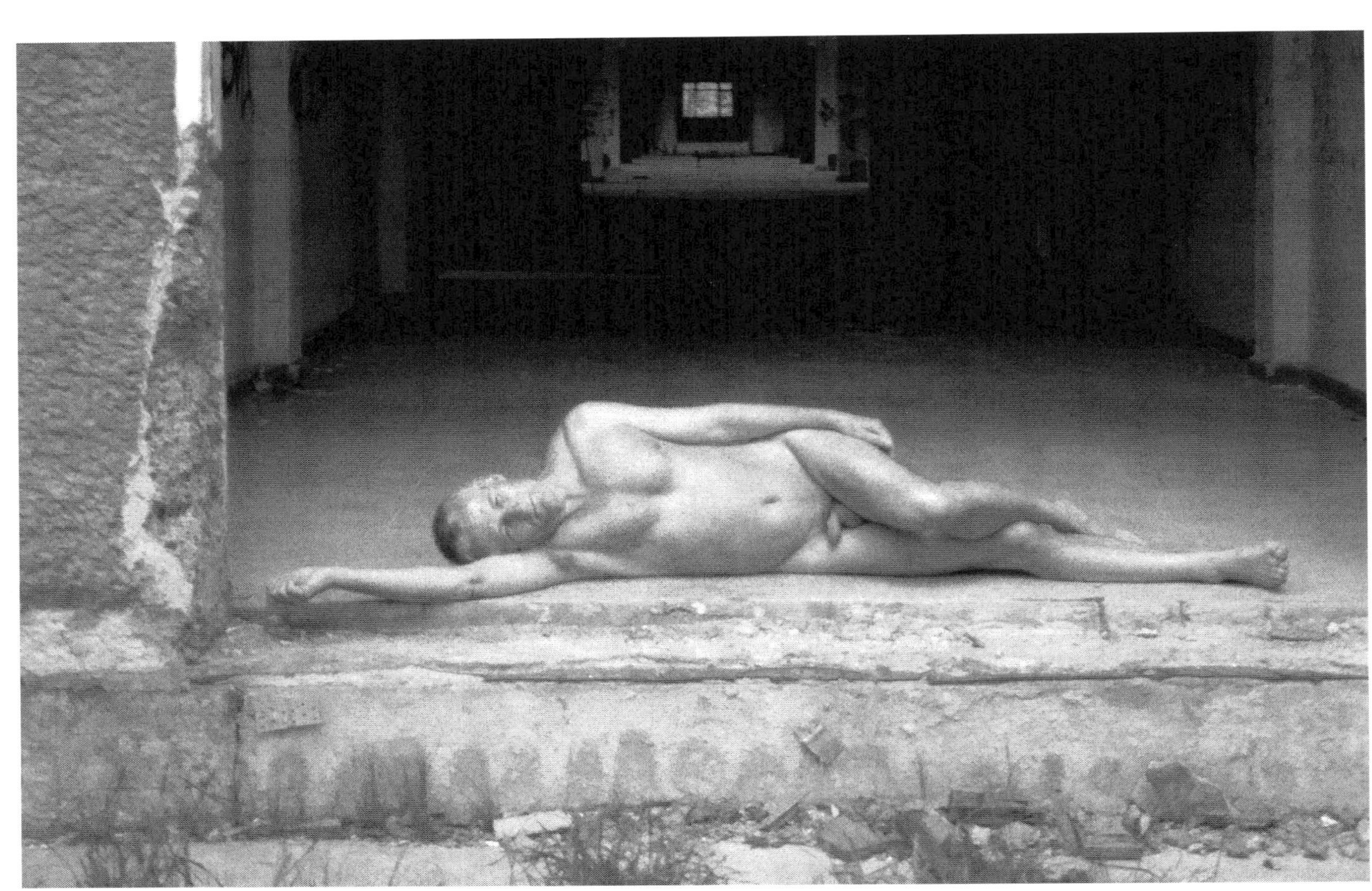

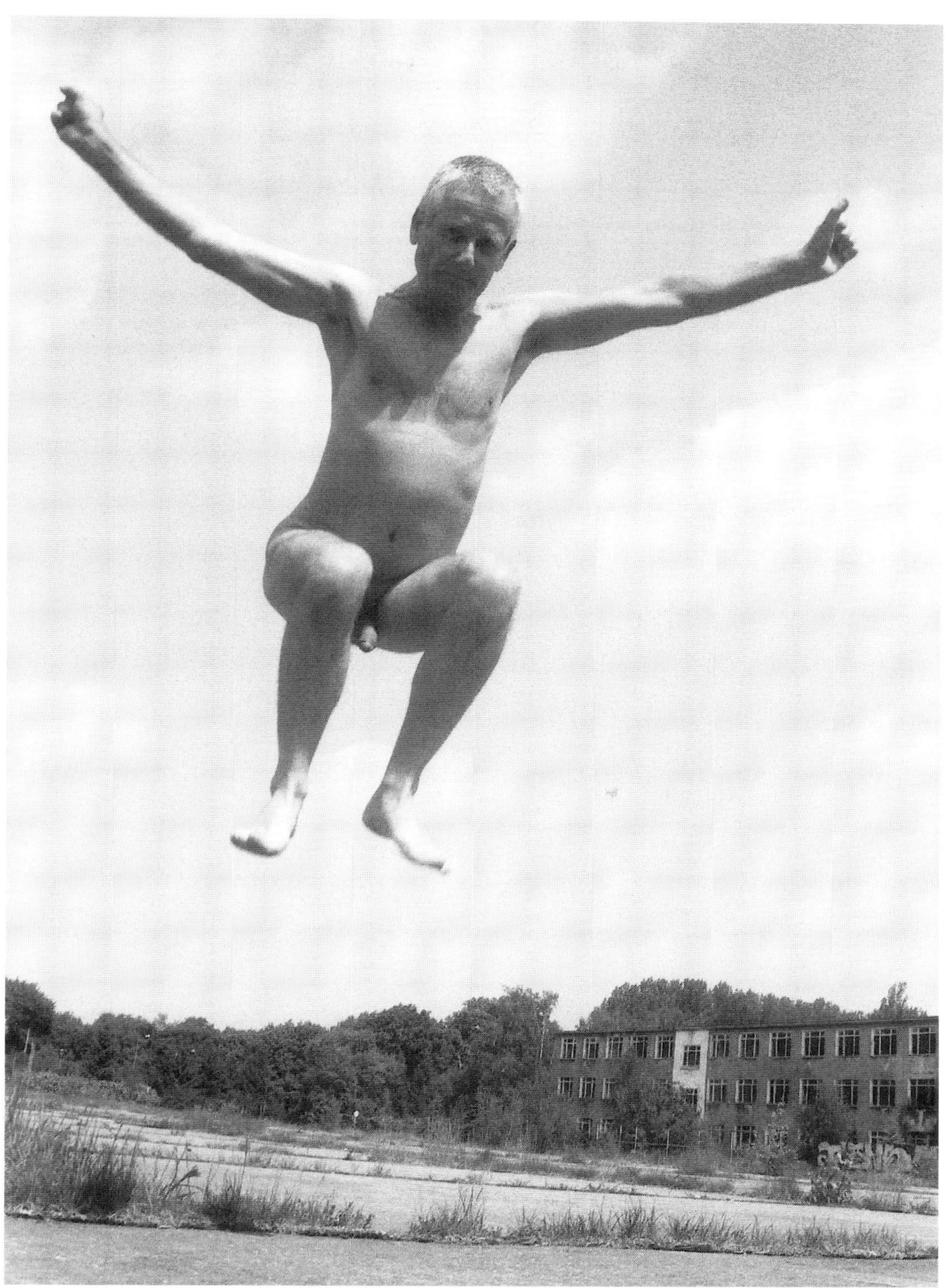

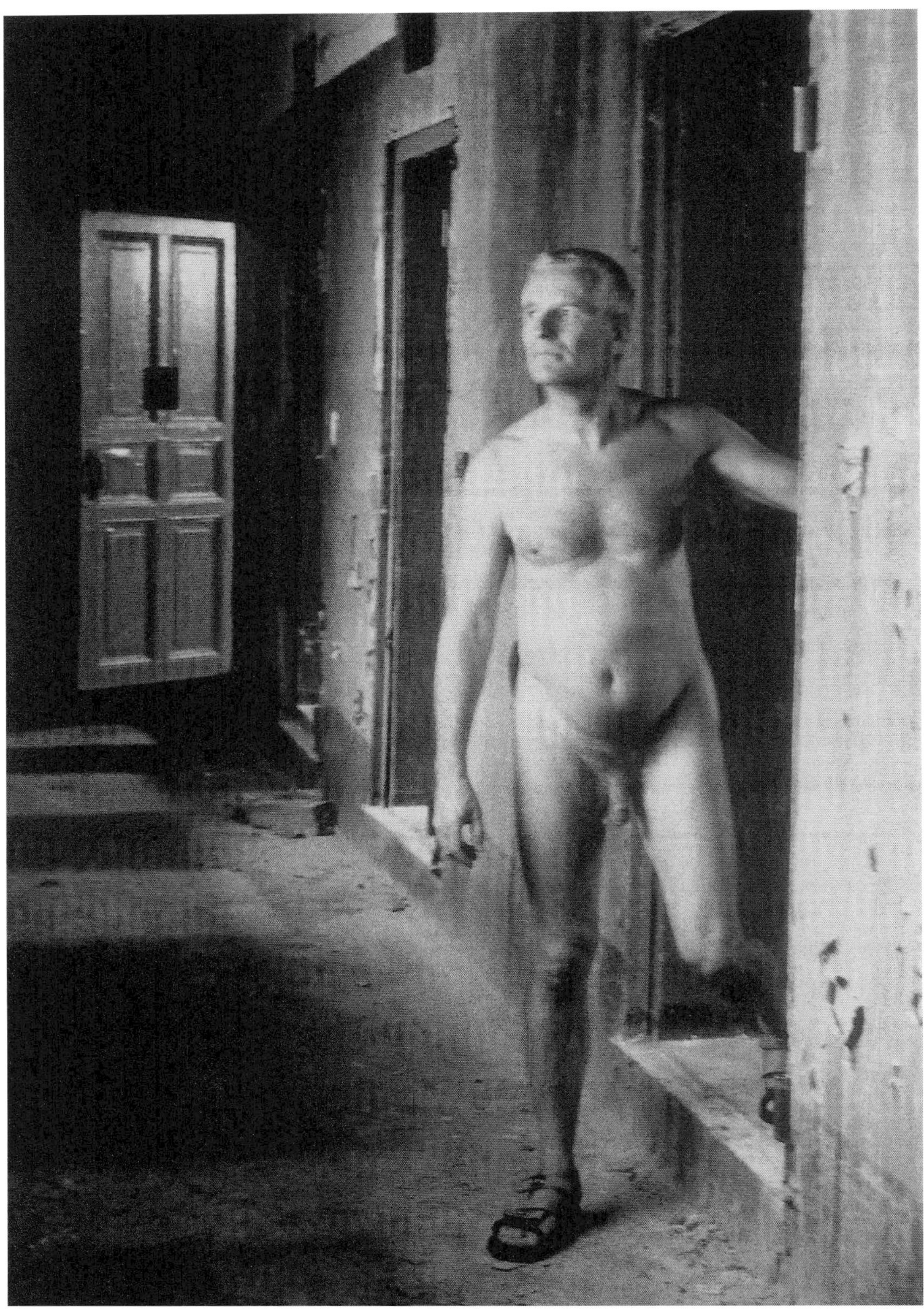

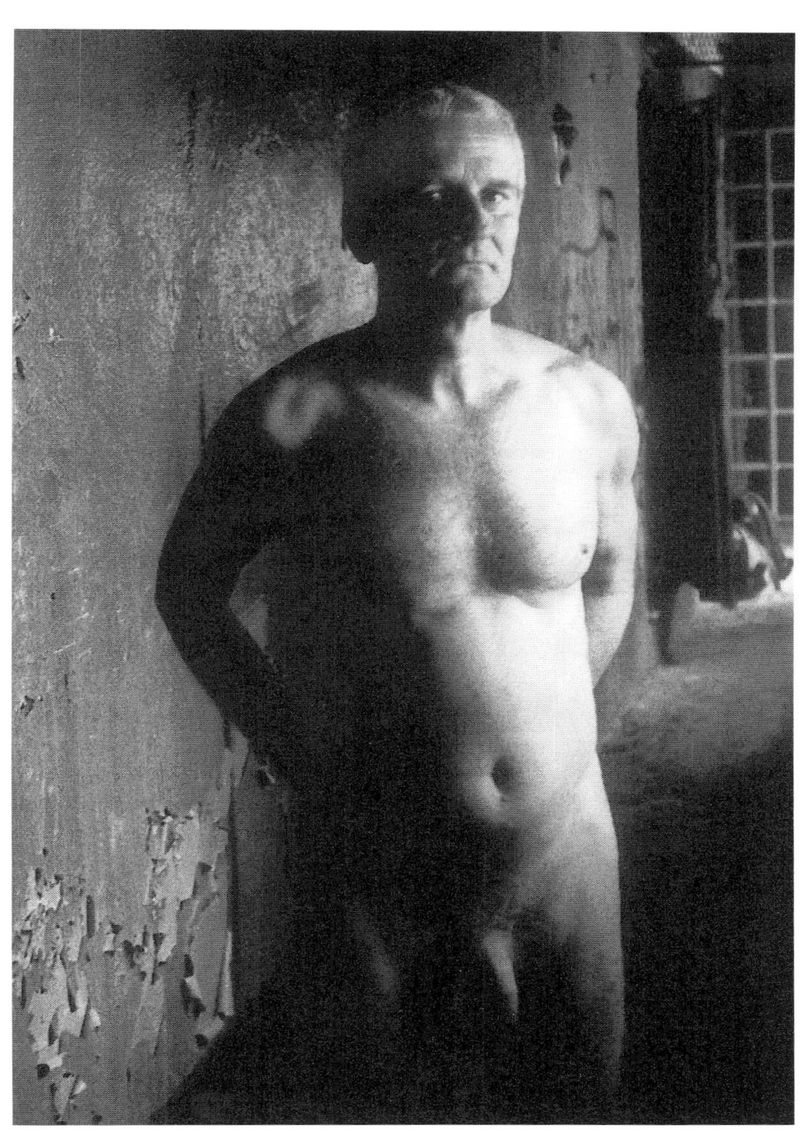

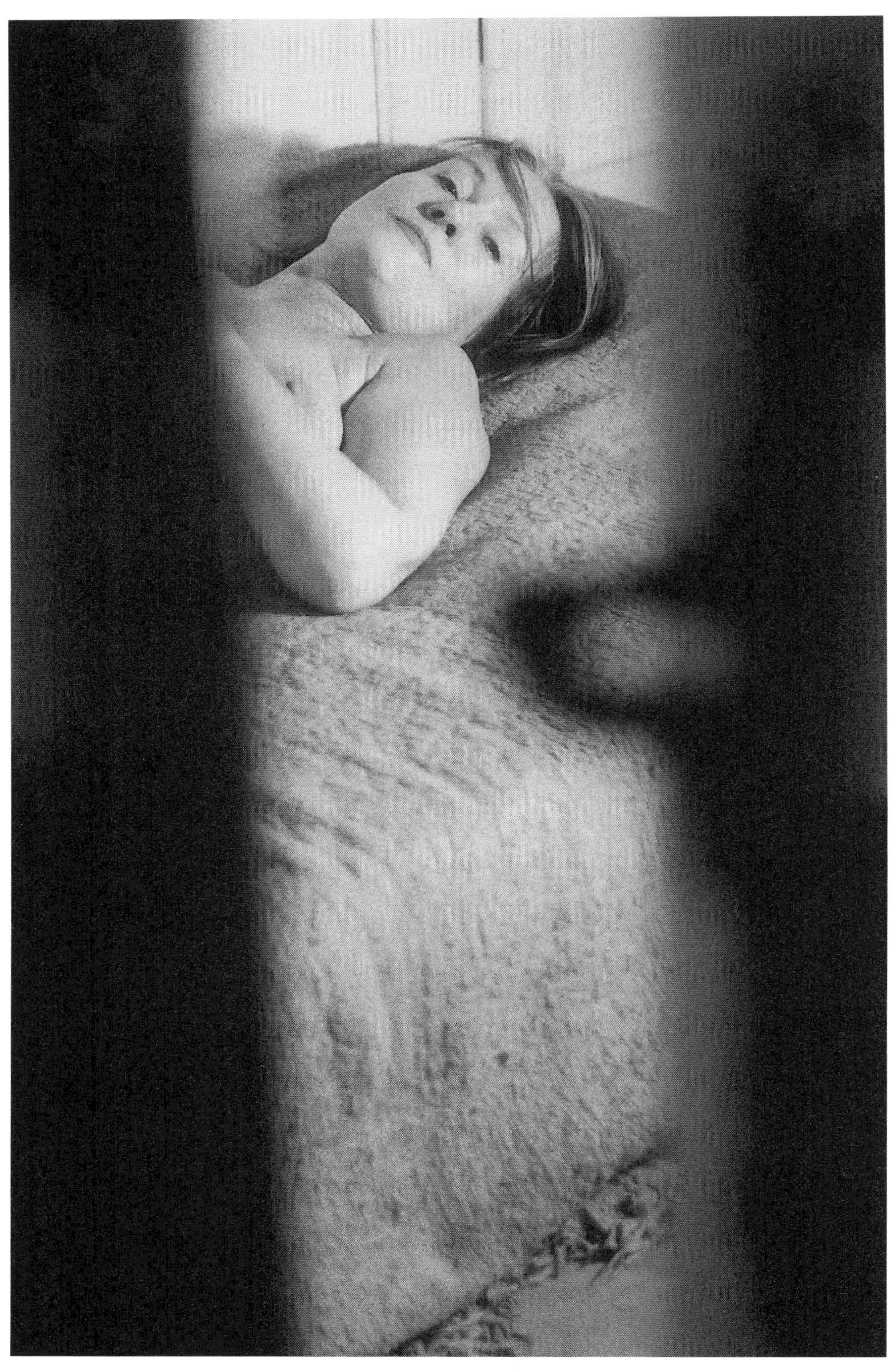

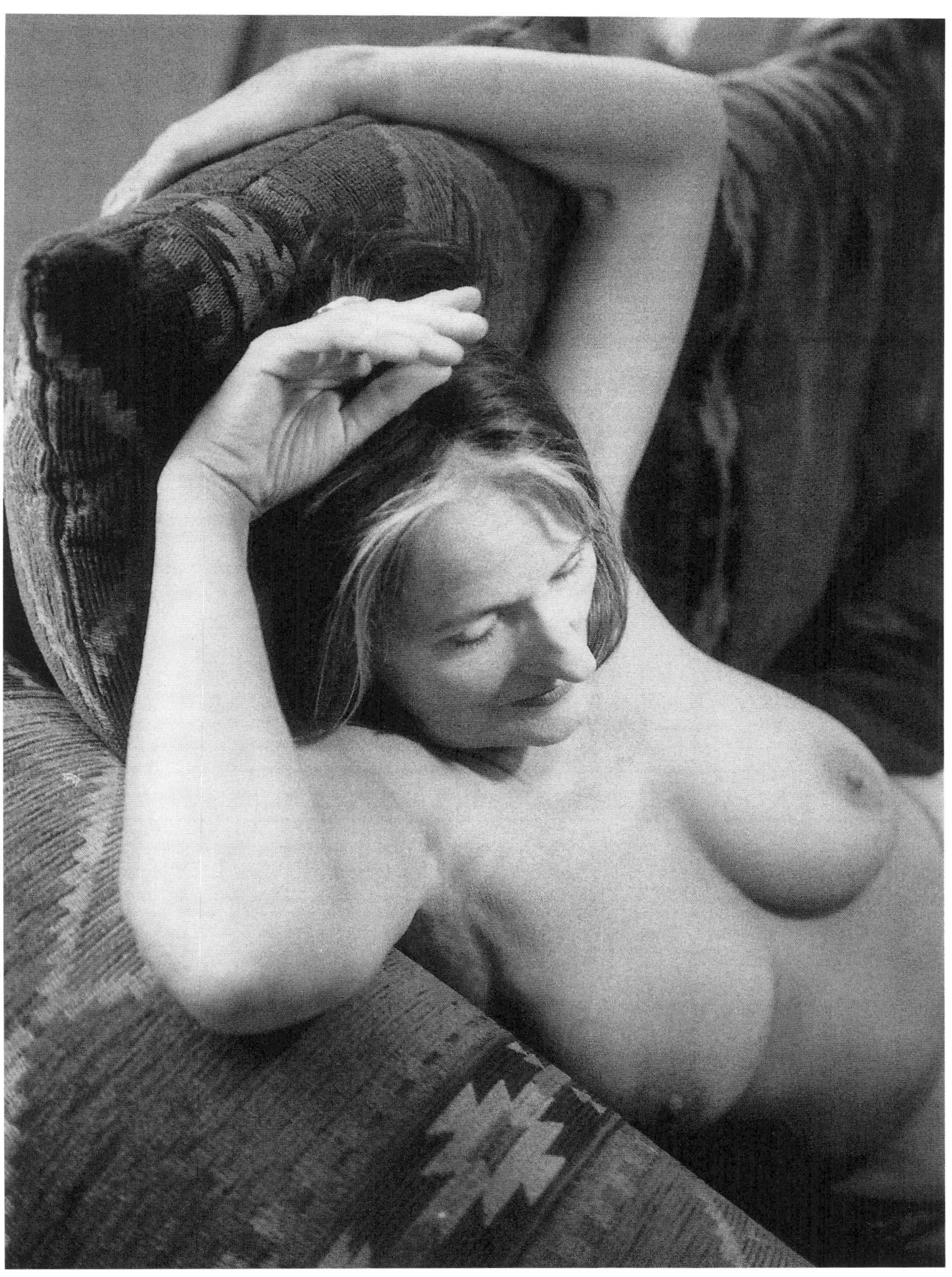

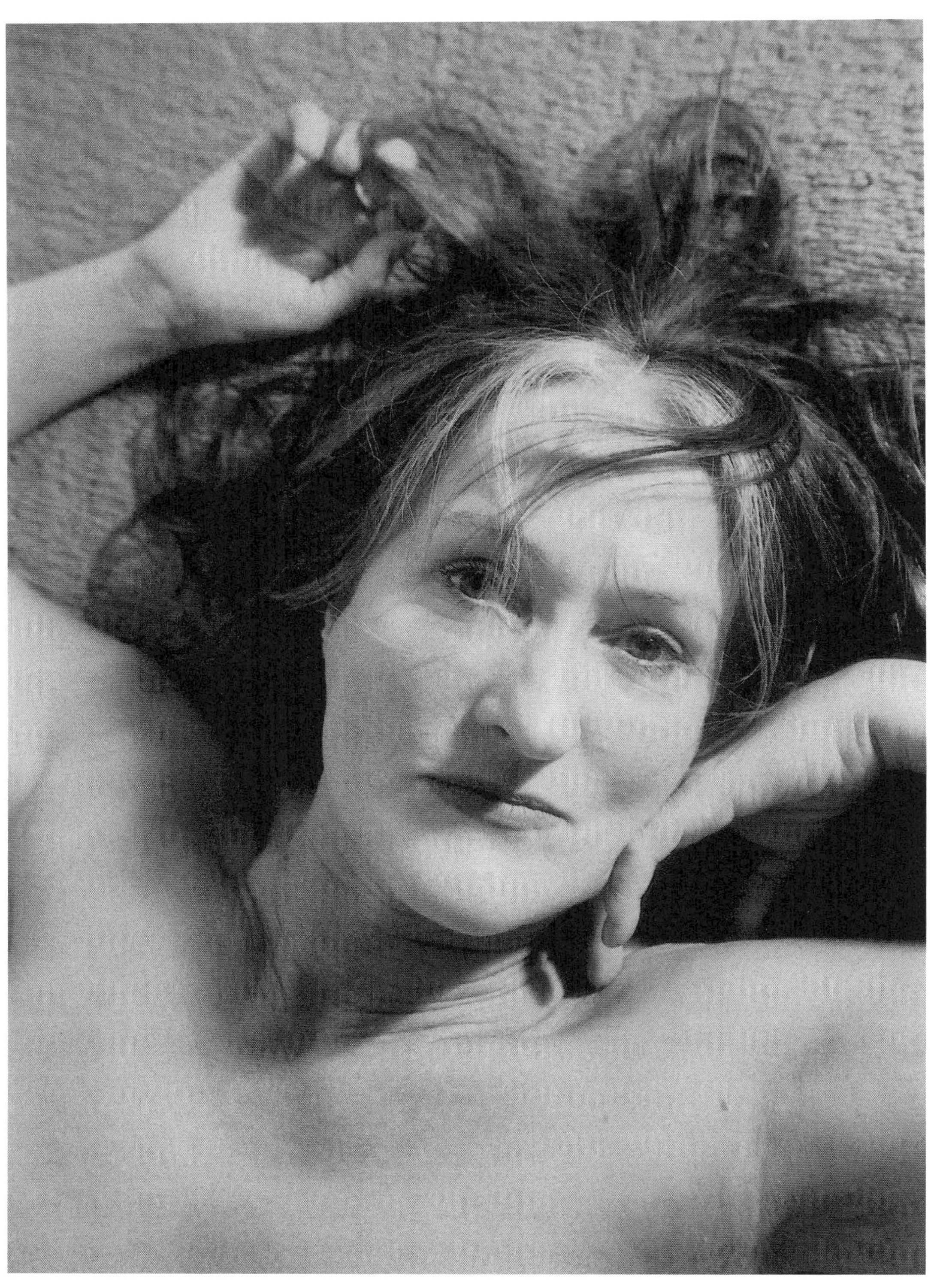

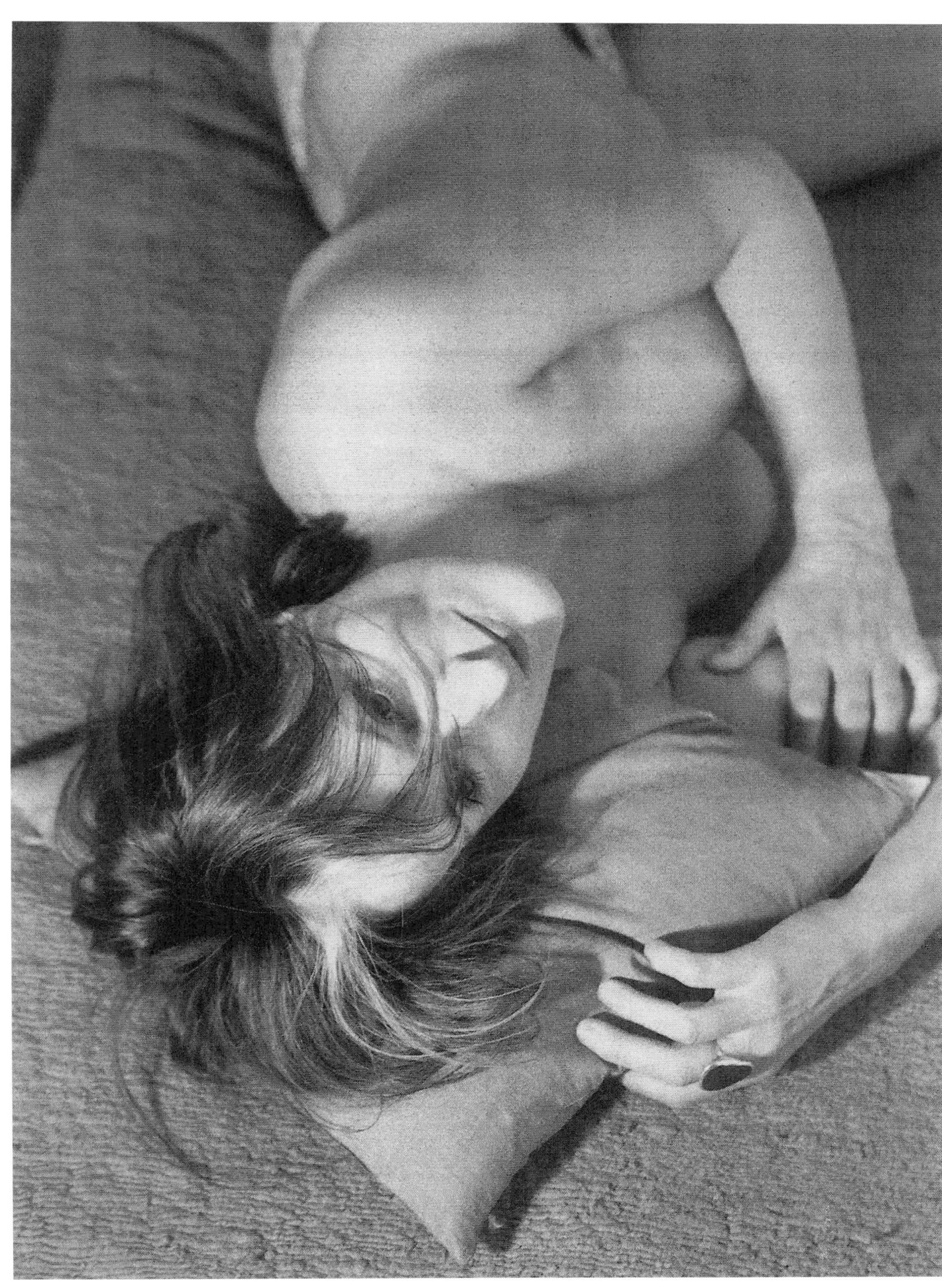

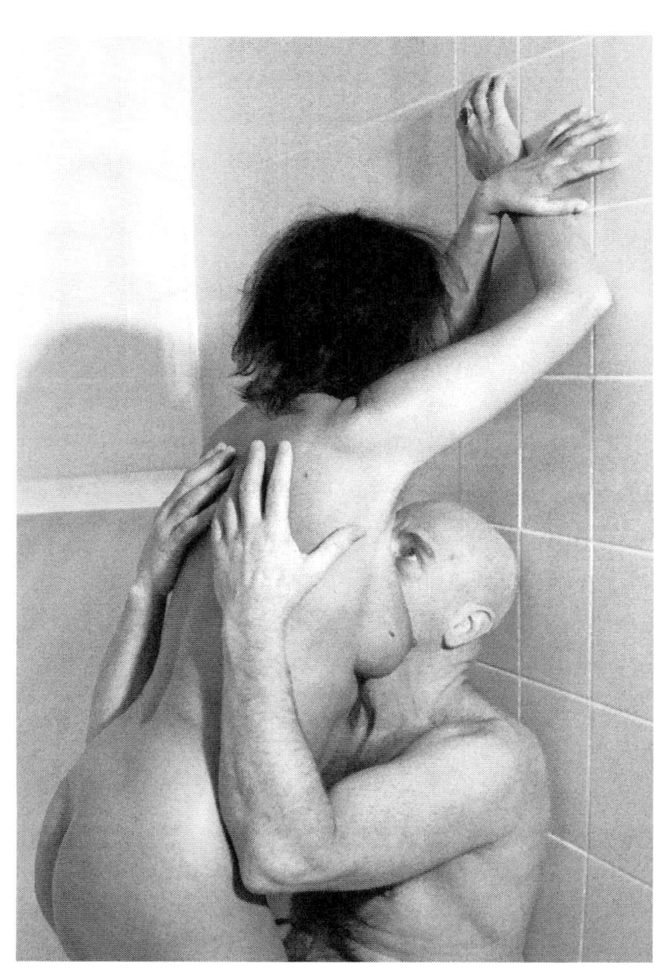

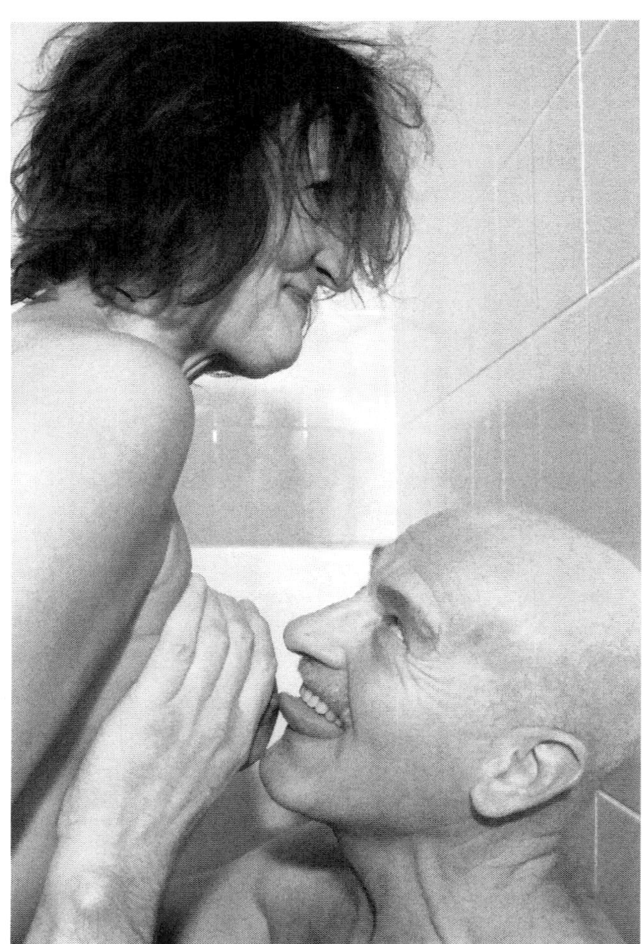

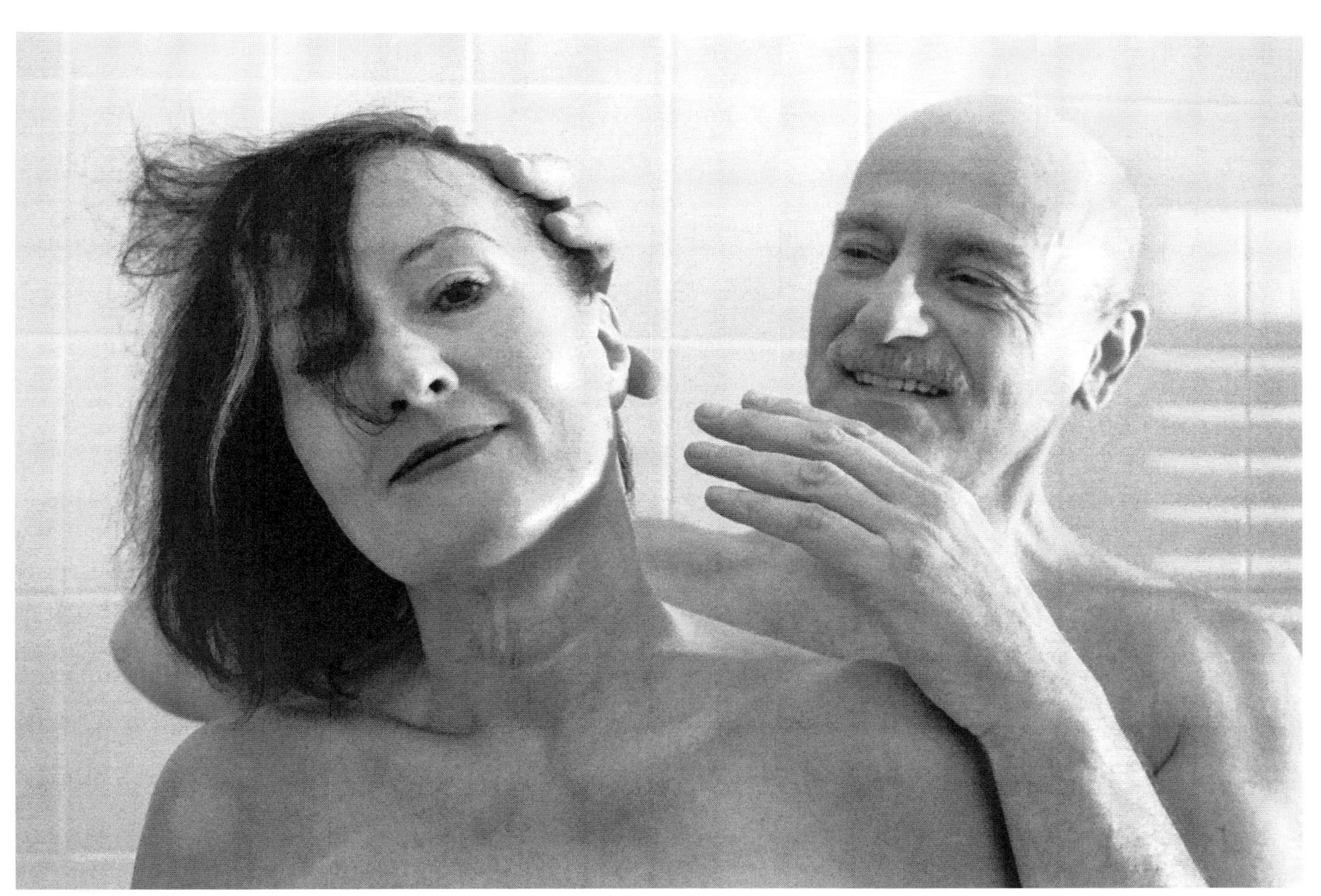

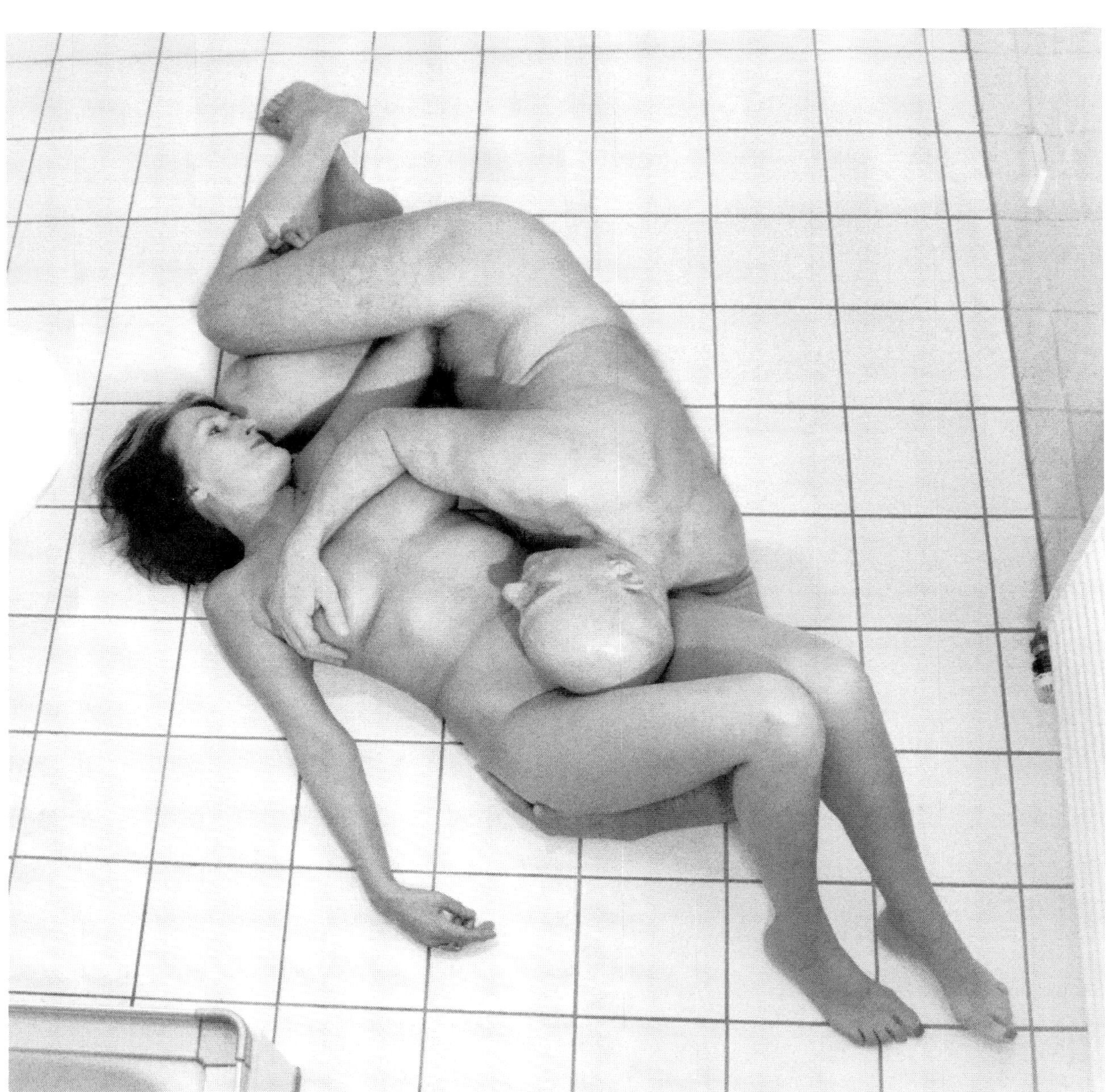

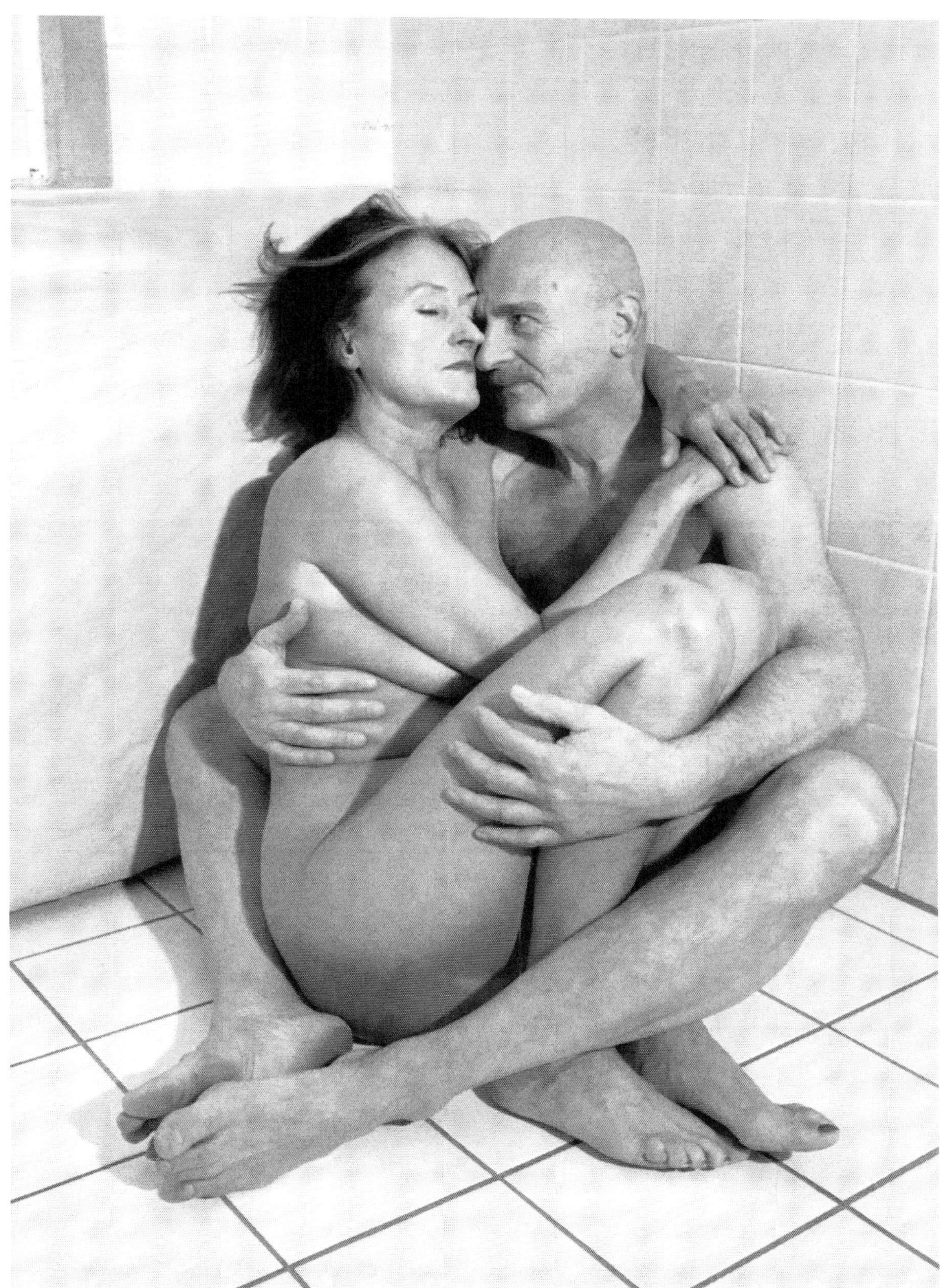

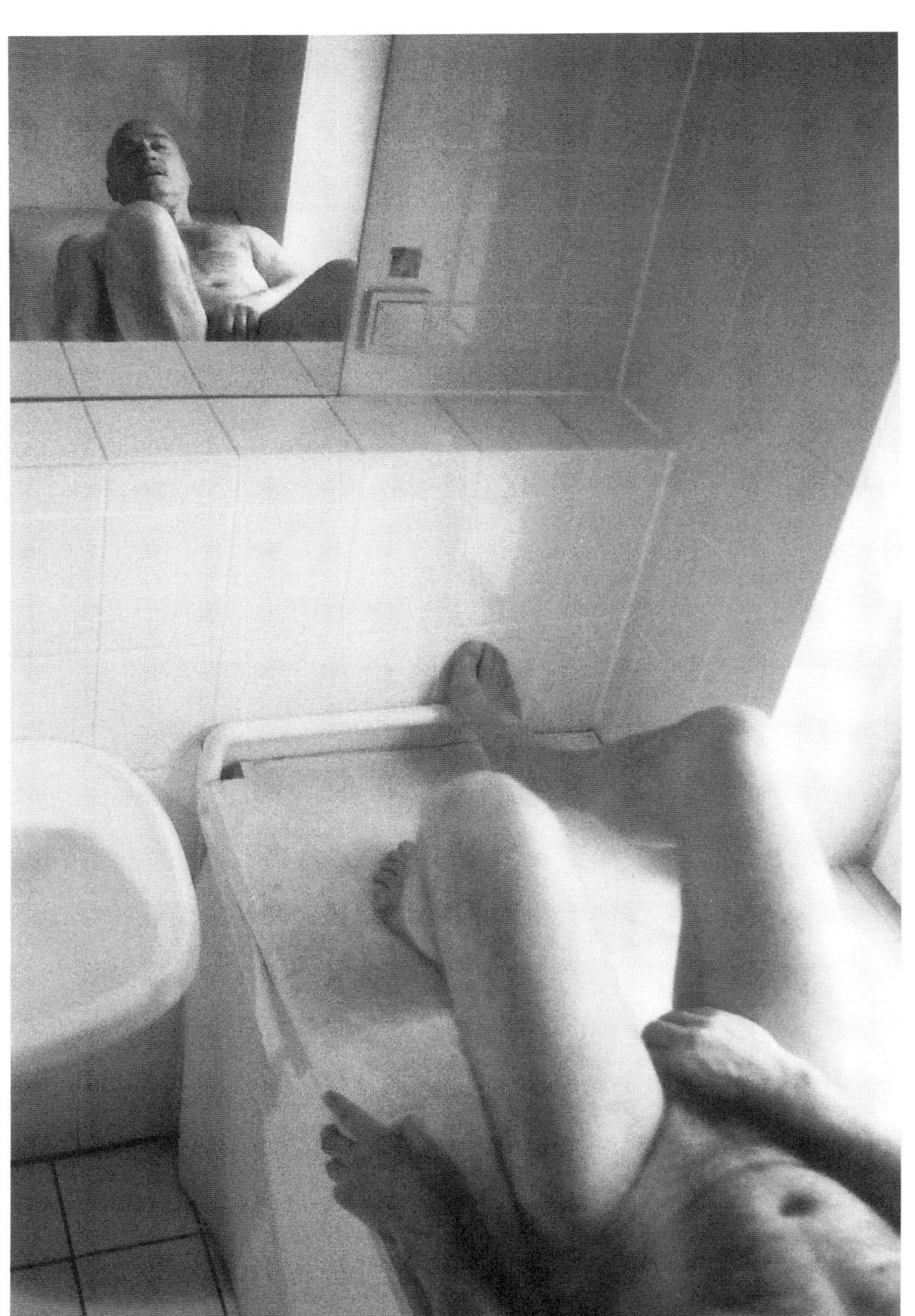

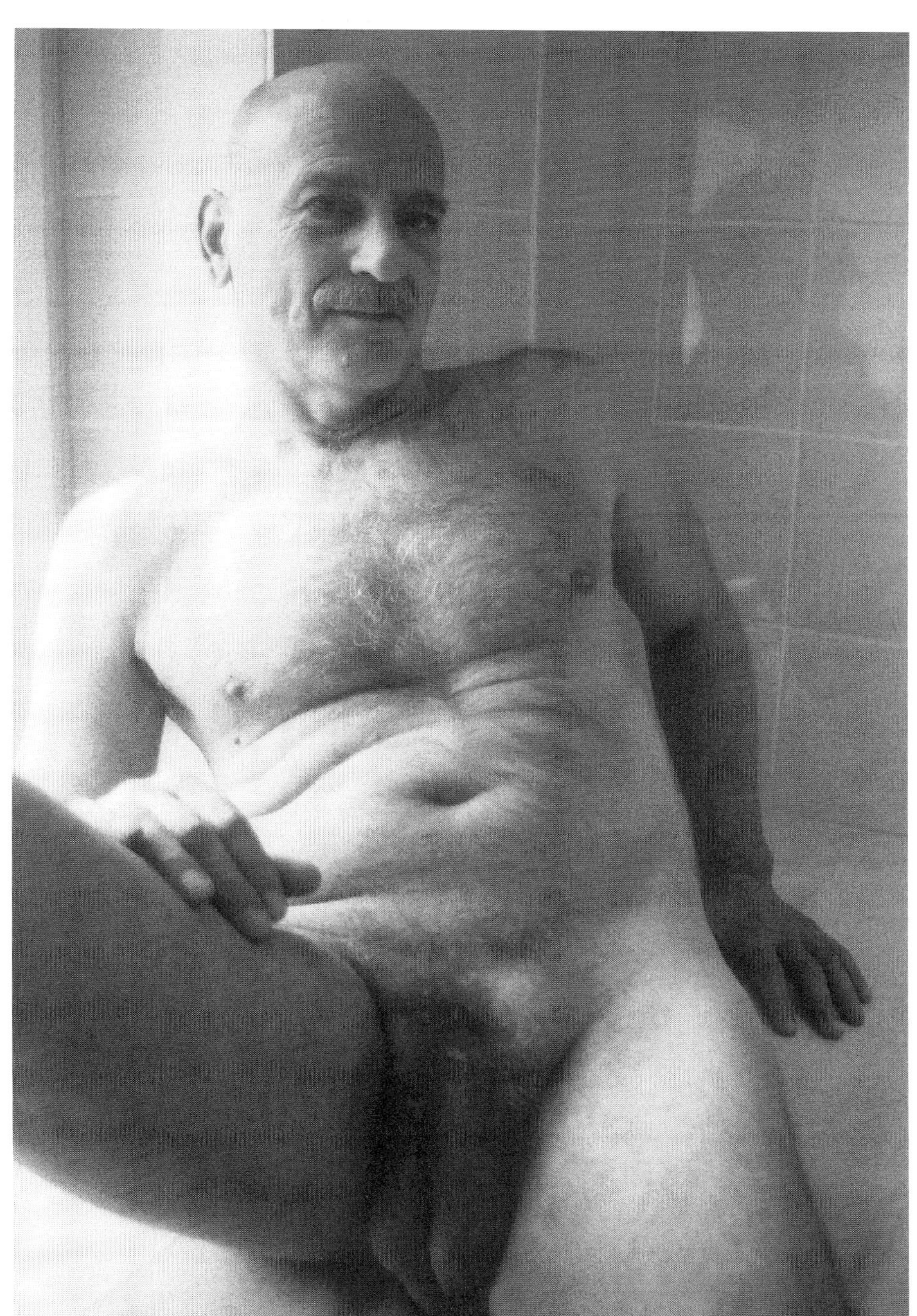

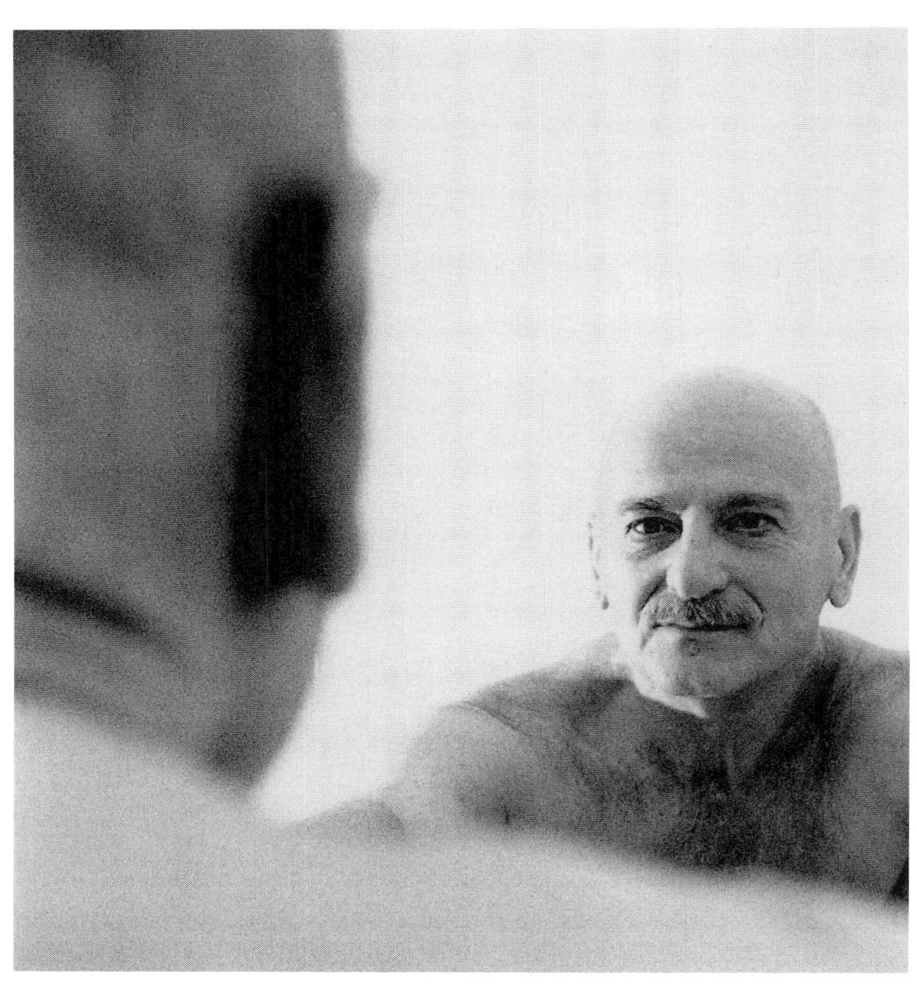

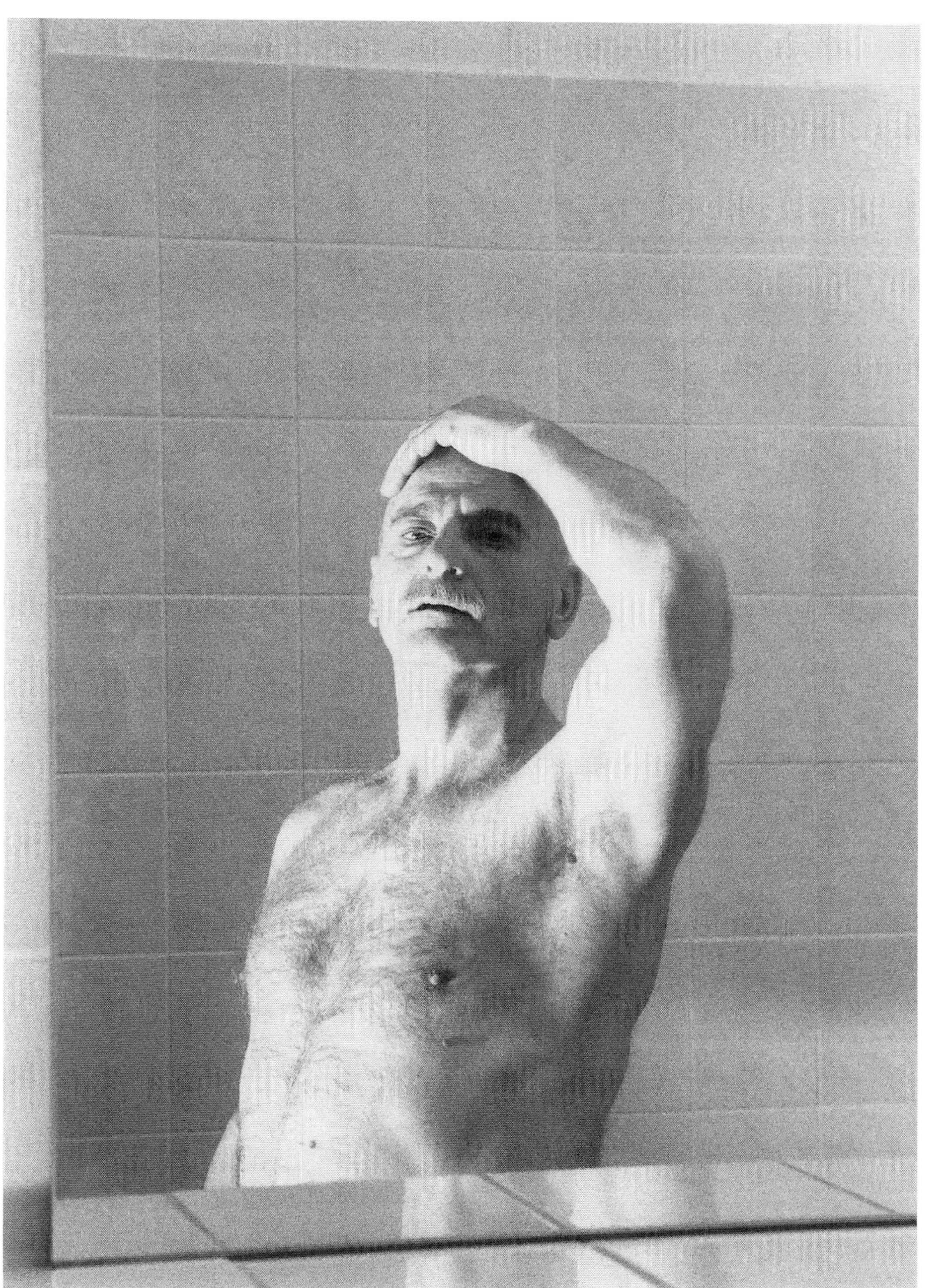

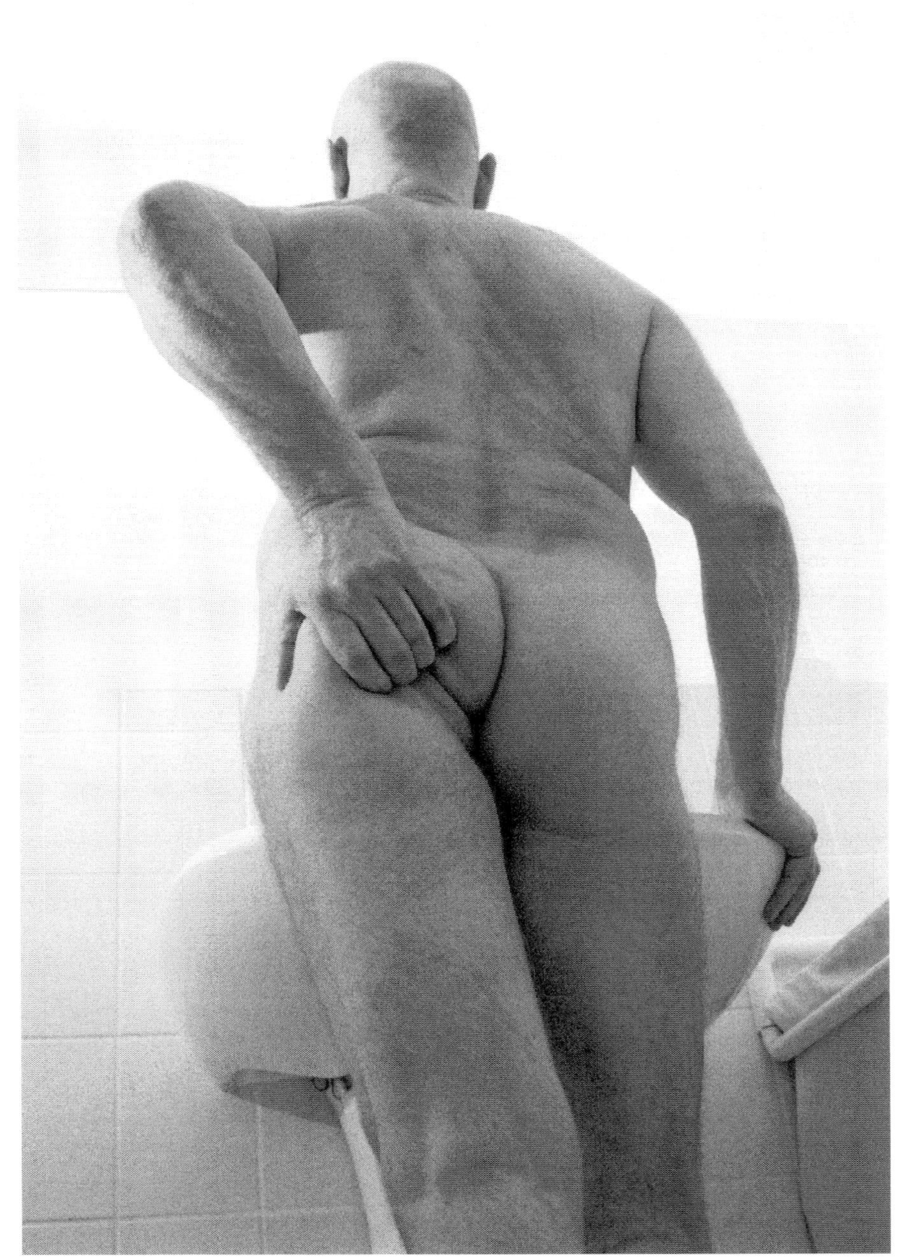

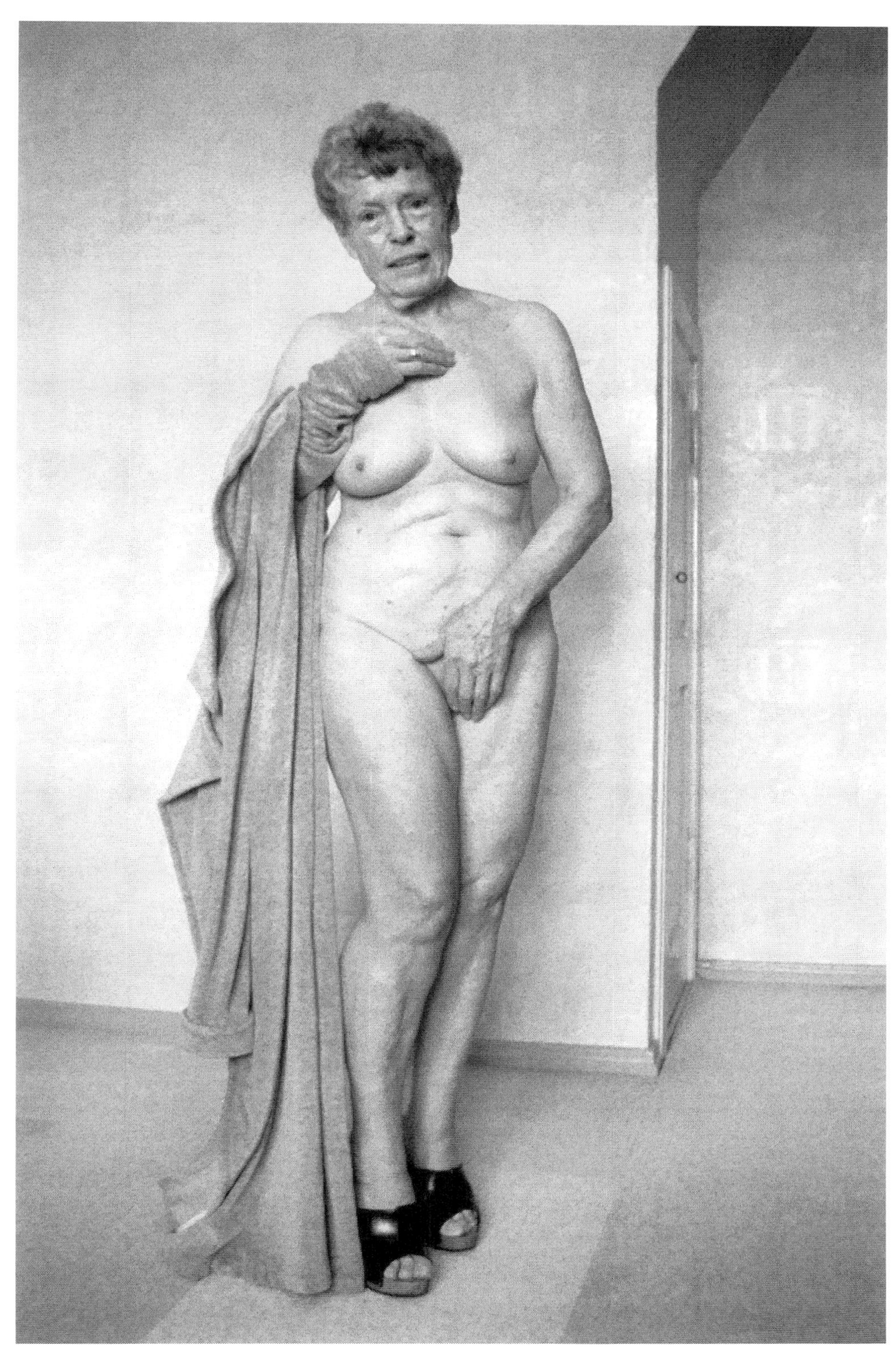

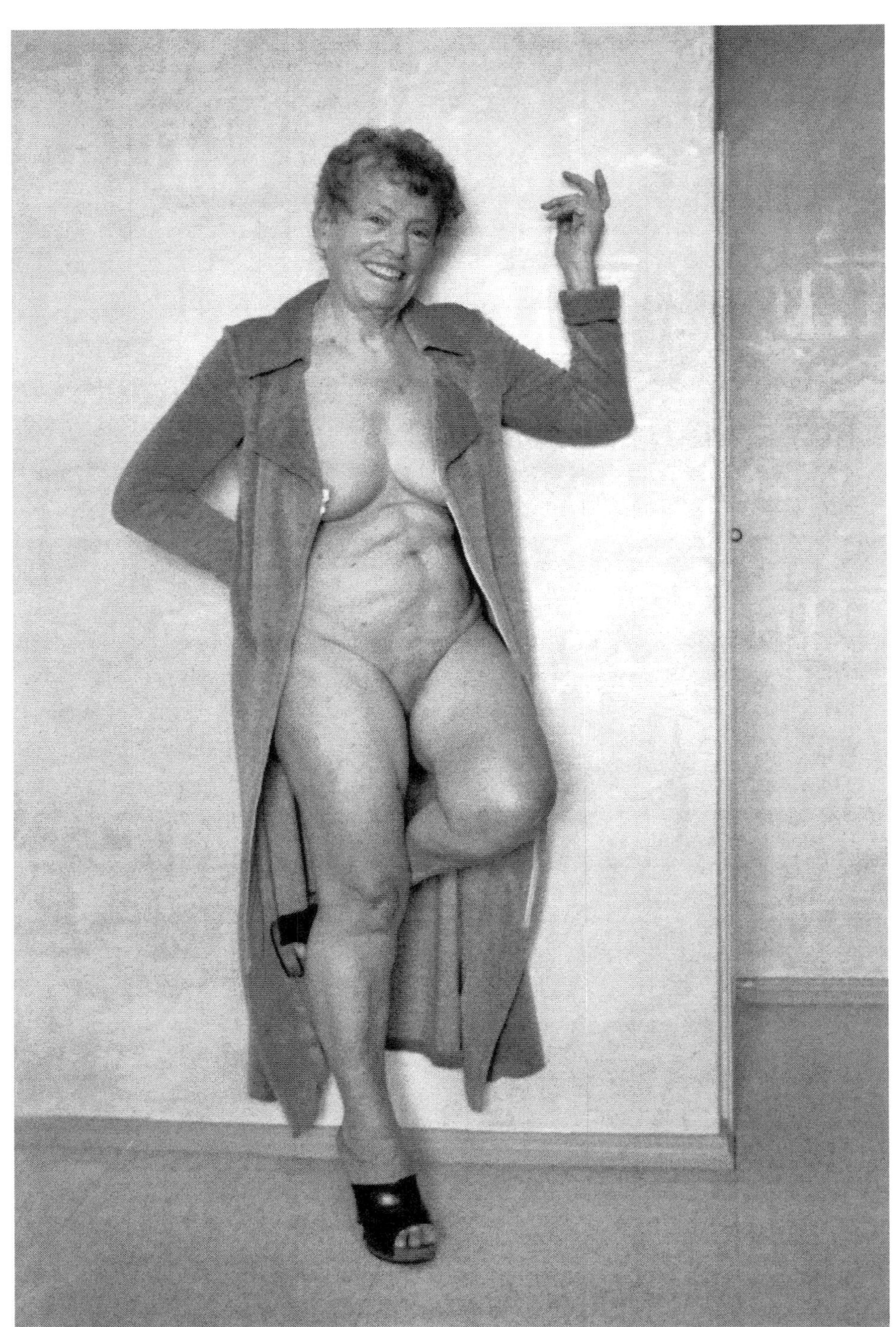

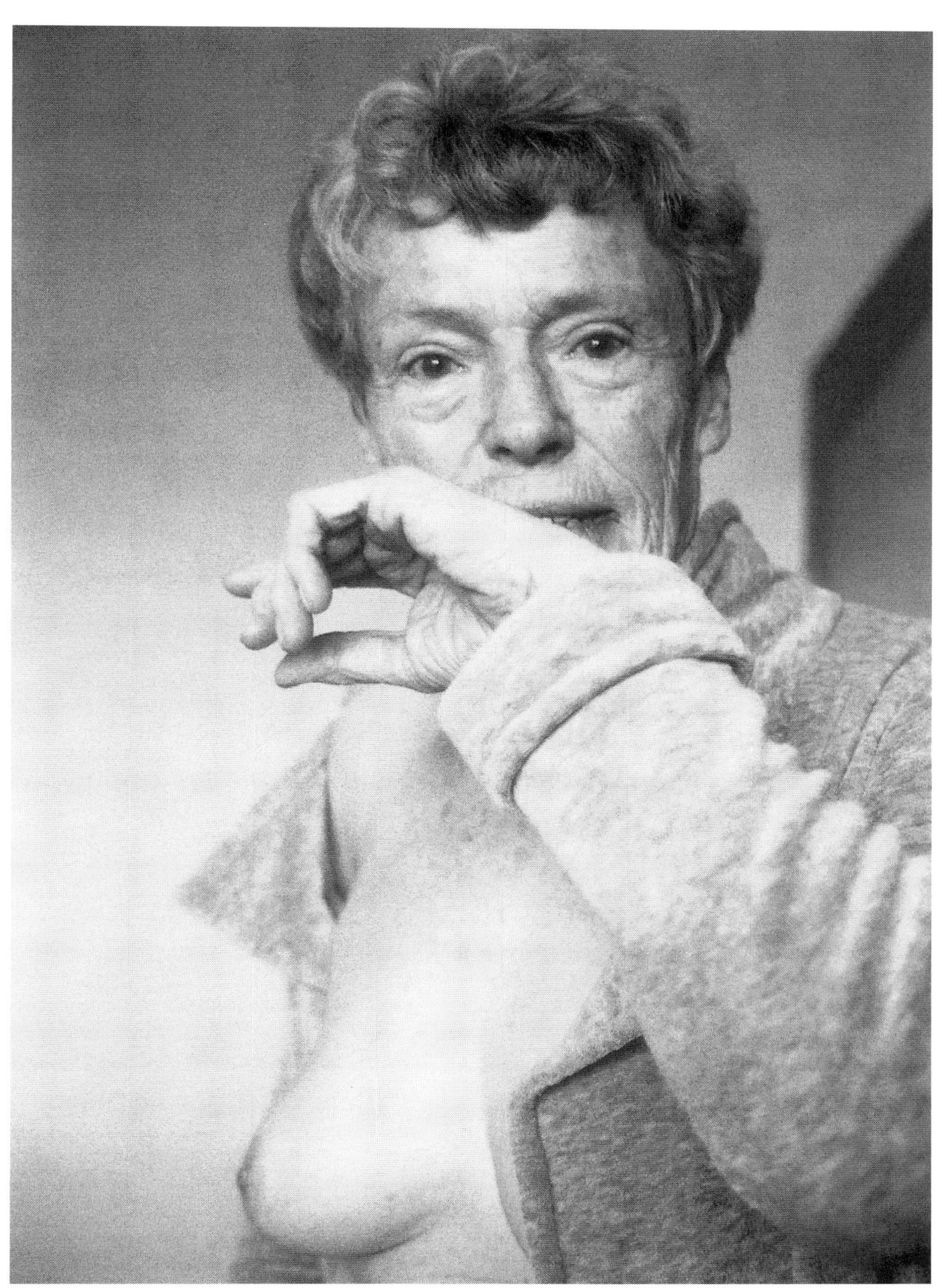

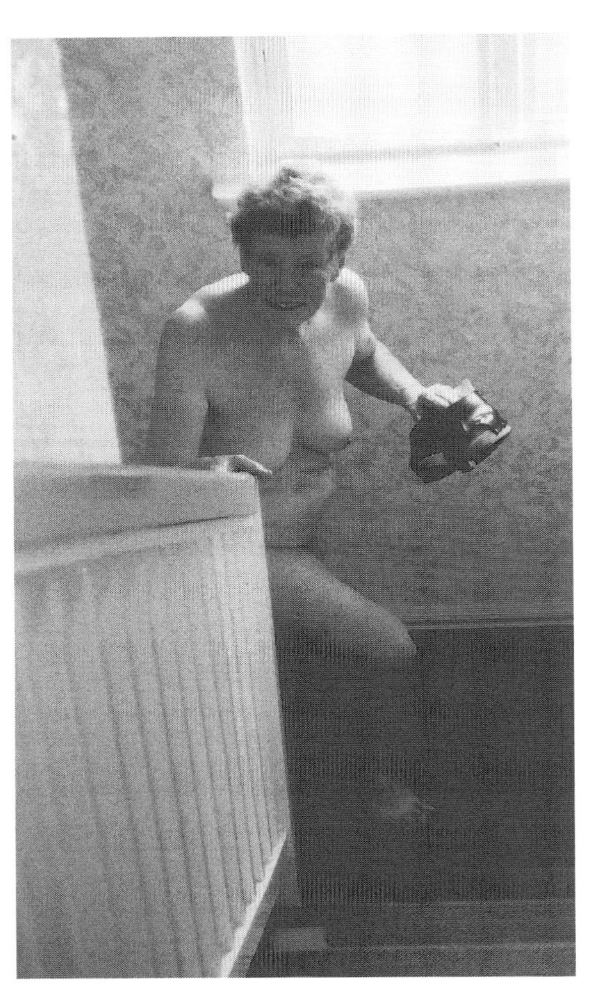

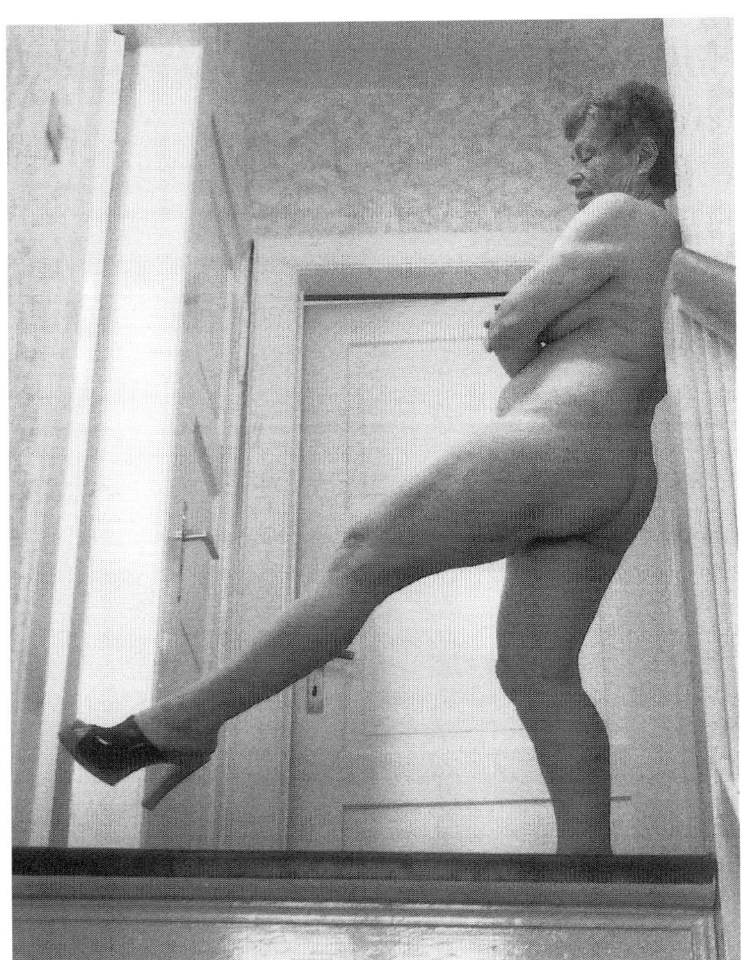

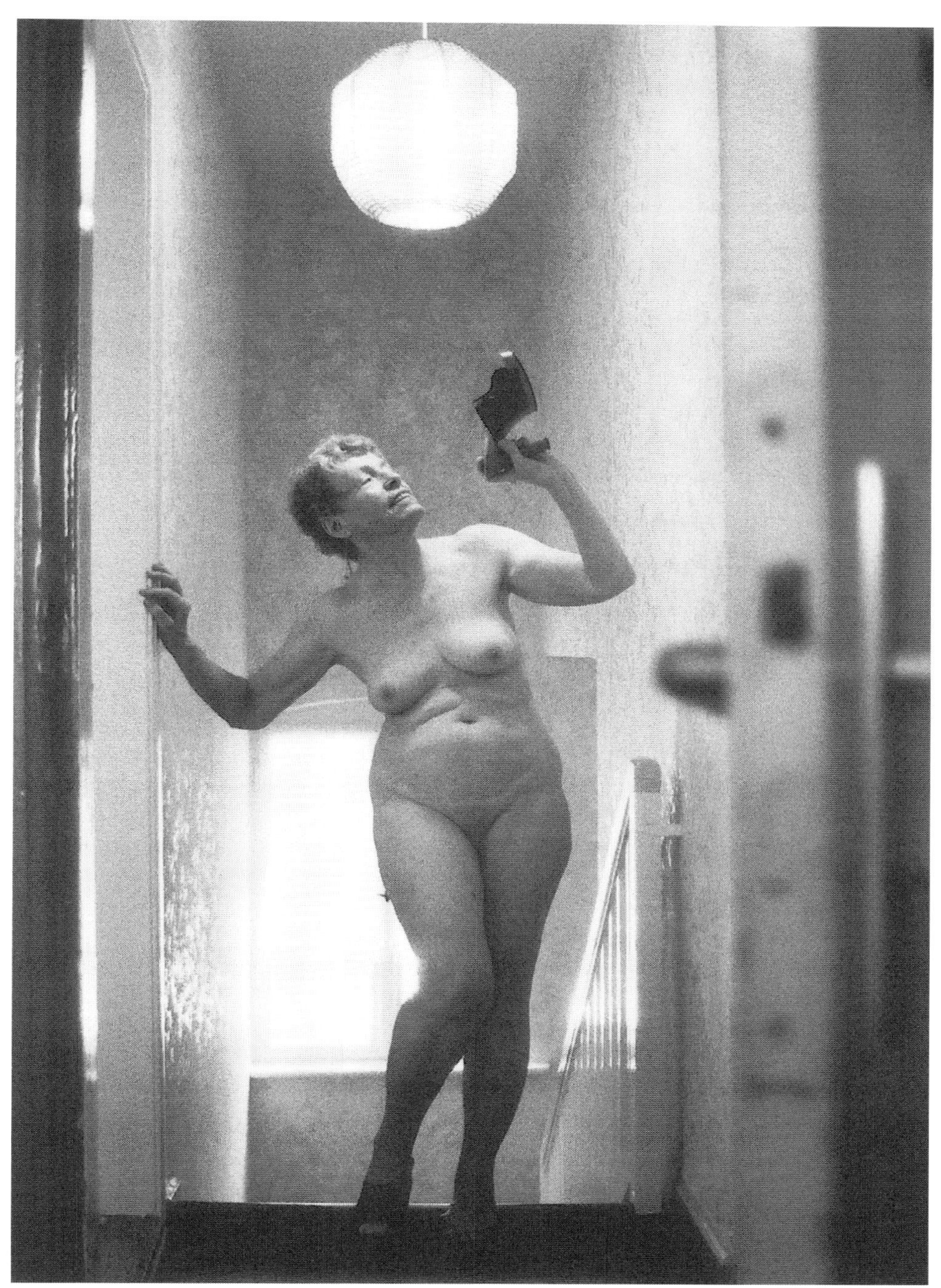

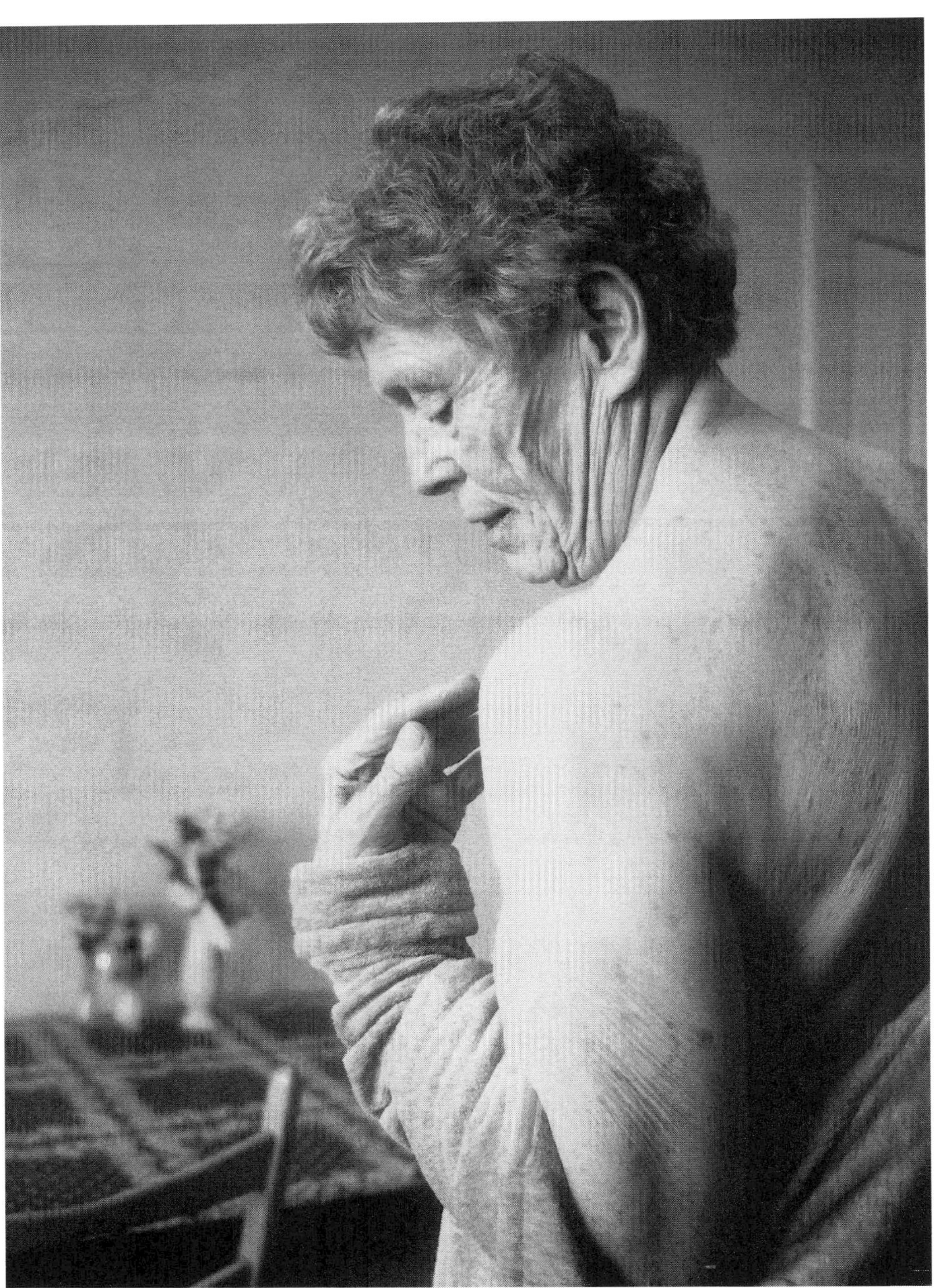

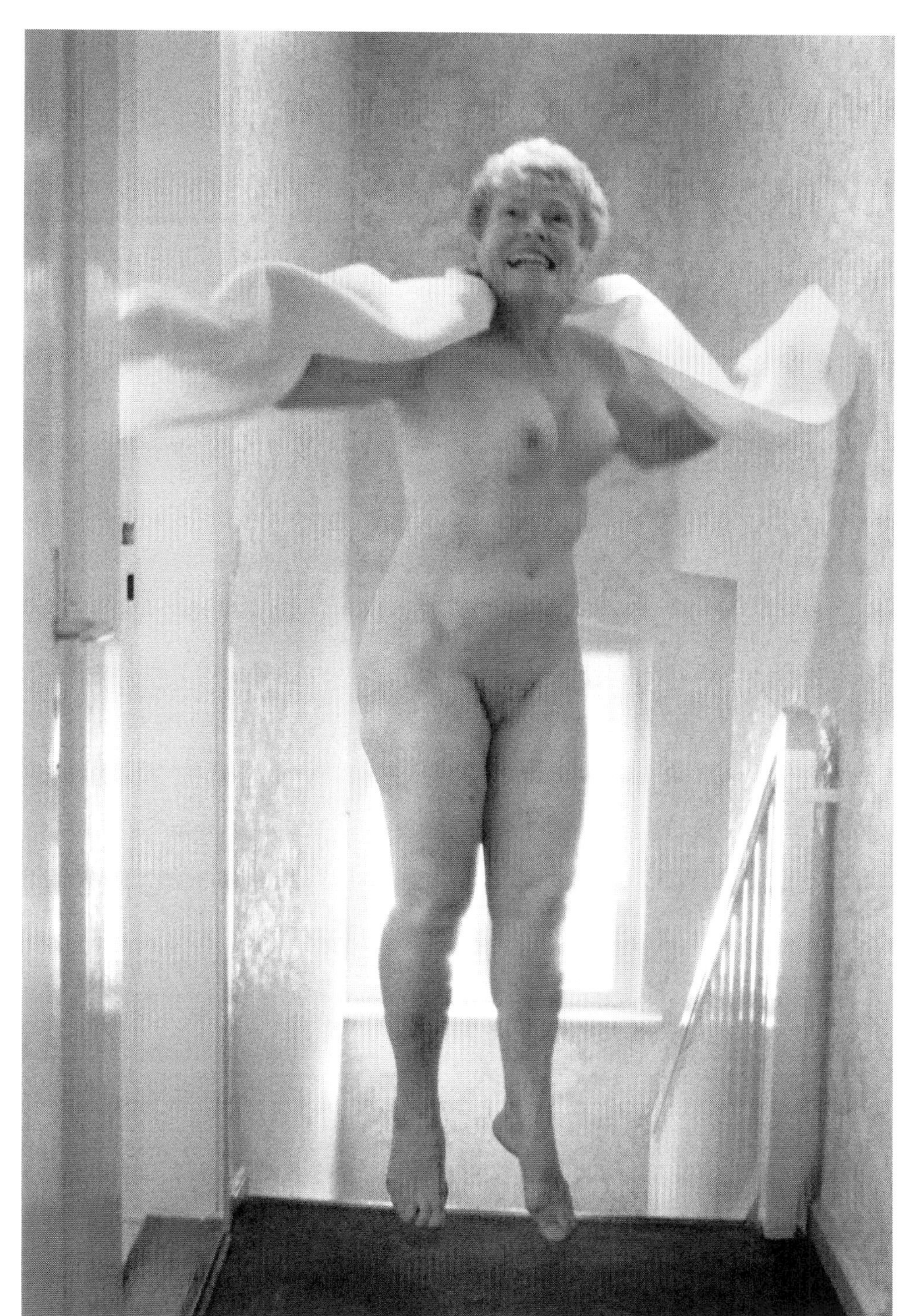

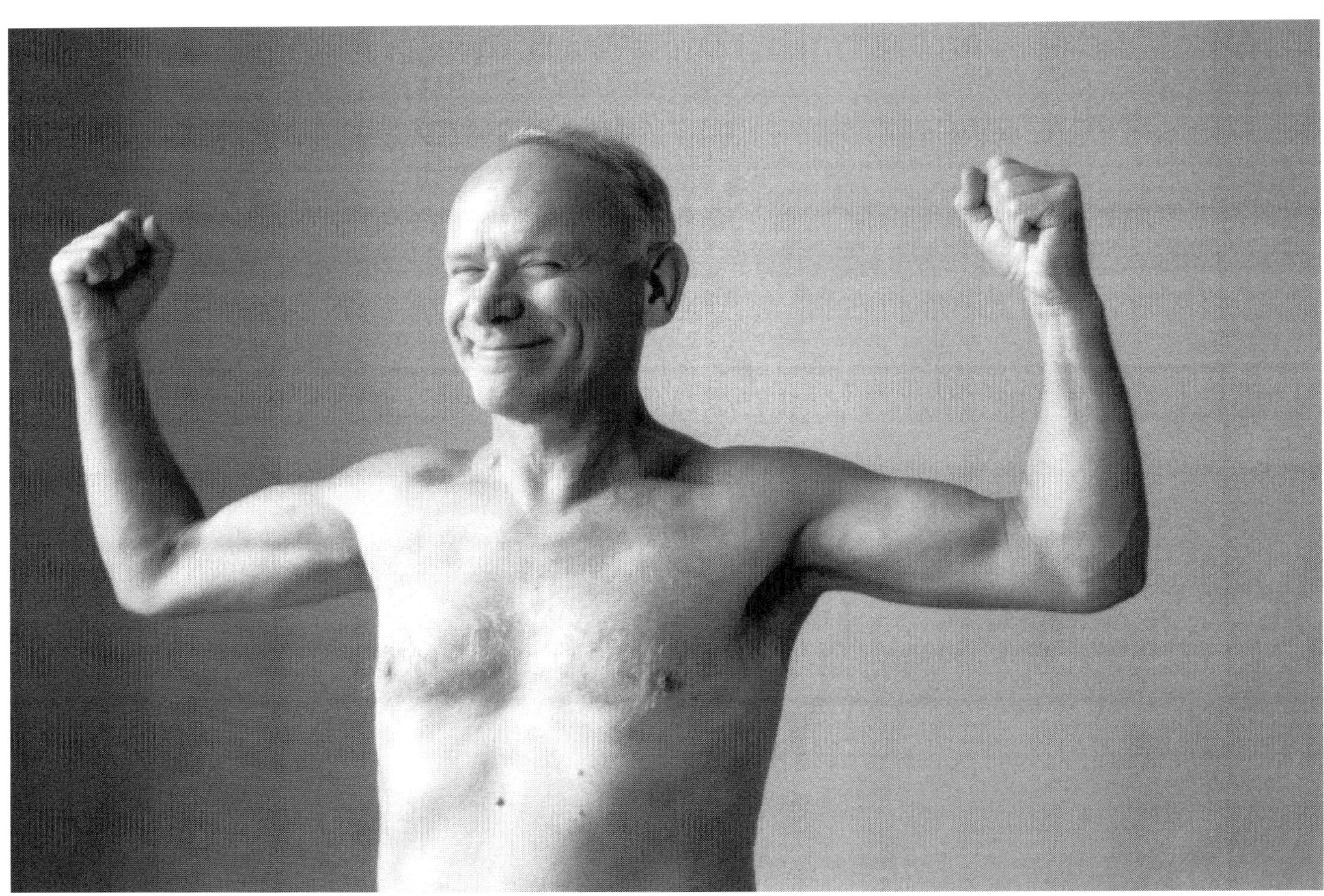

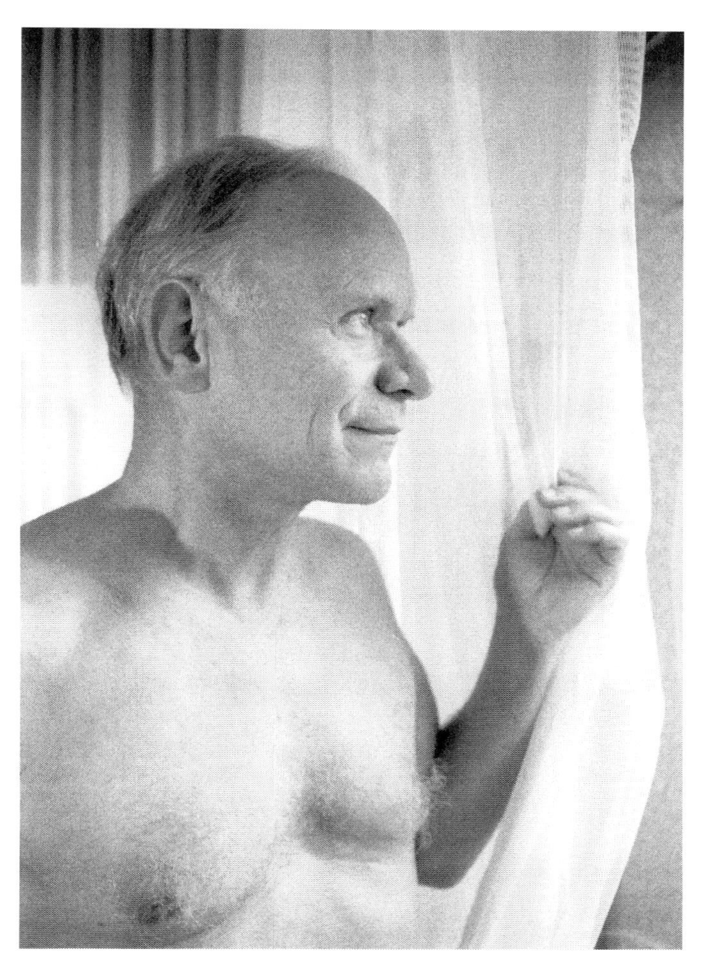

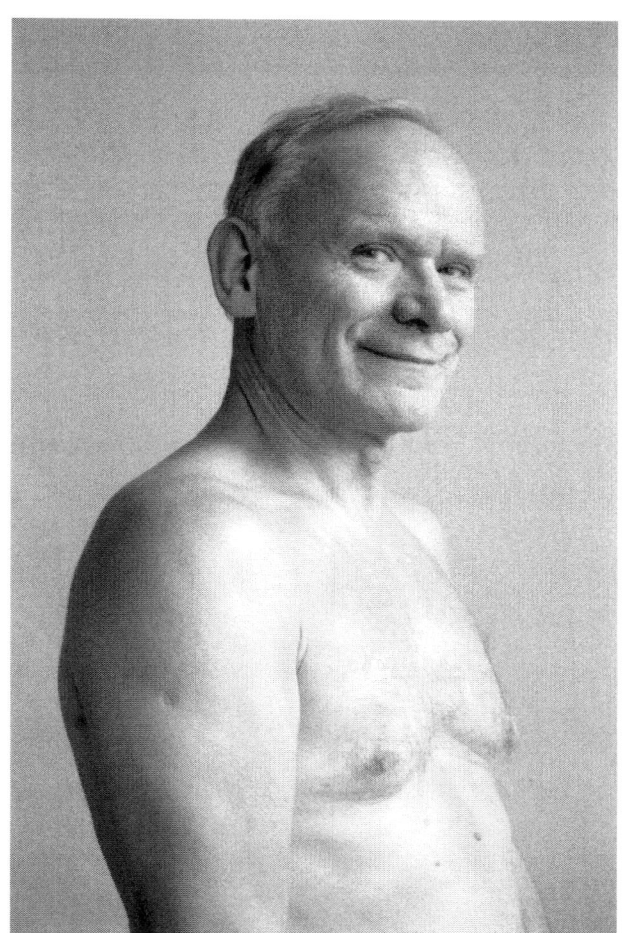

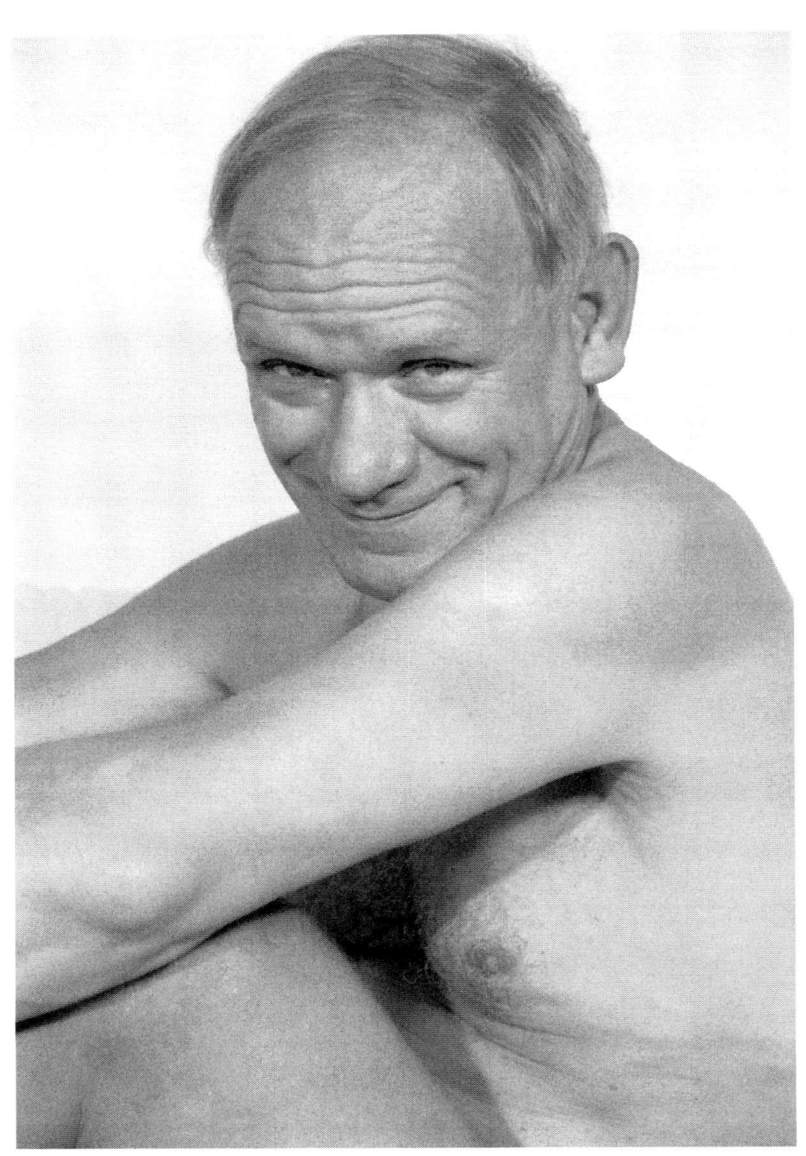

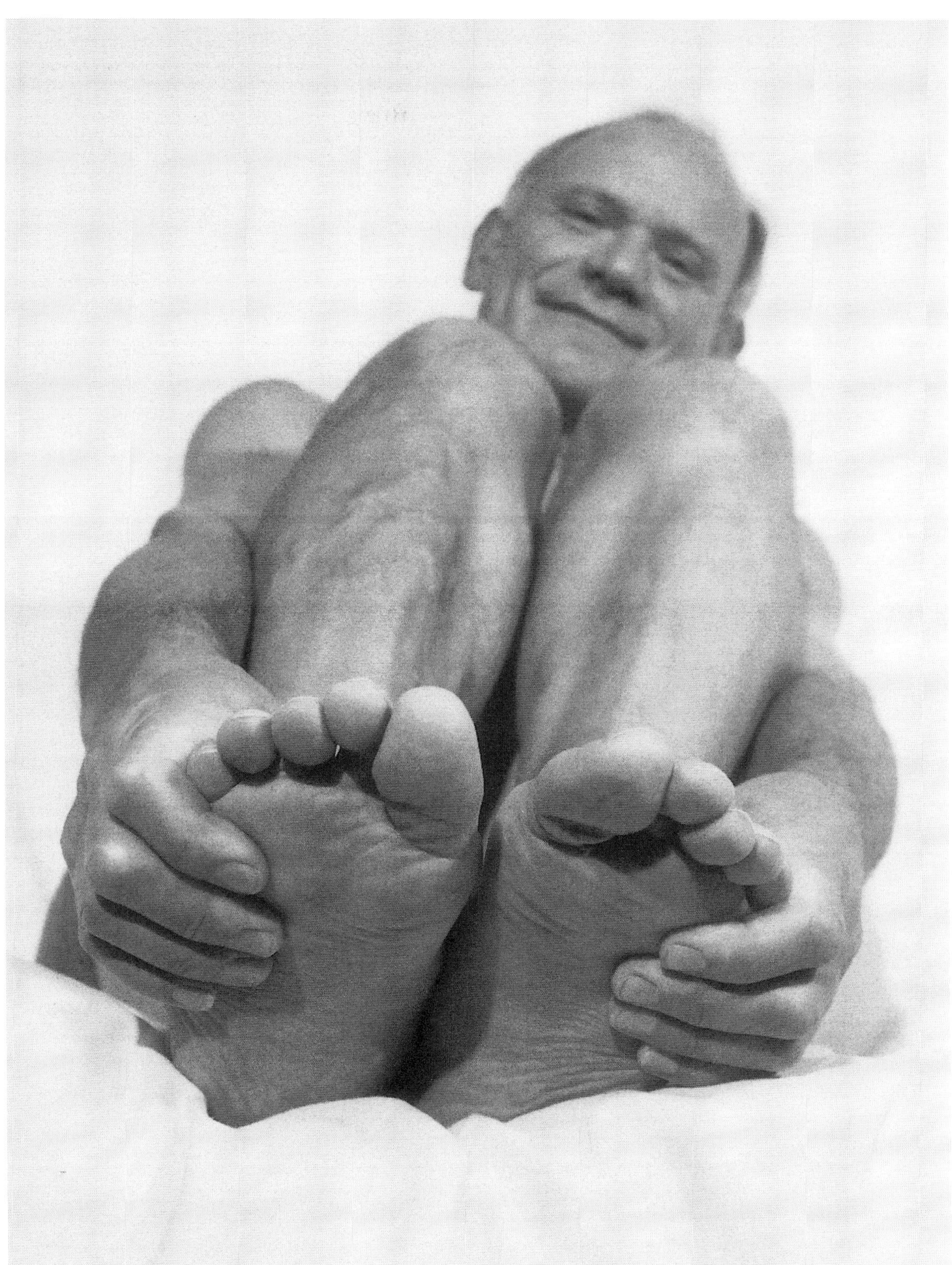

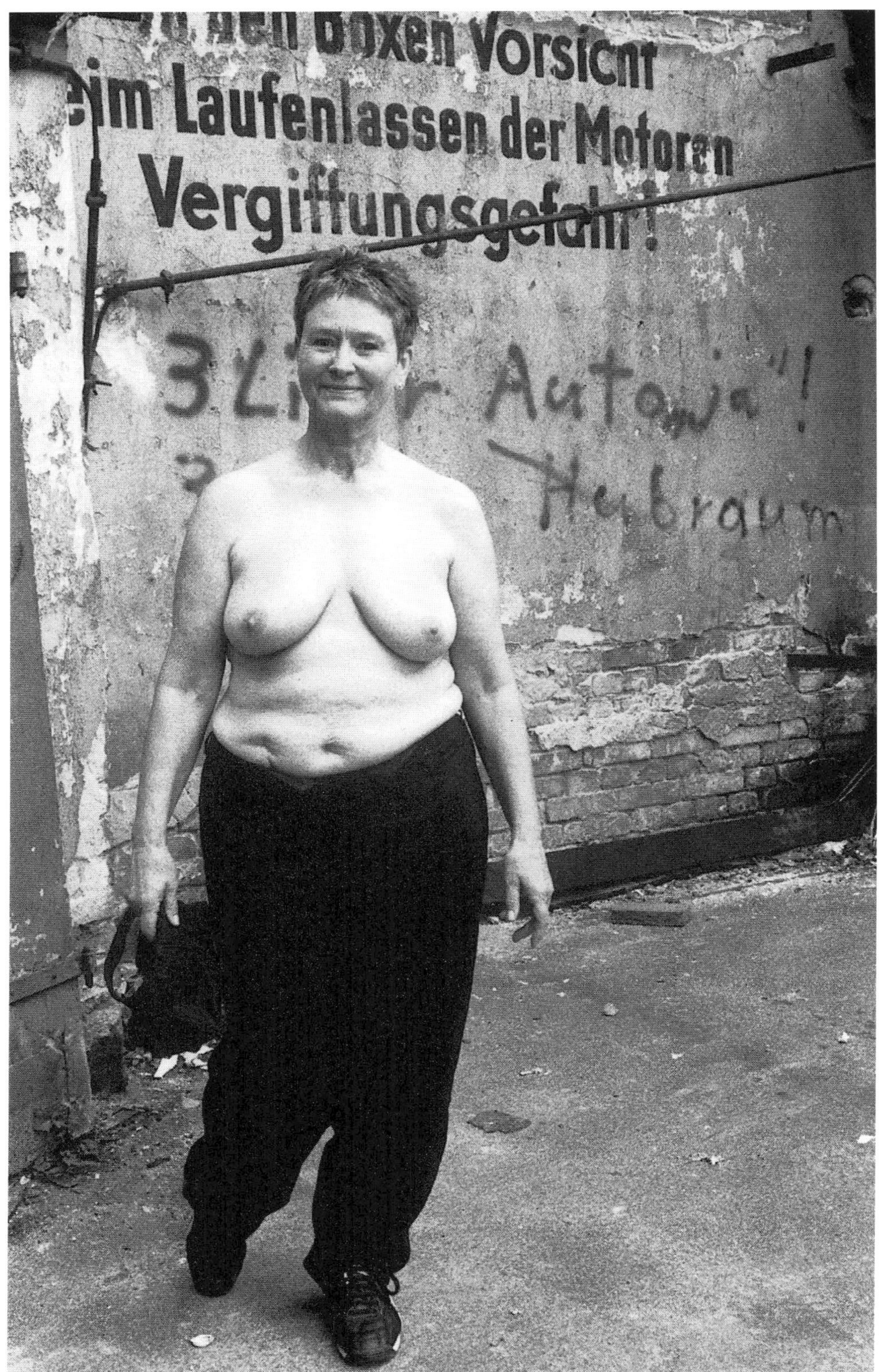
den Boxen Vorsicht
eim Laufenlassen der Motoren
Vergiftungsgefahr!

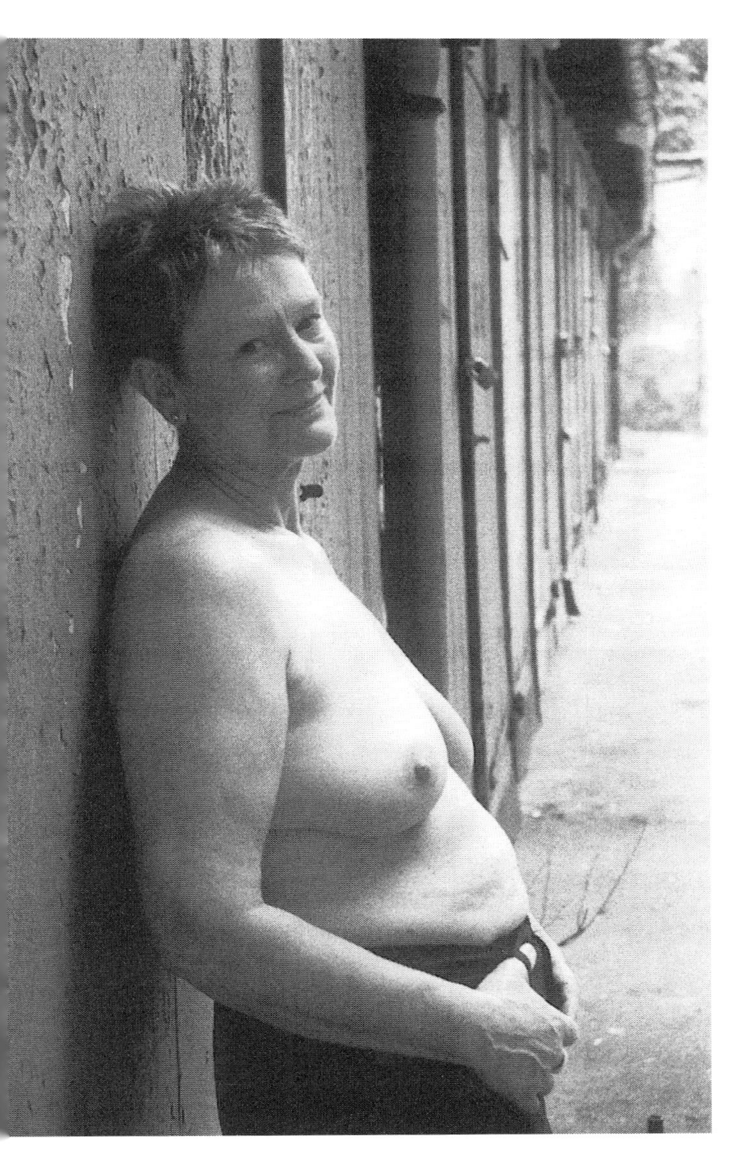

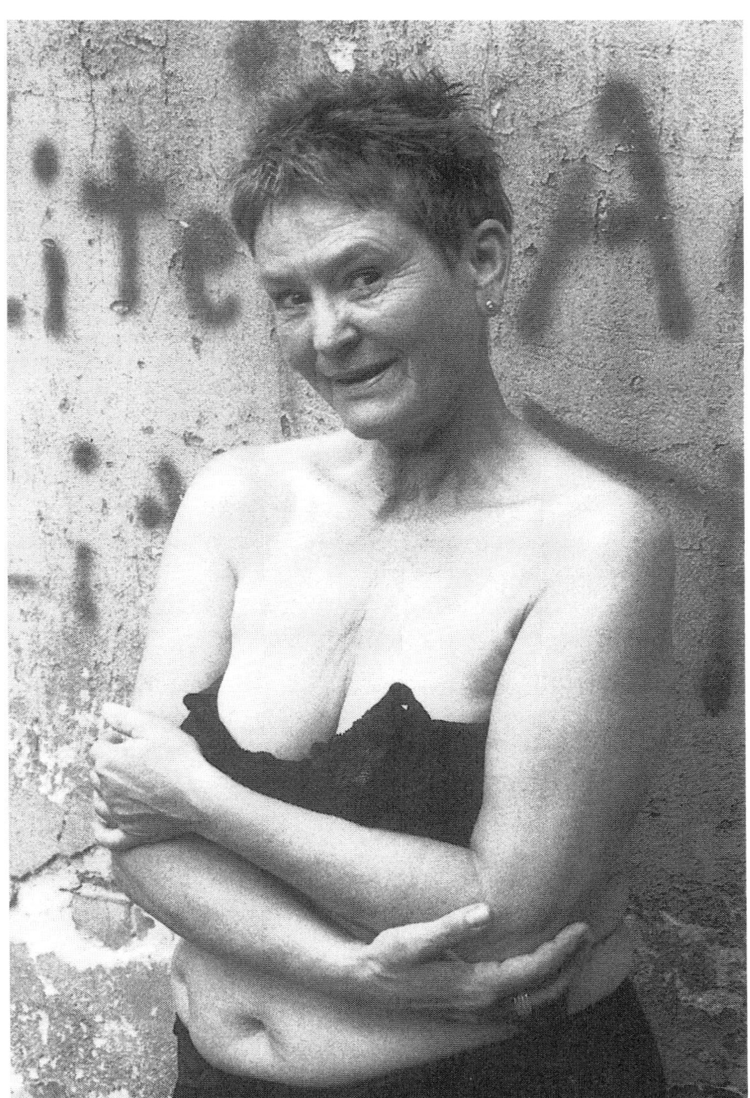

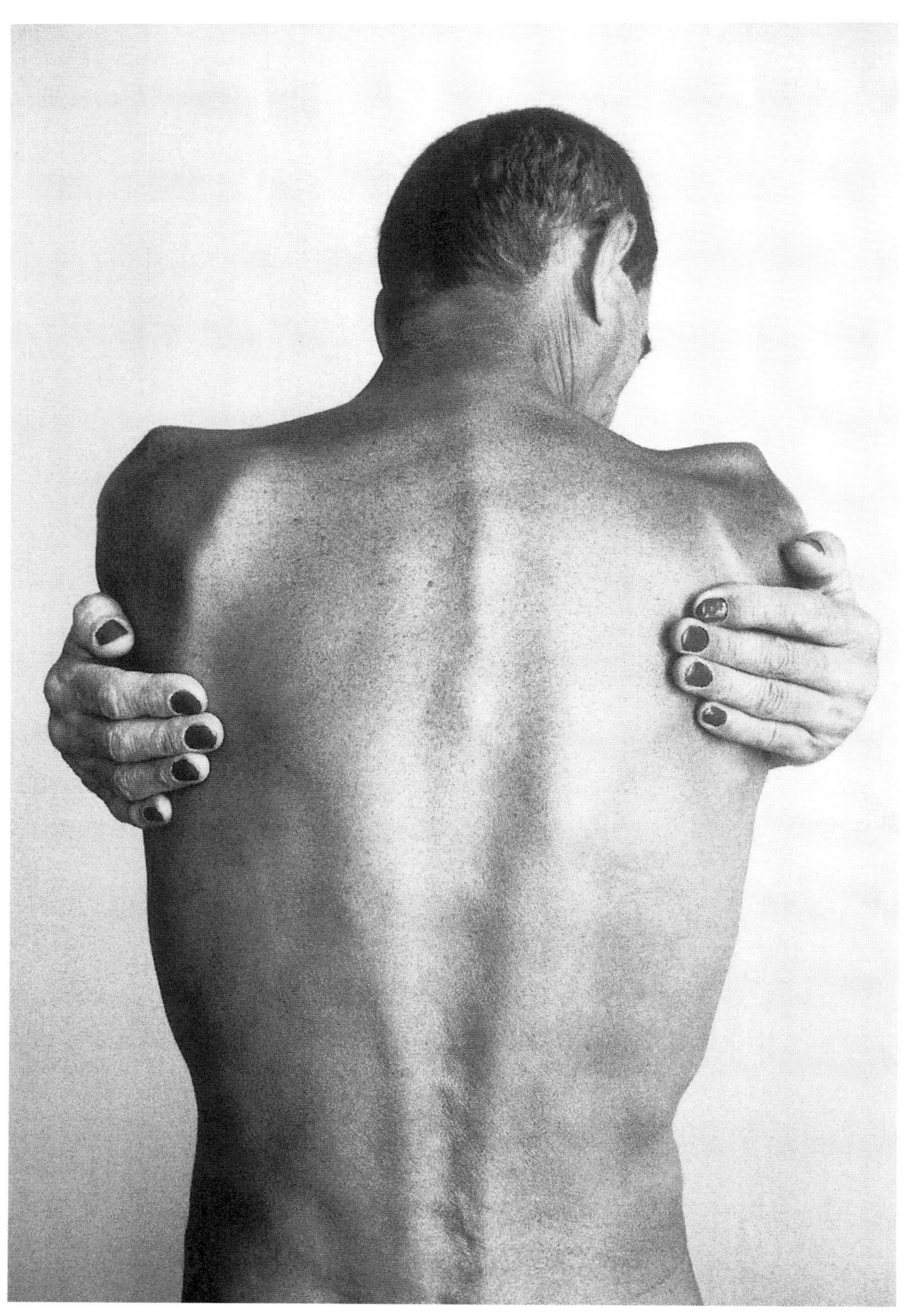

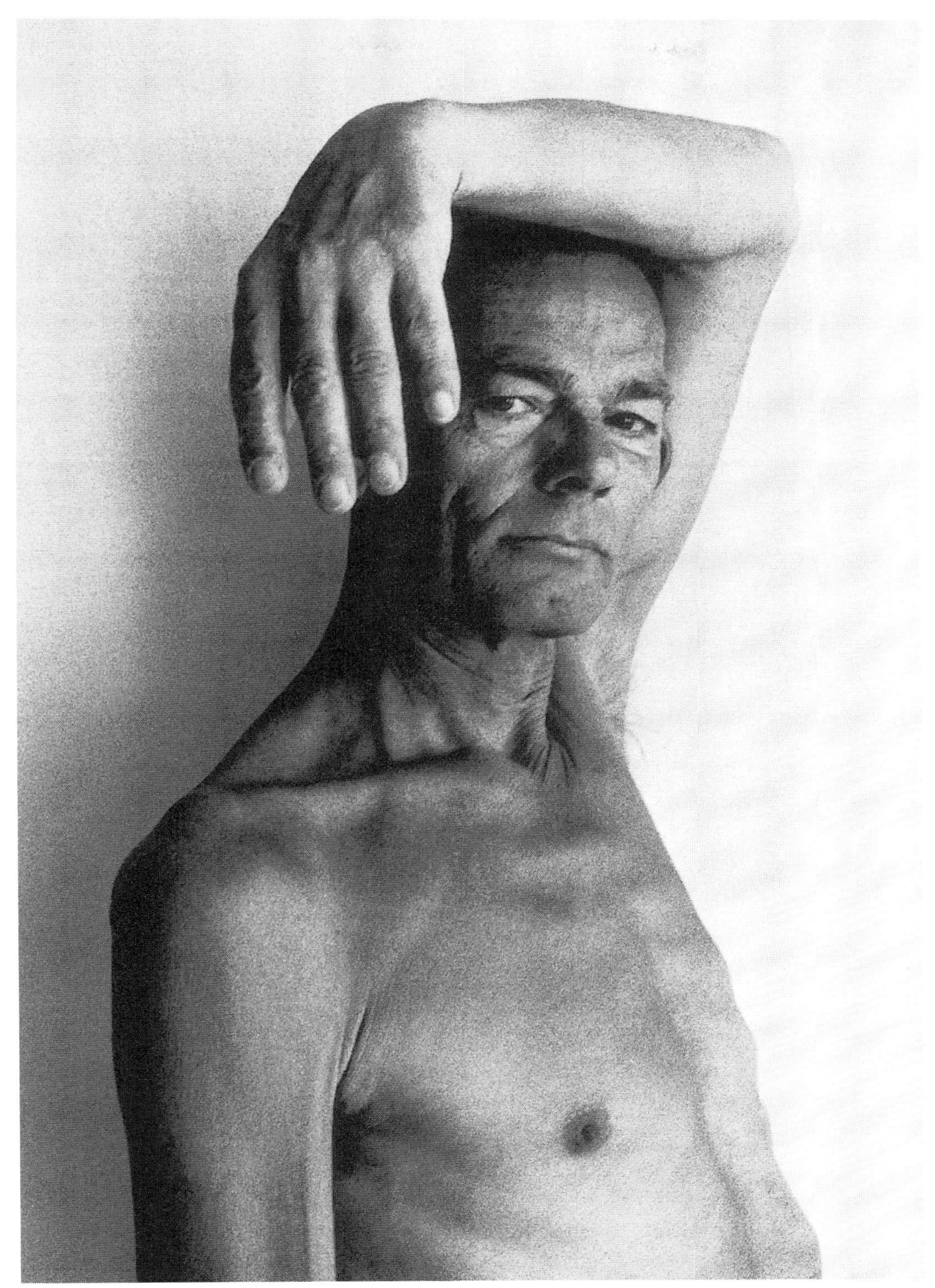

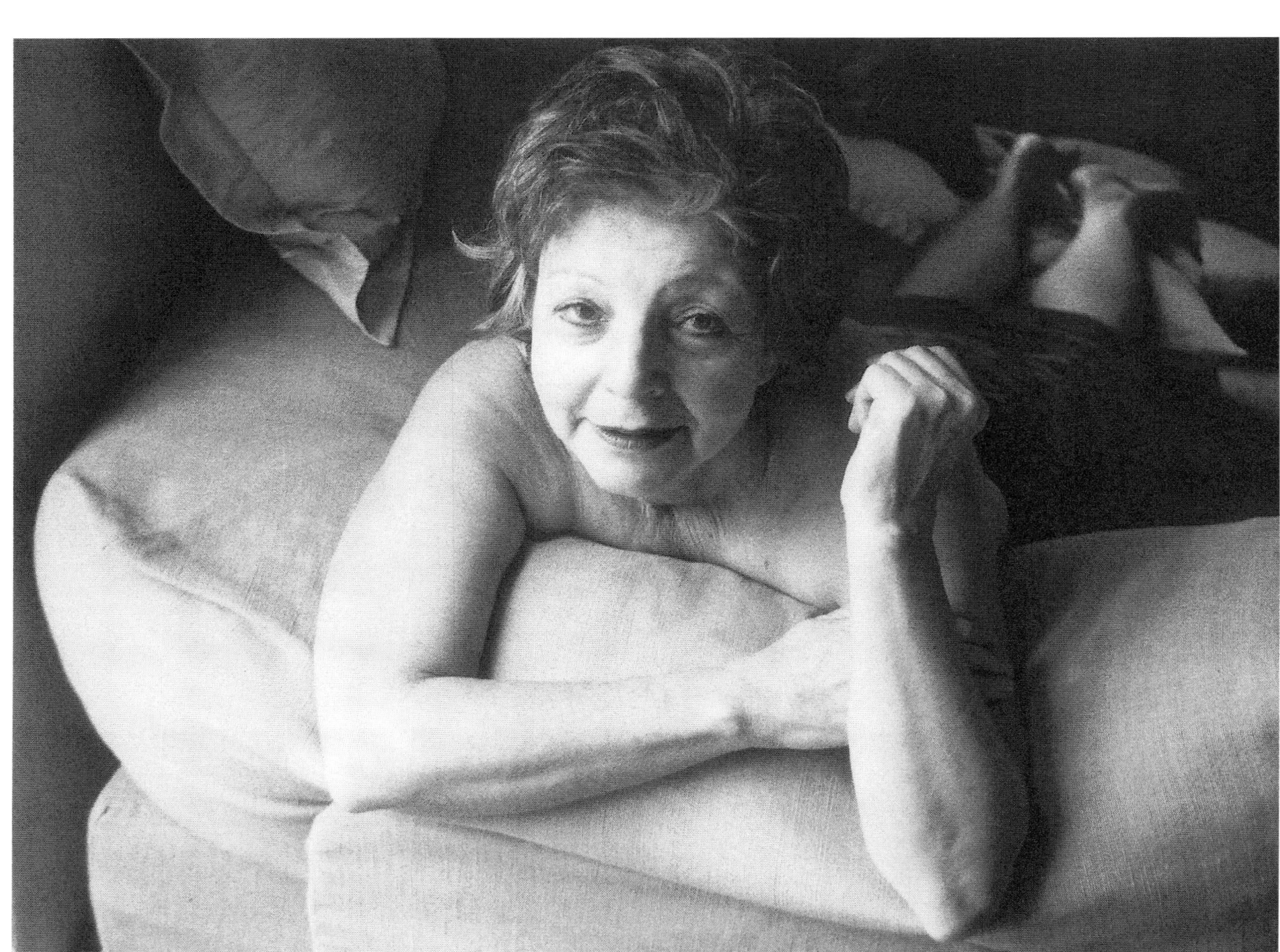

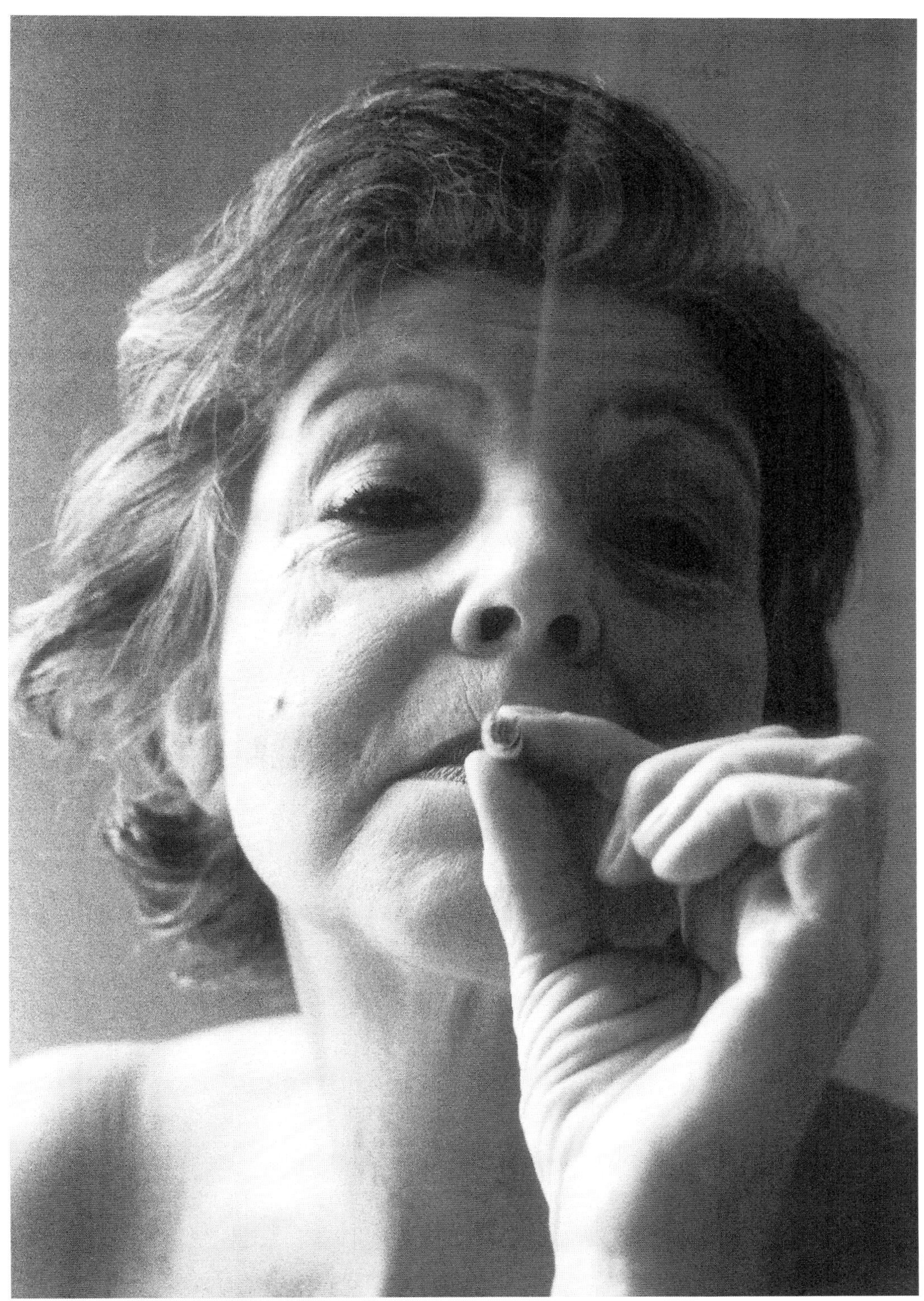

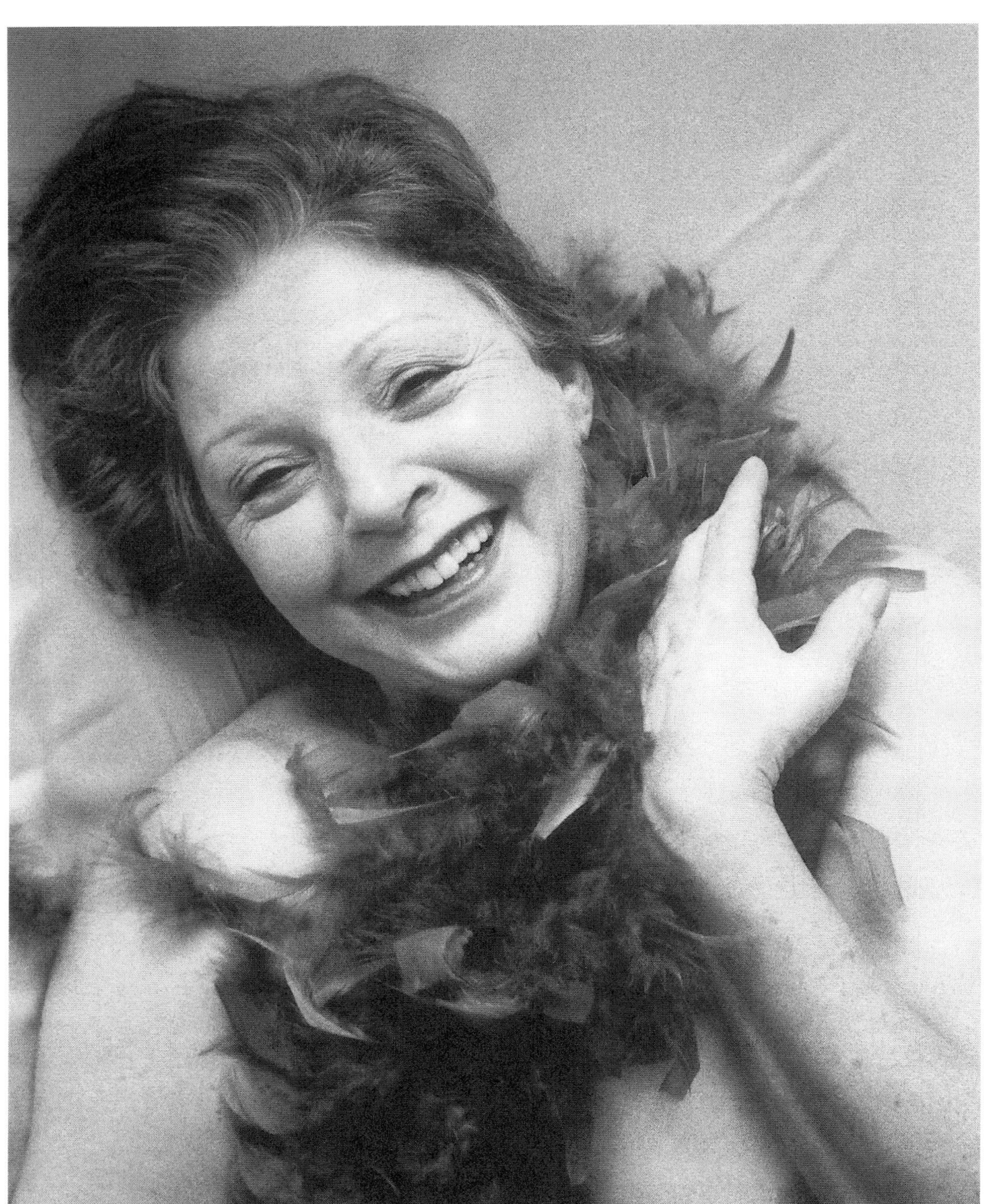

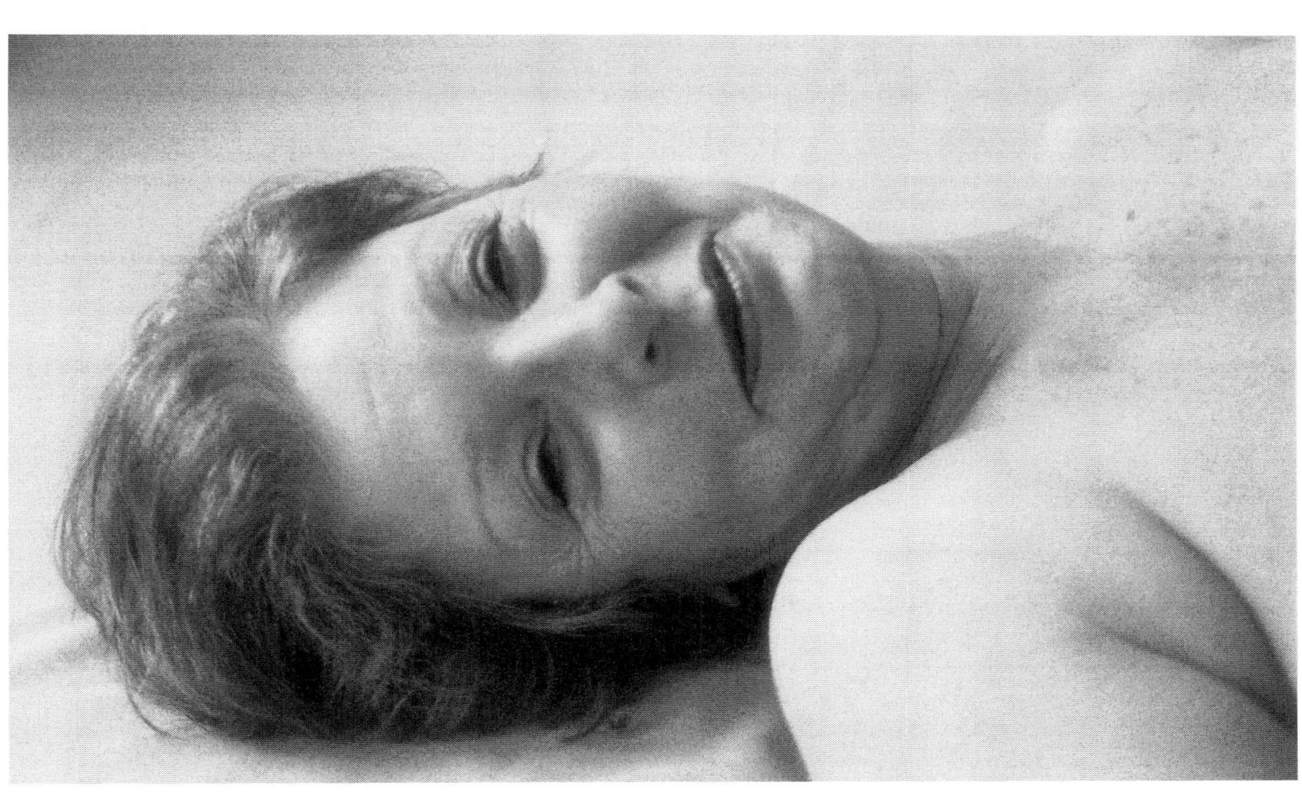

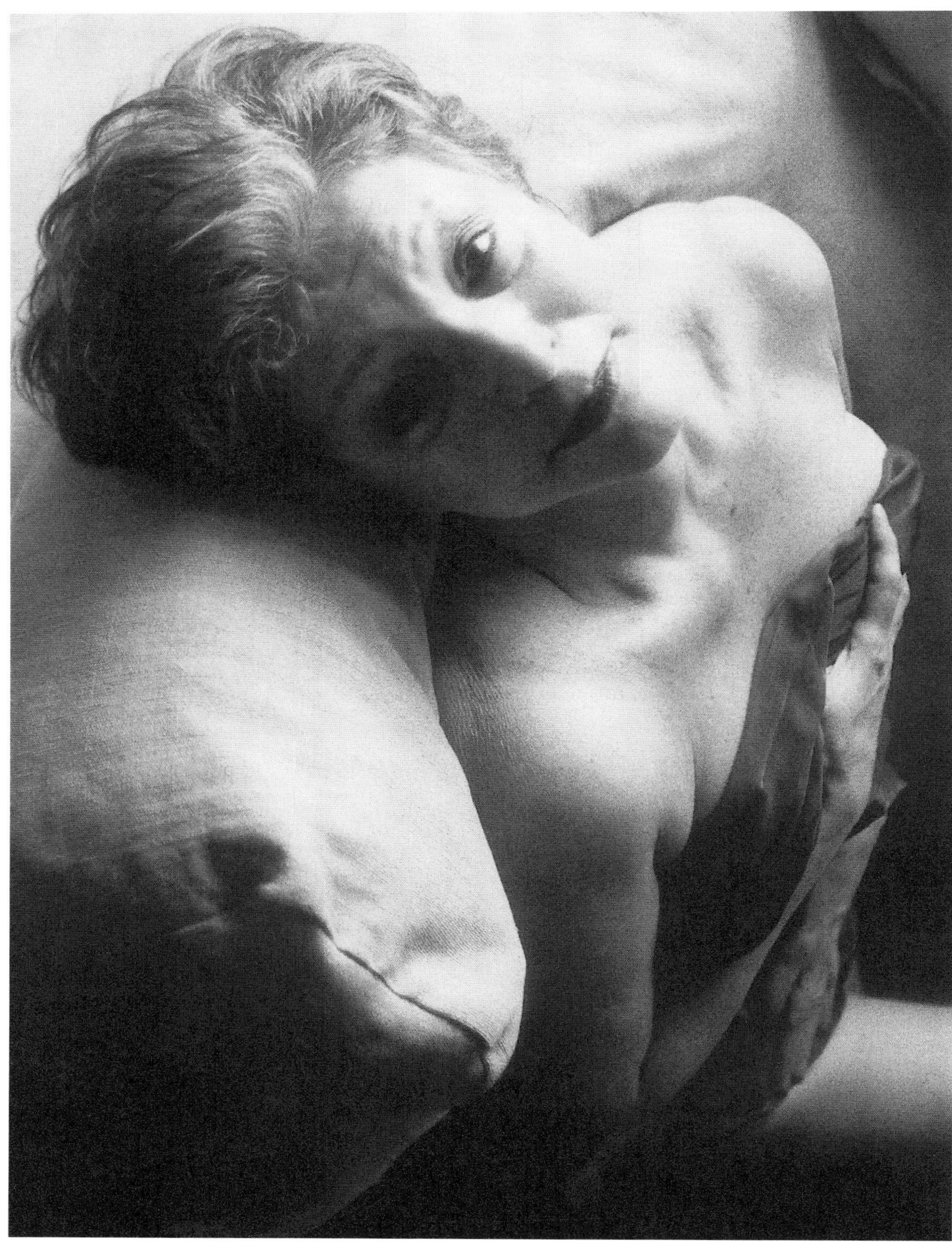

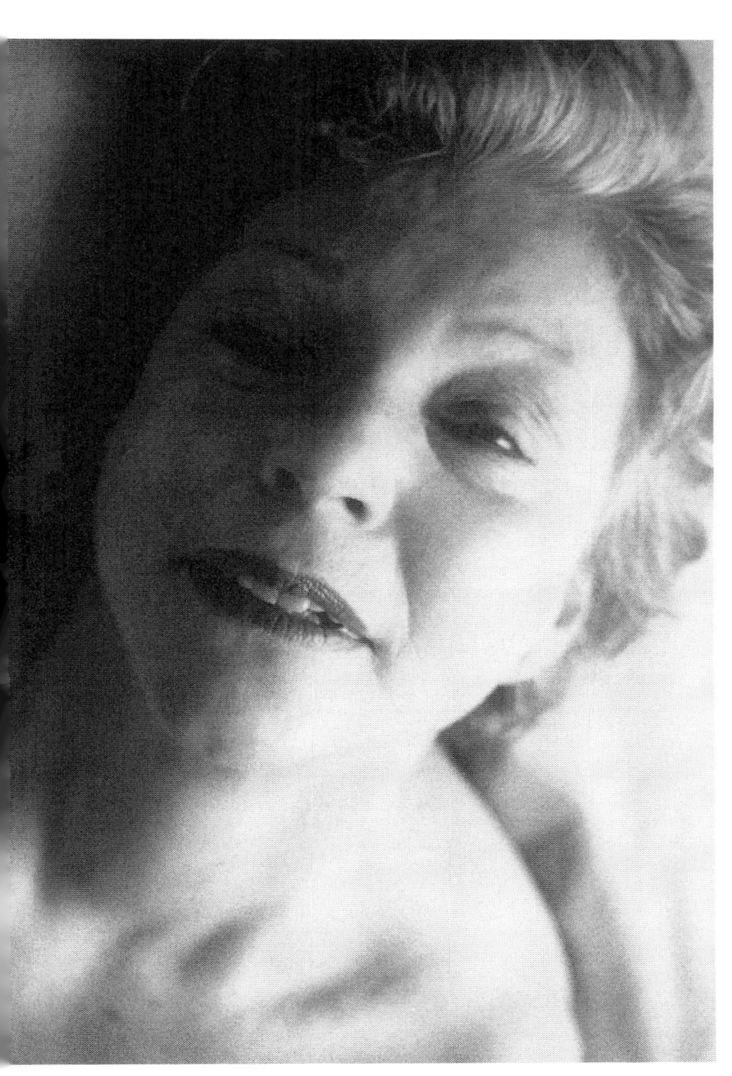

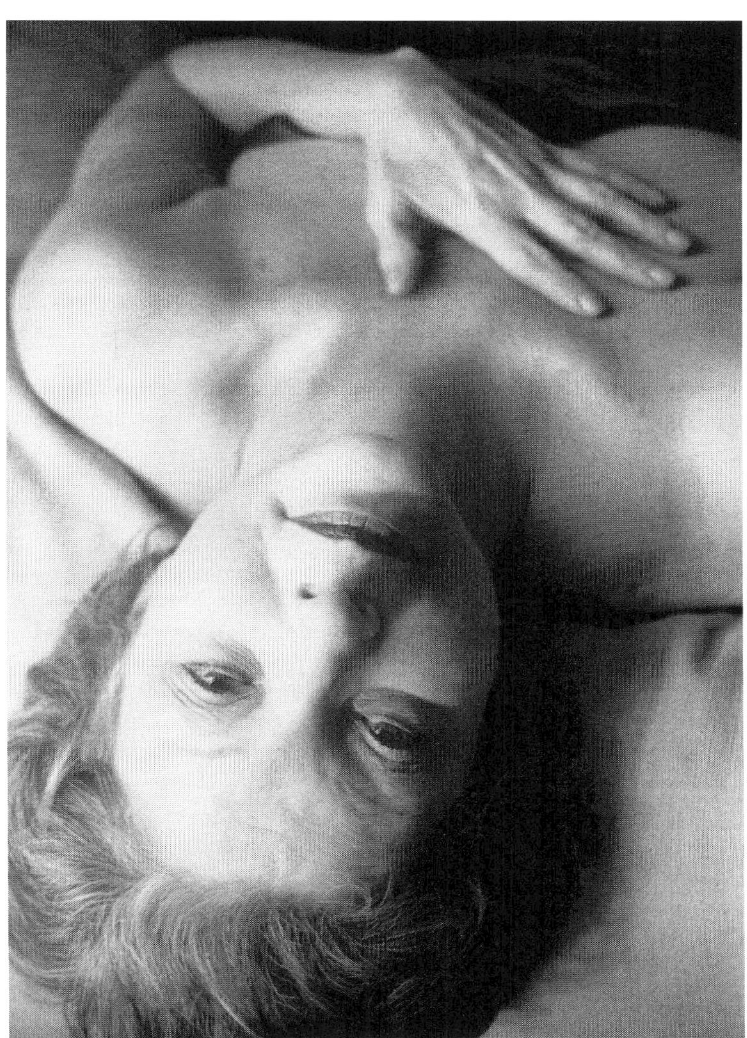

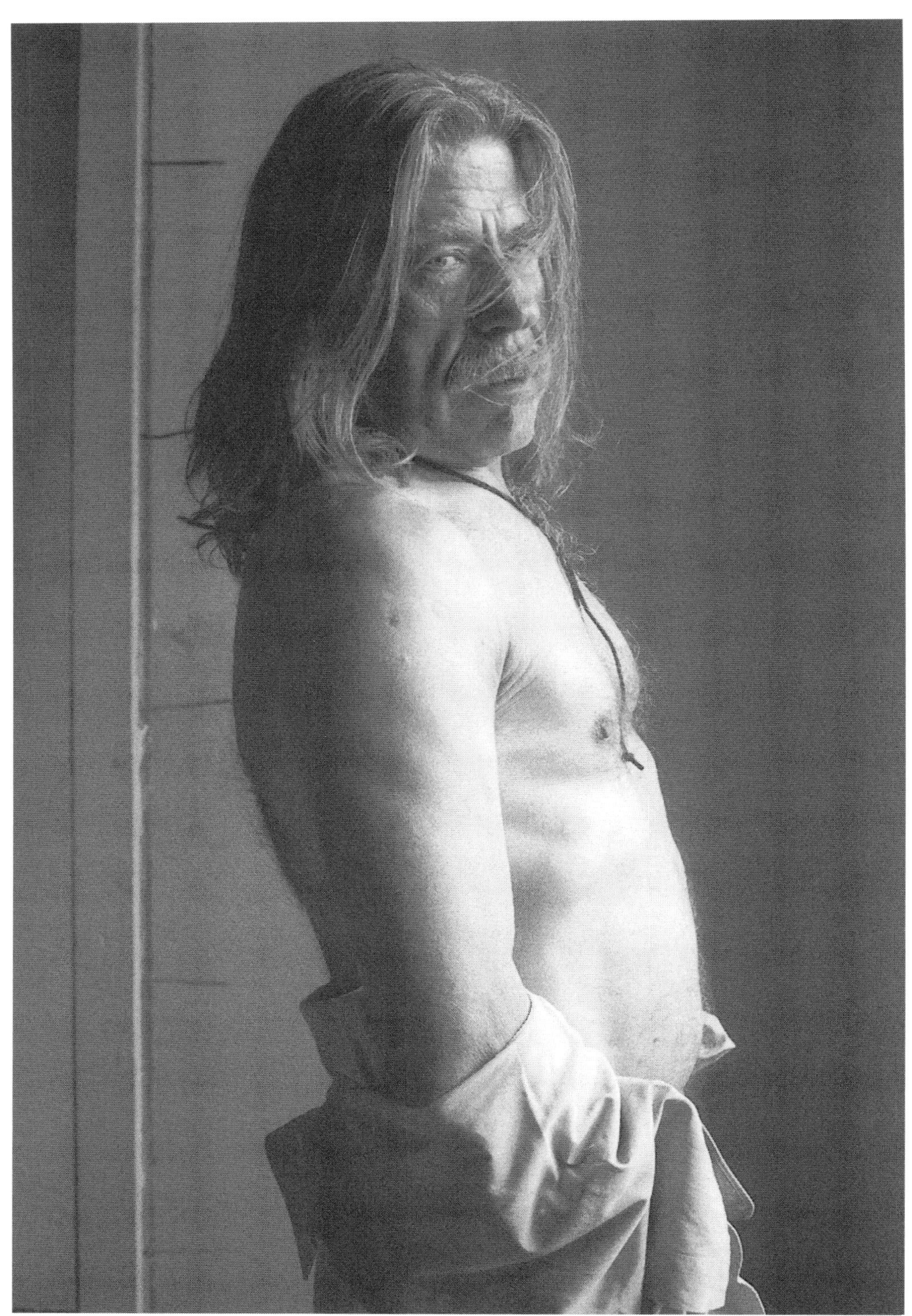

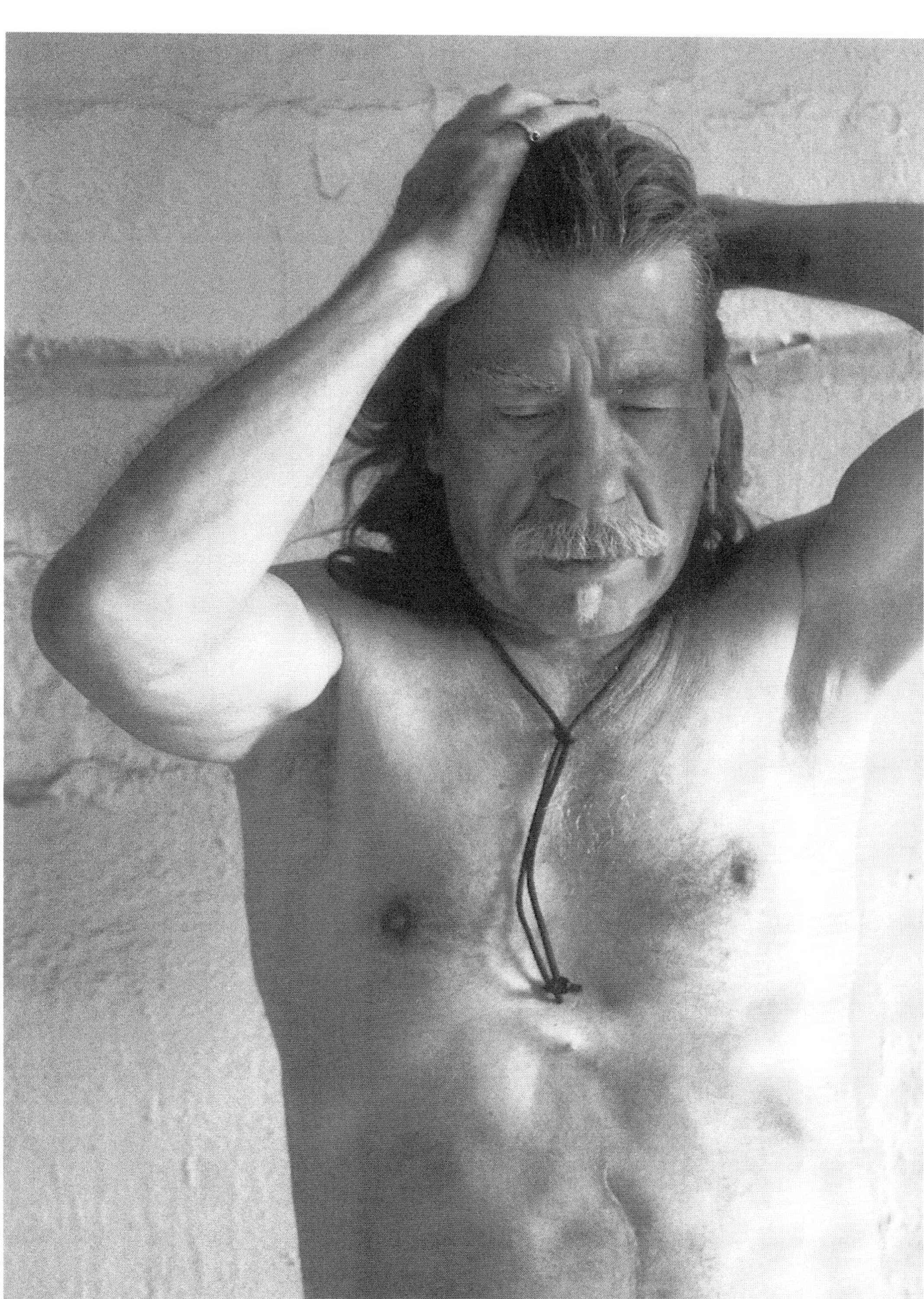

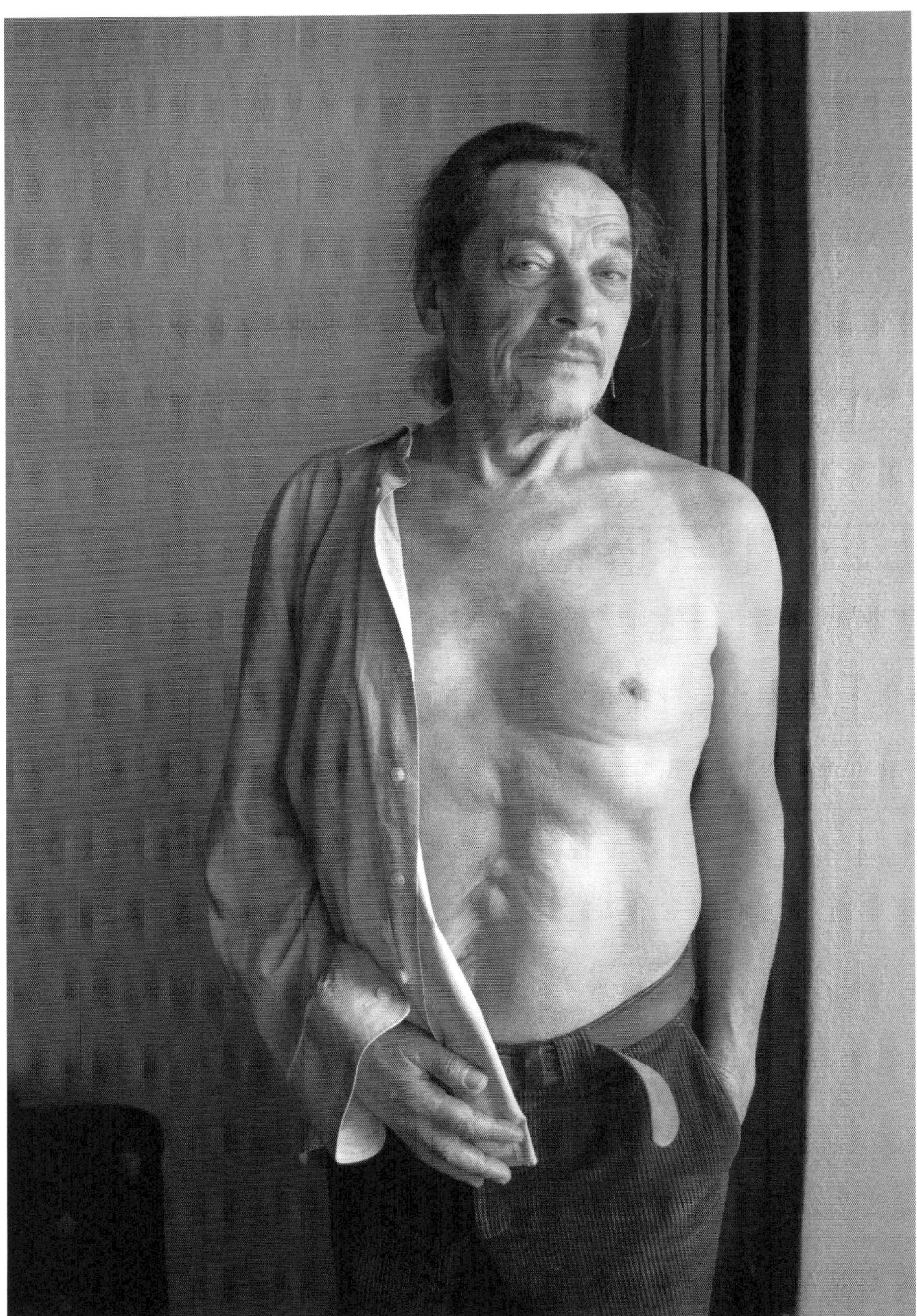

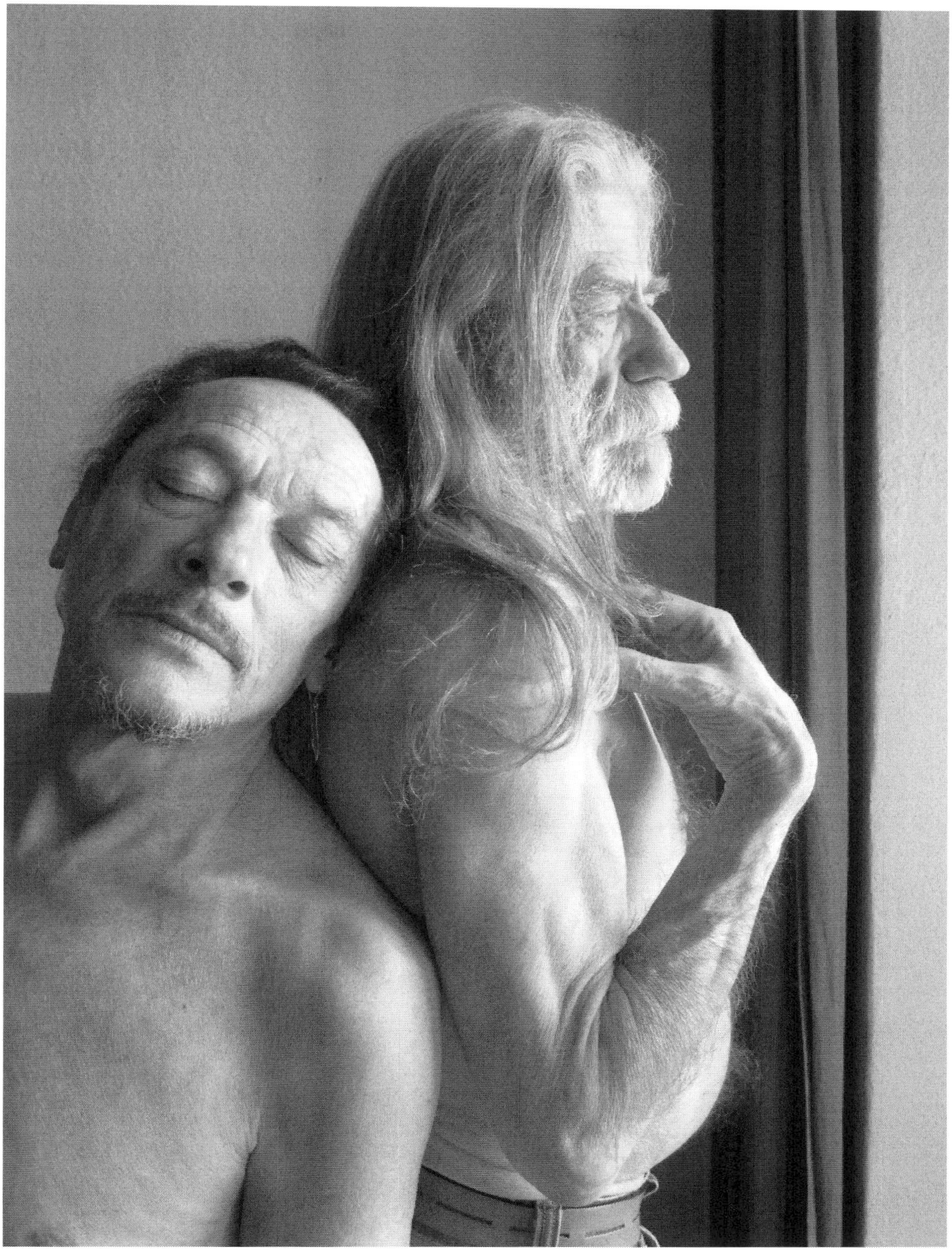

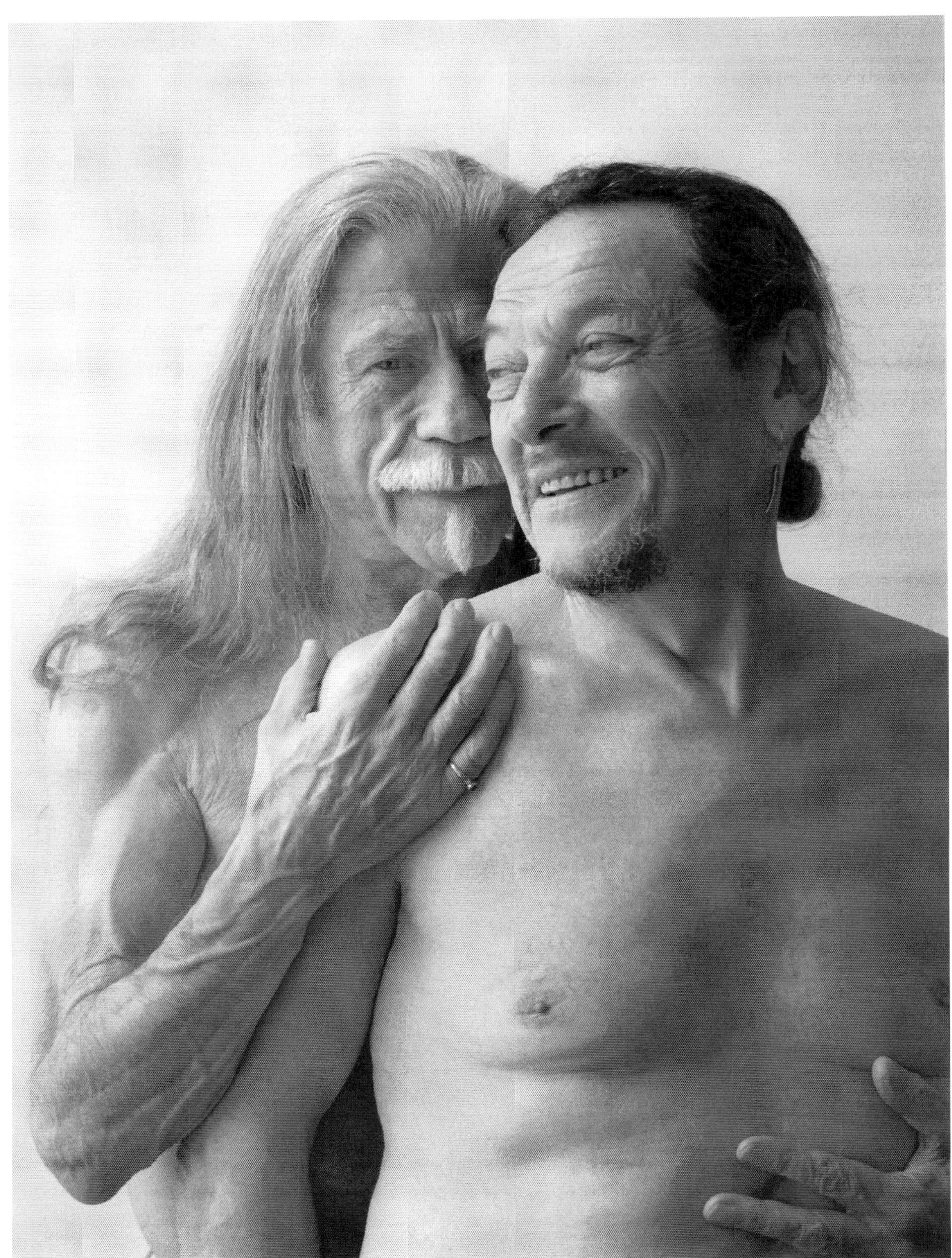

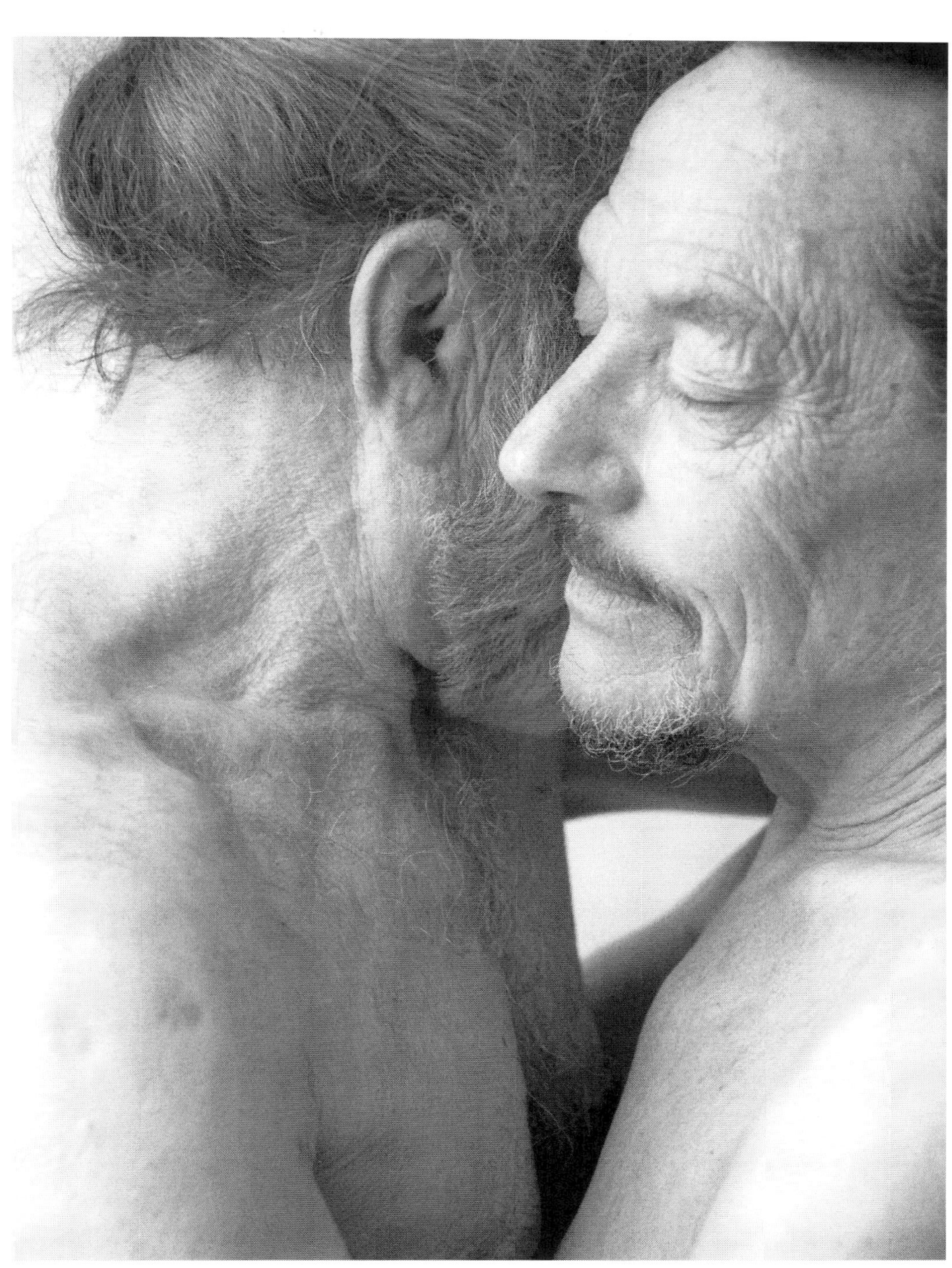

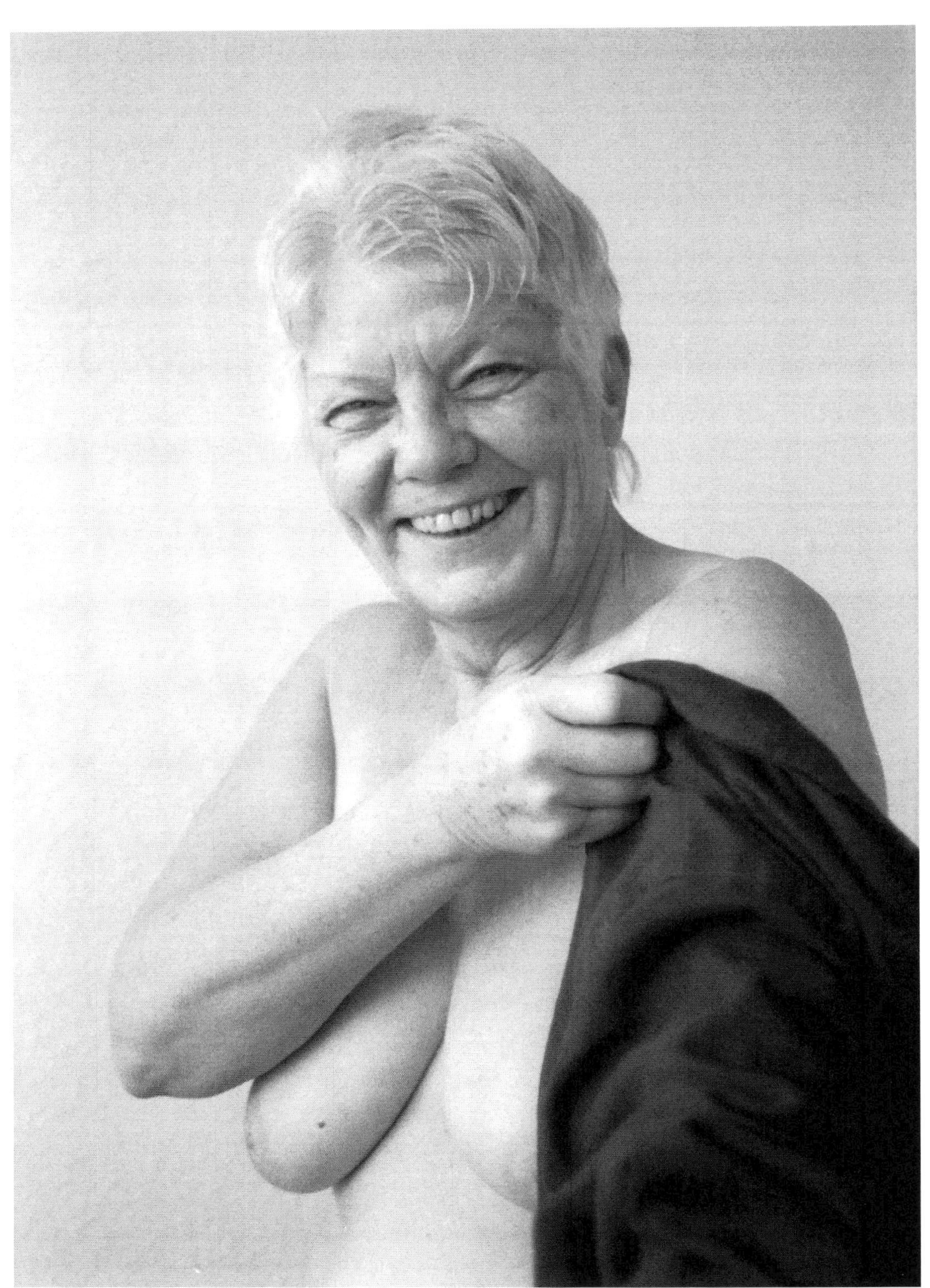

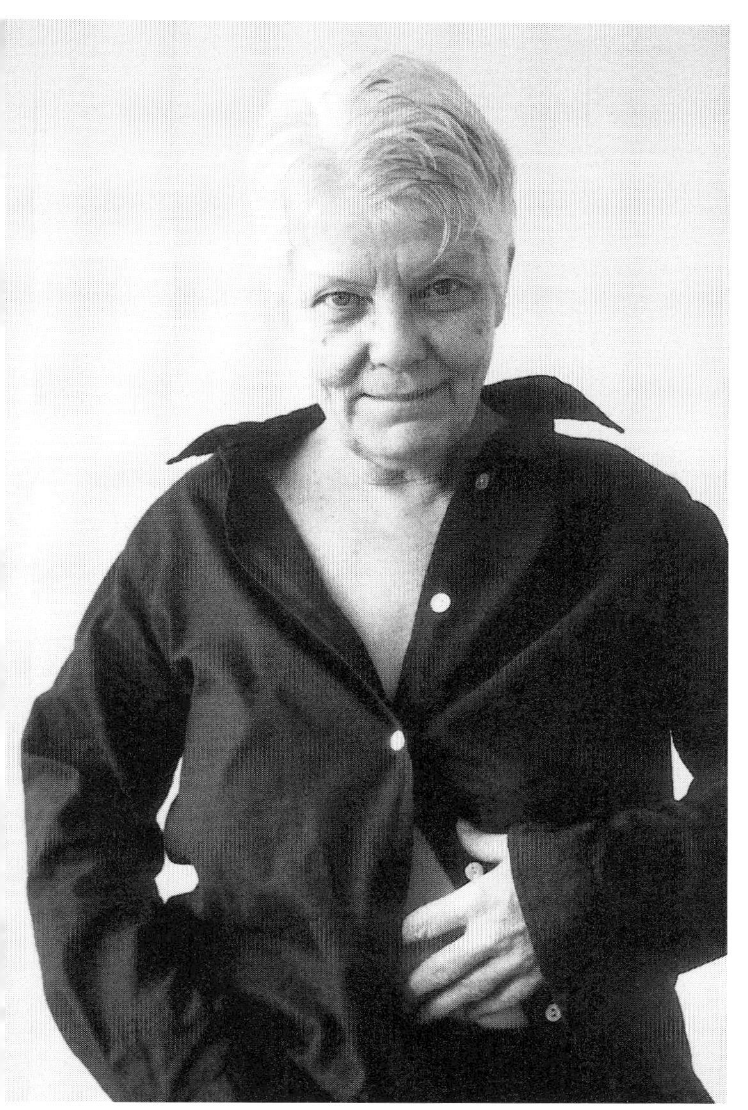

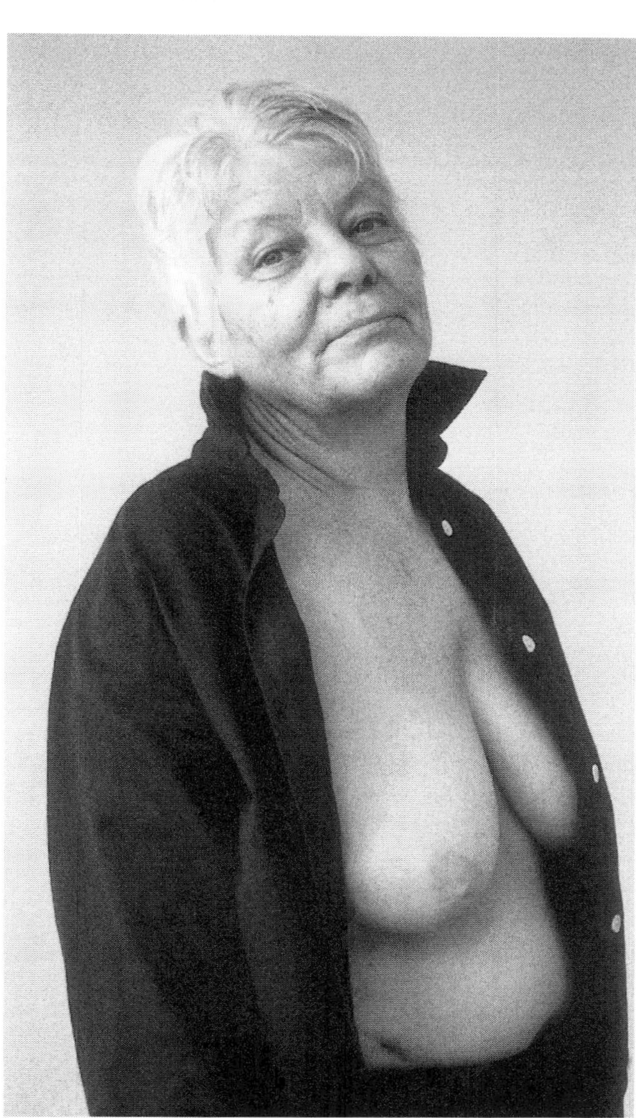

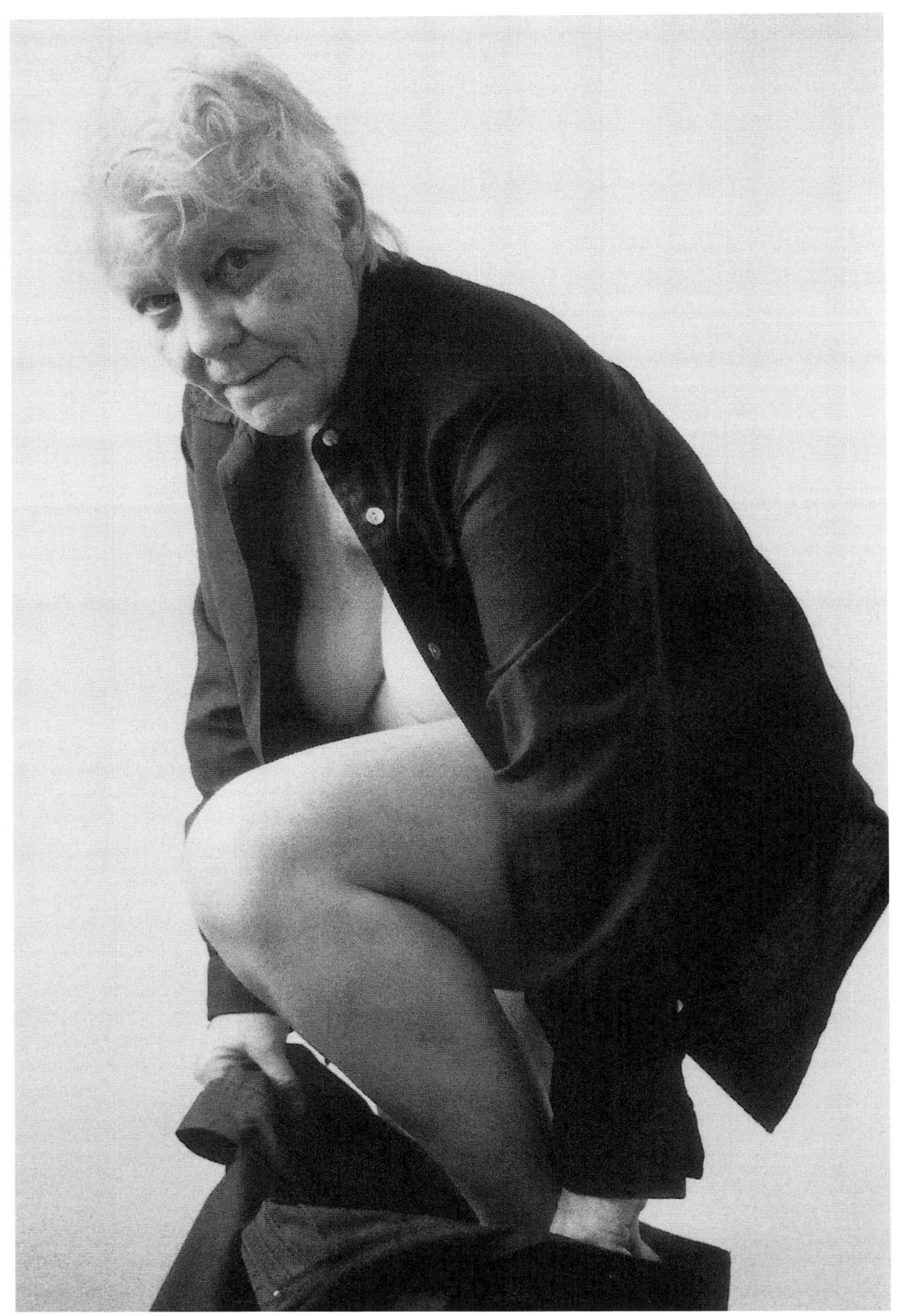

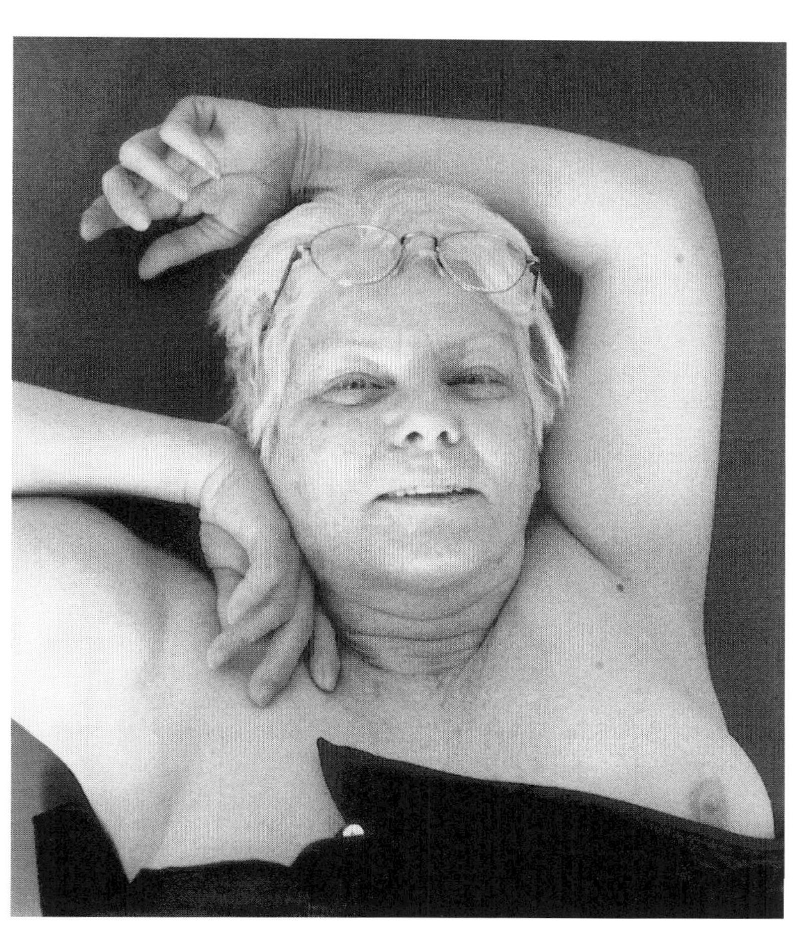

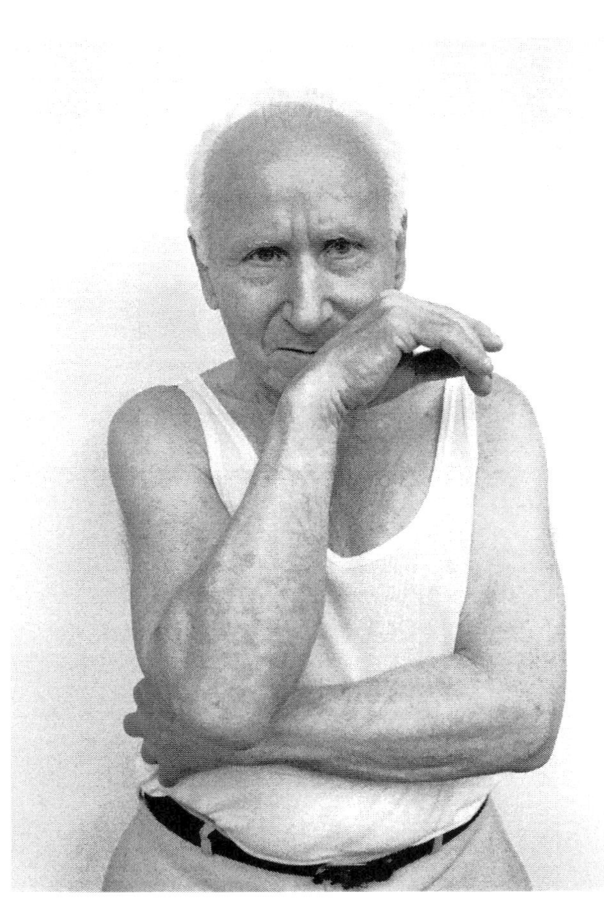

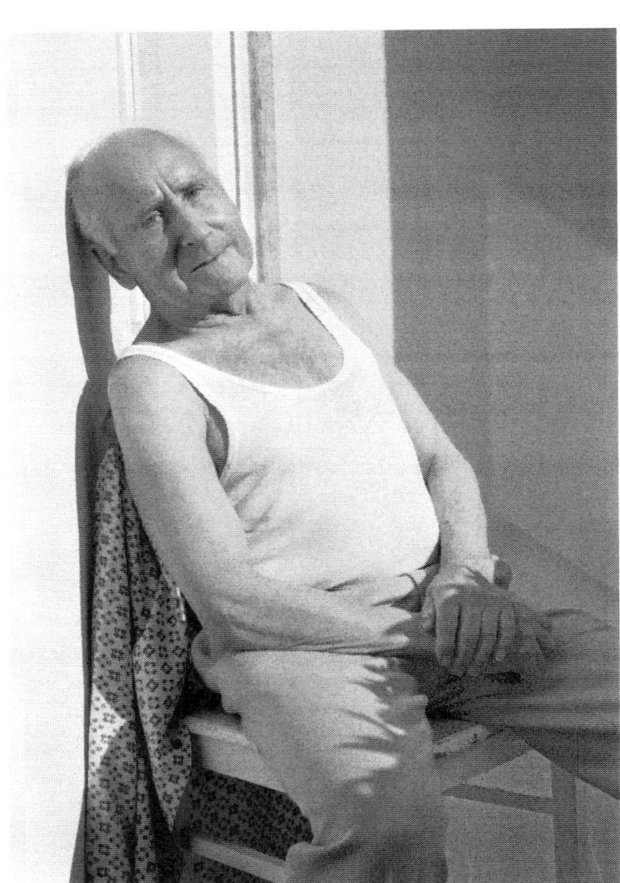

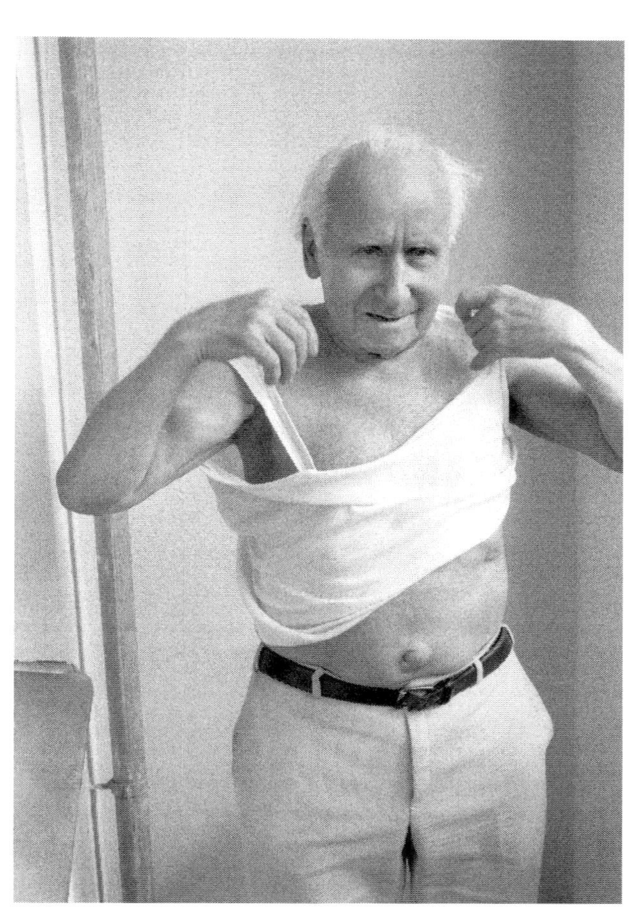

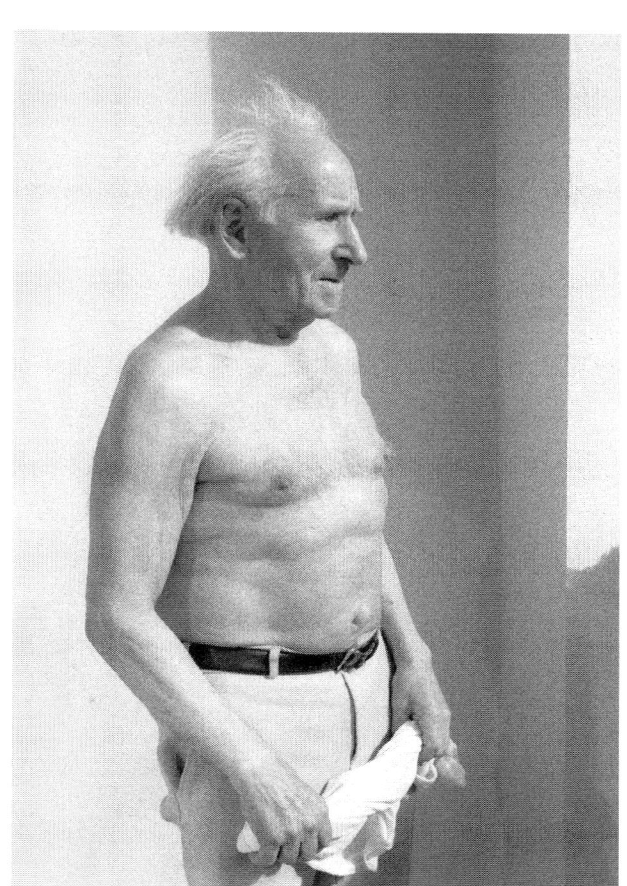

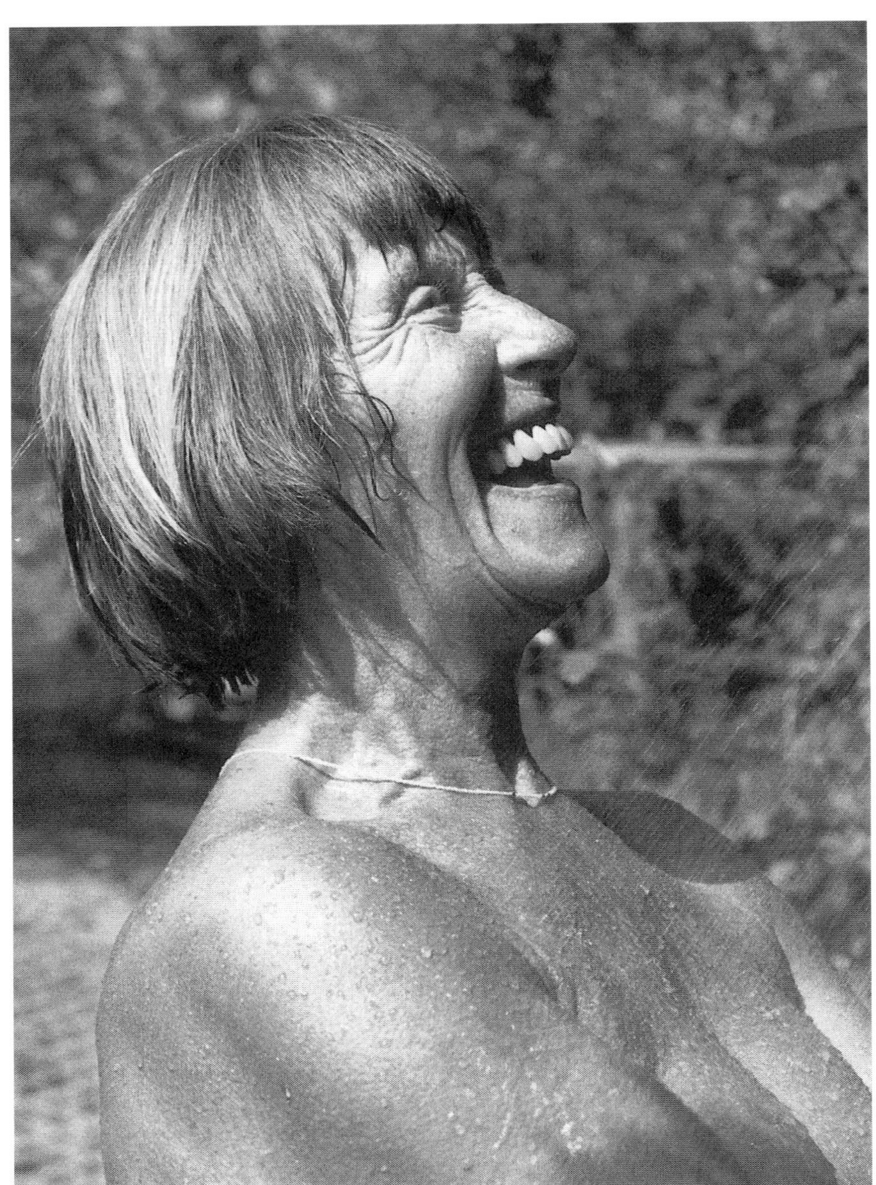

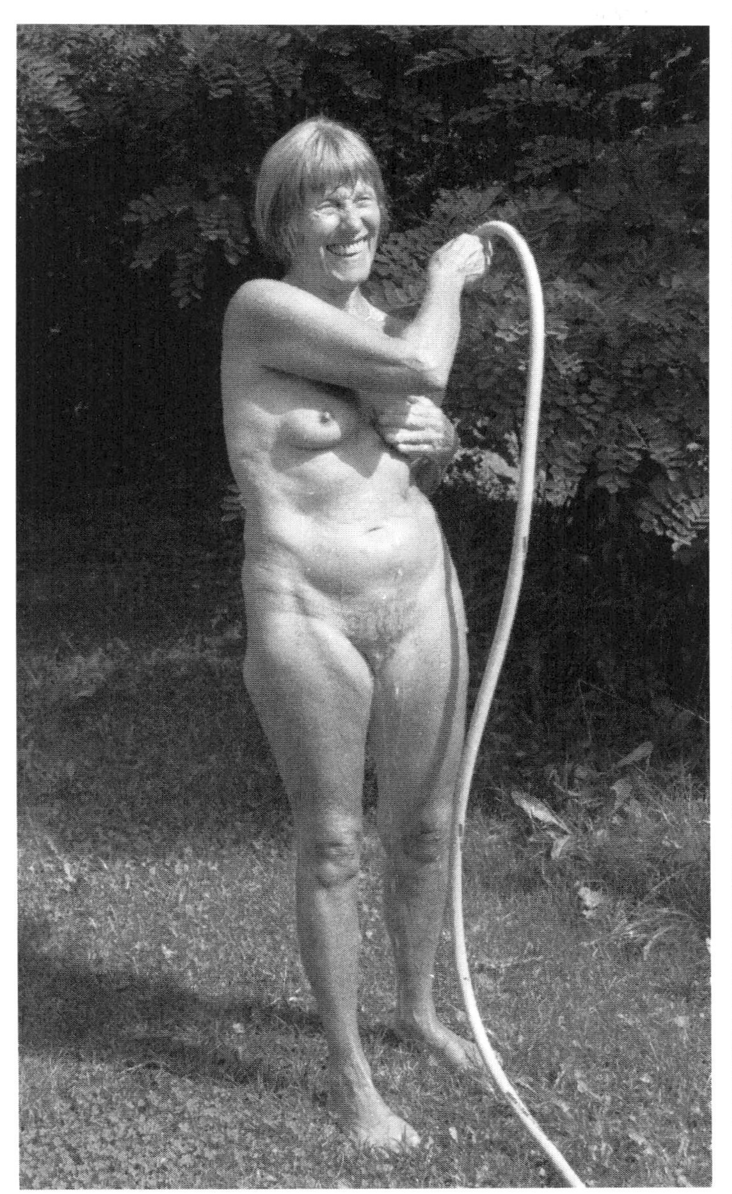

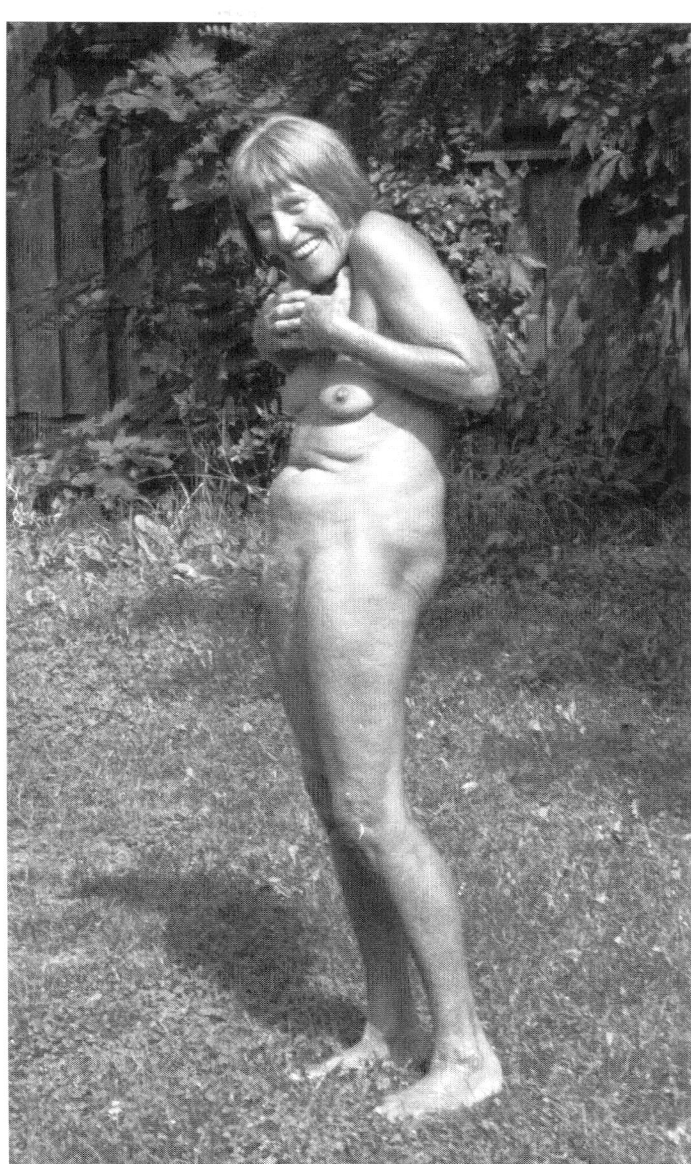

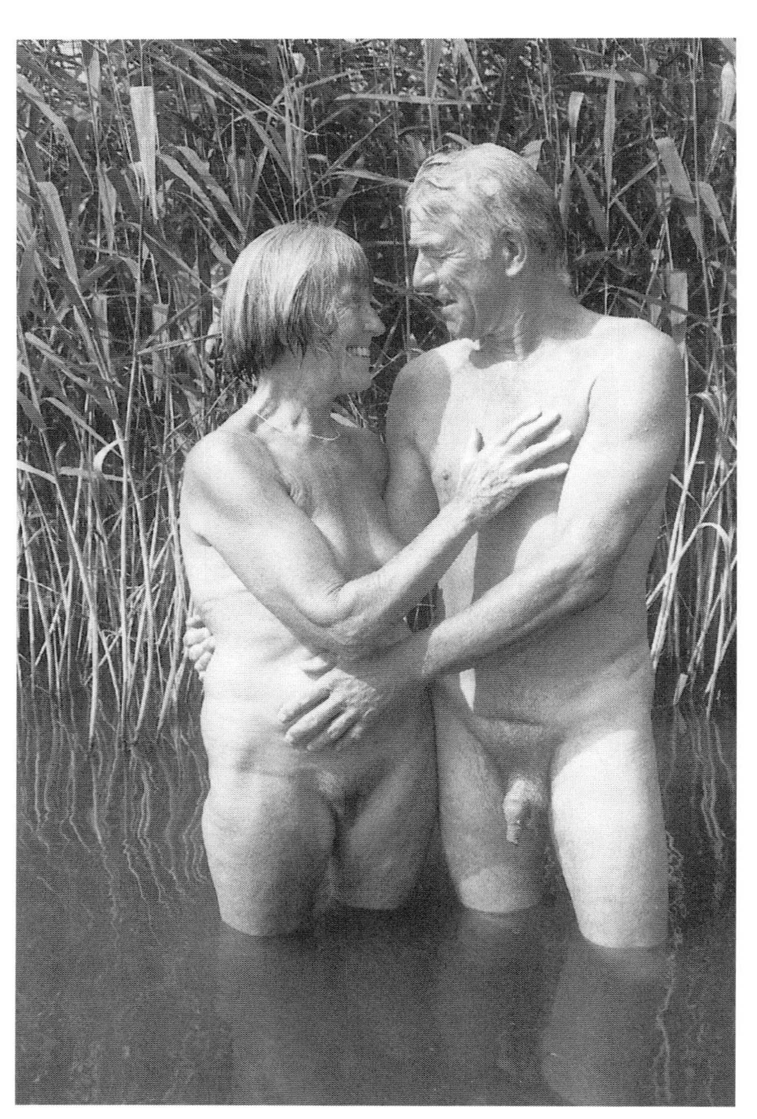
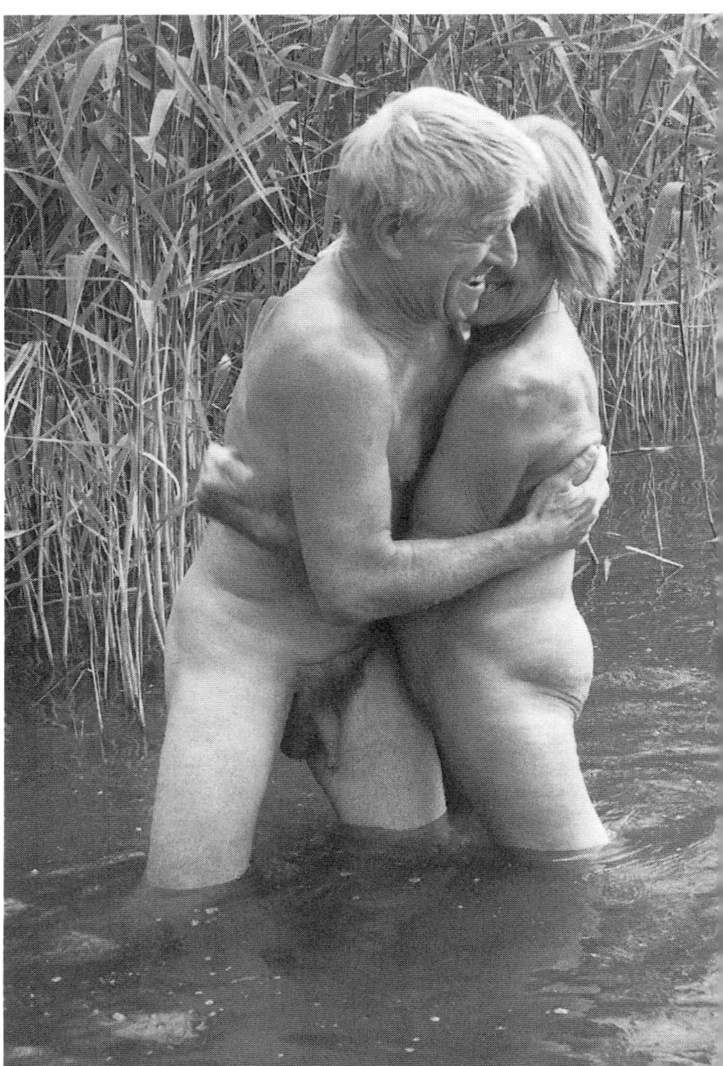

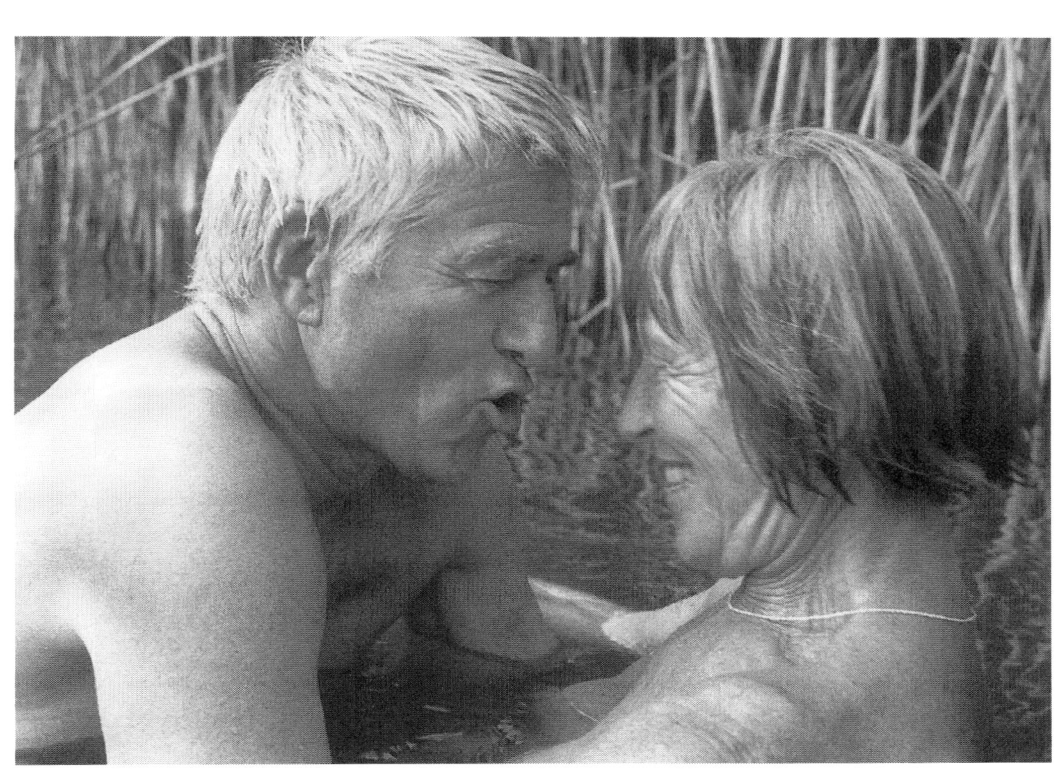

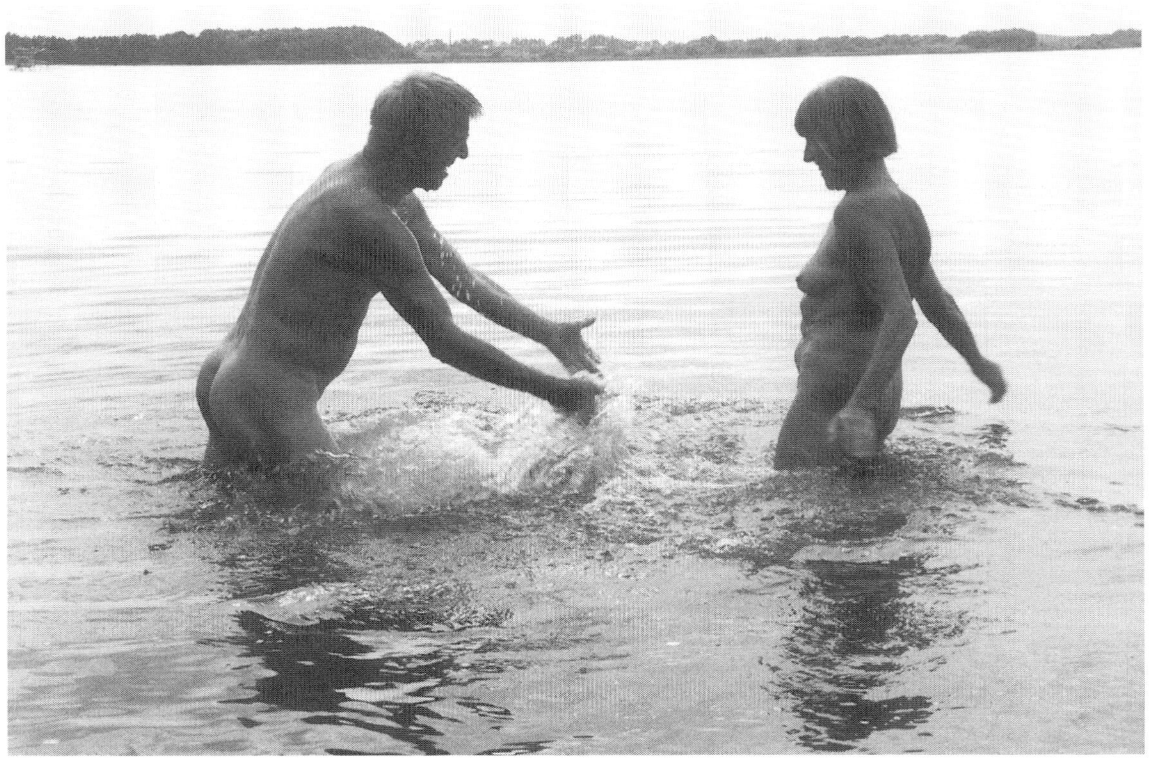

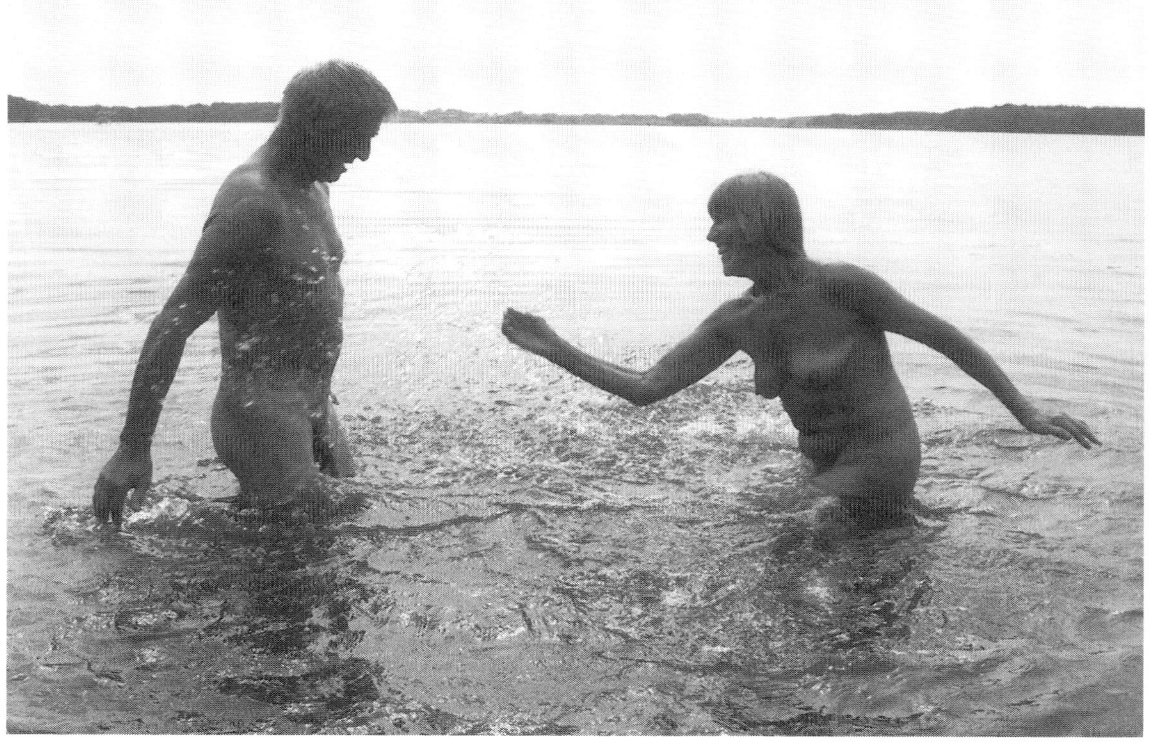

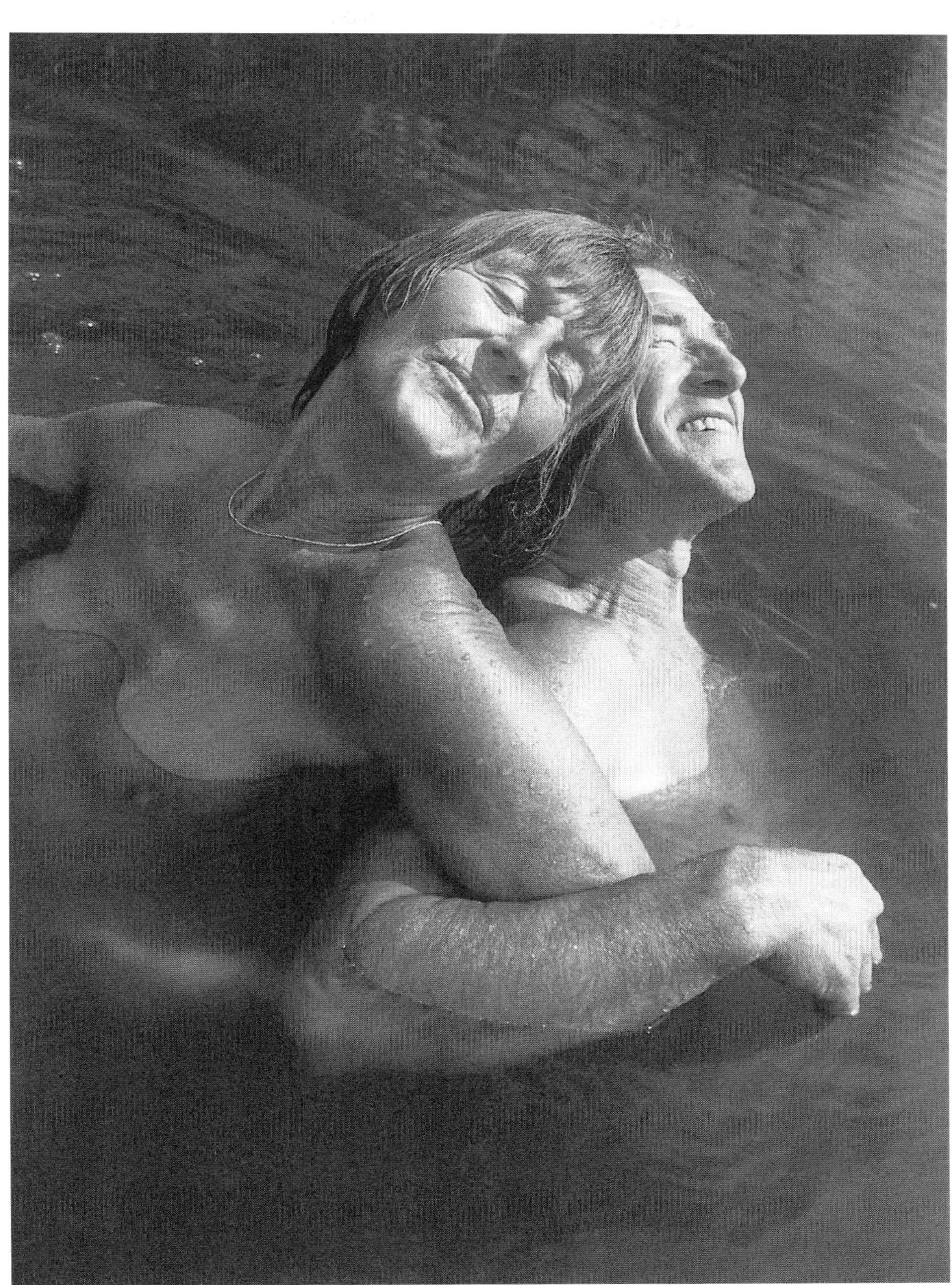

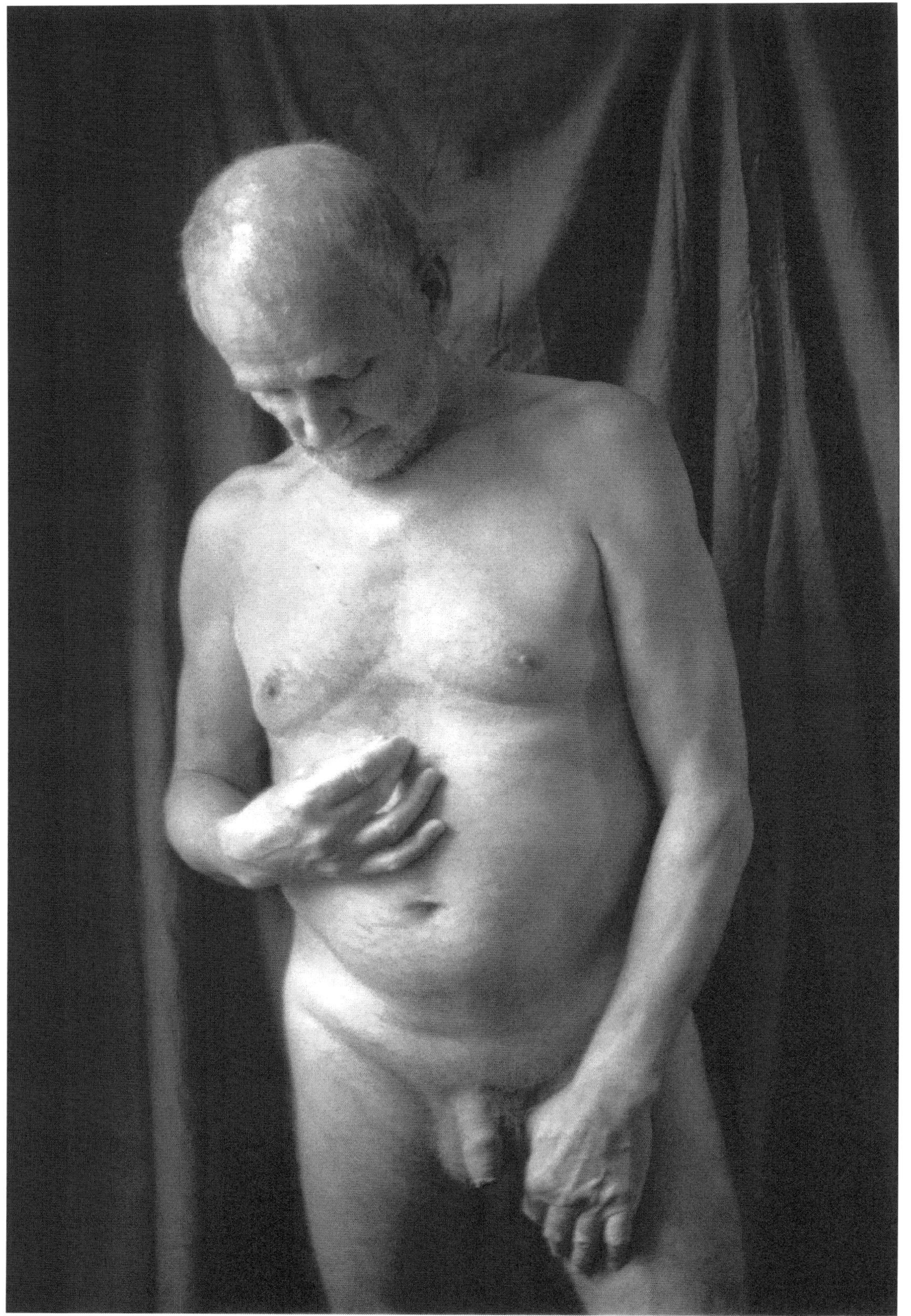

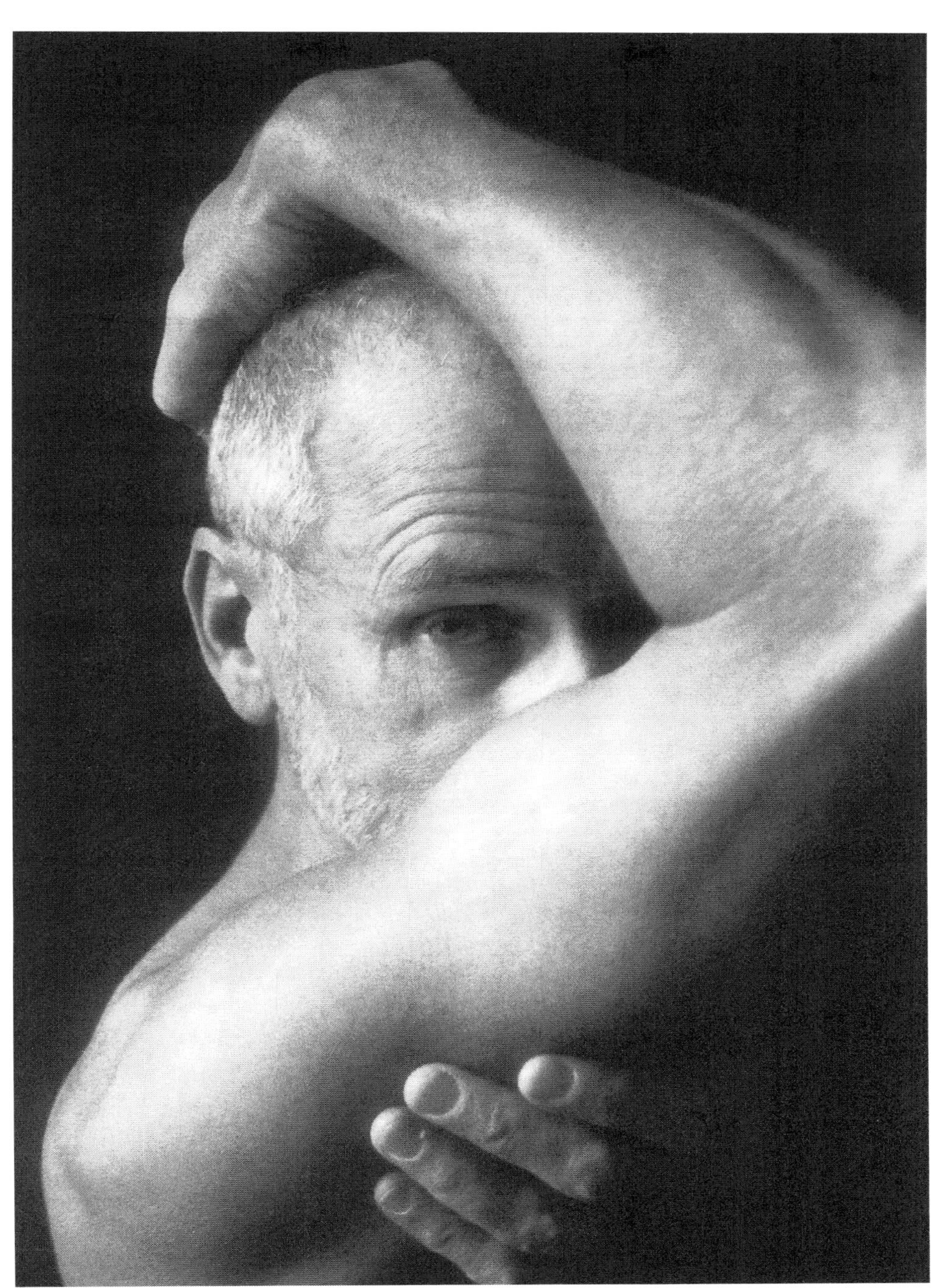

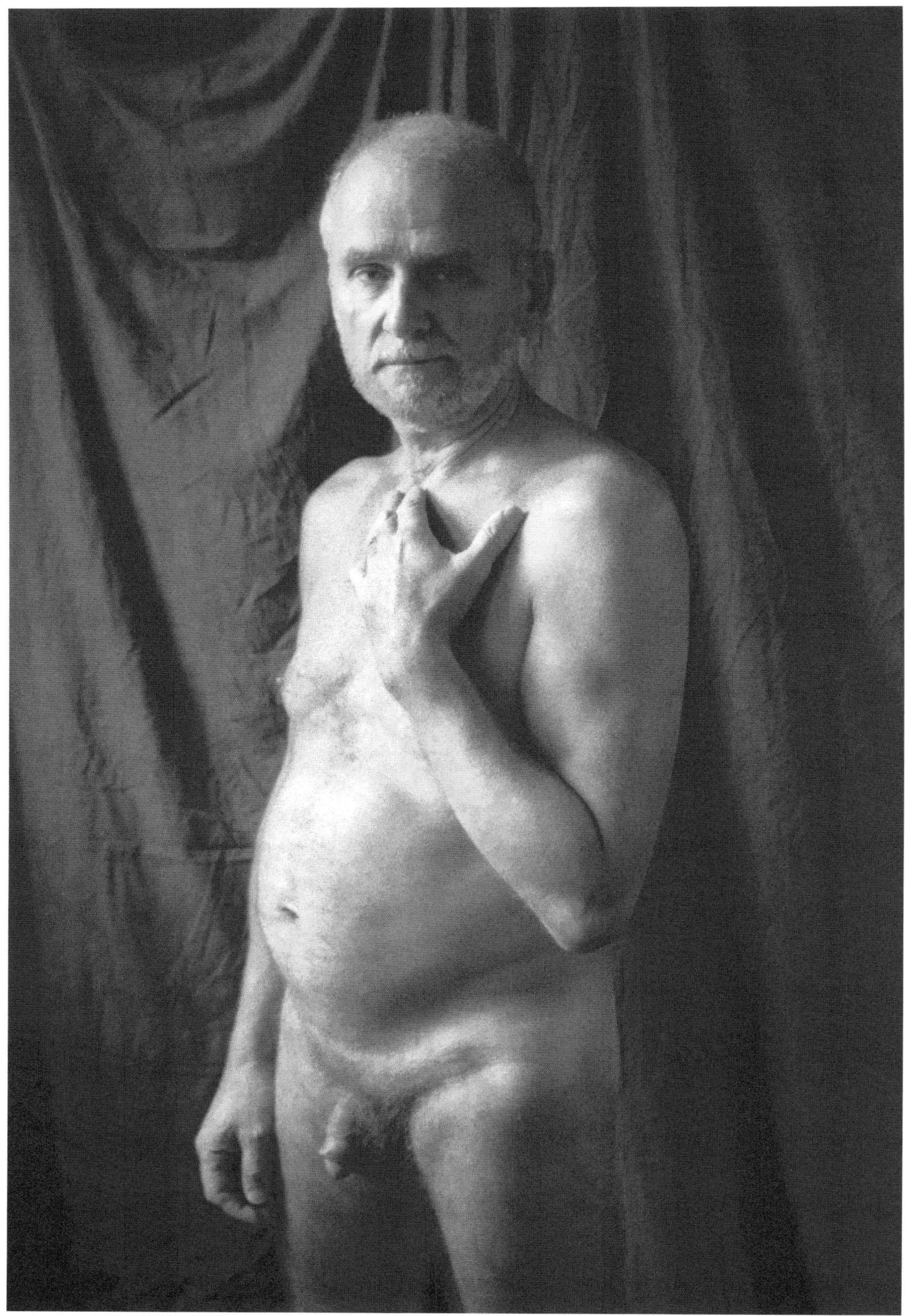

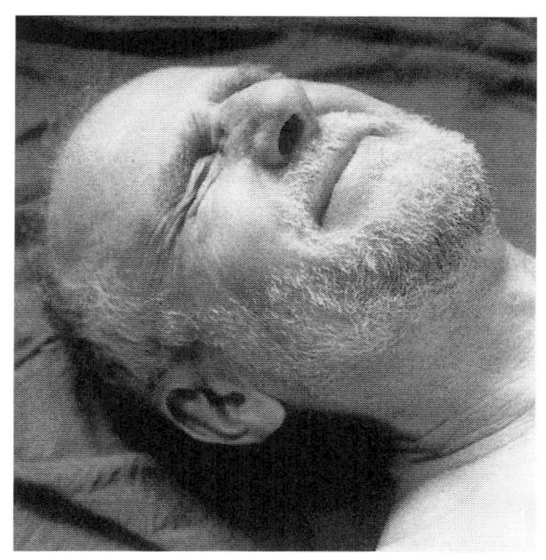

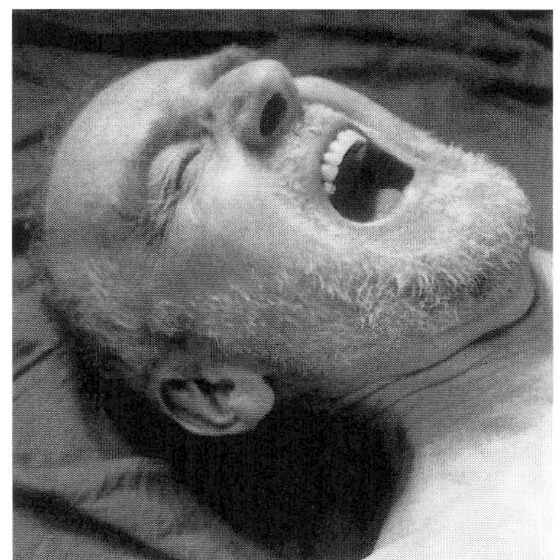

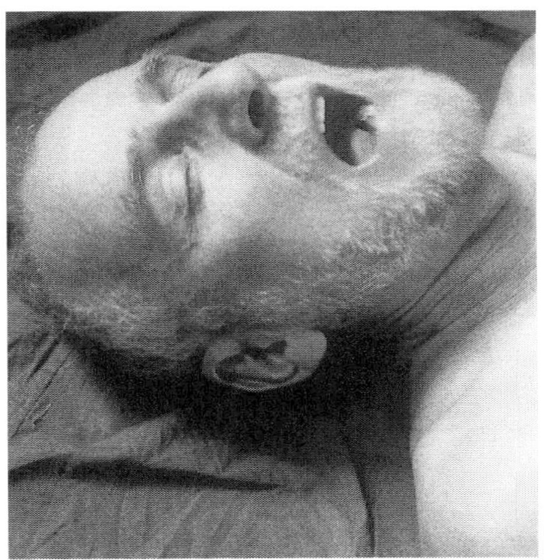

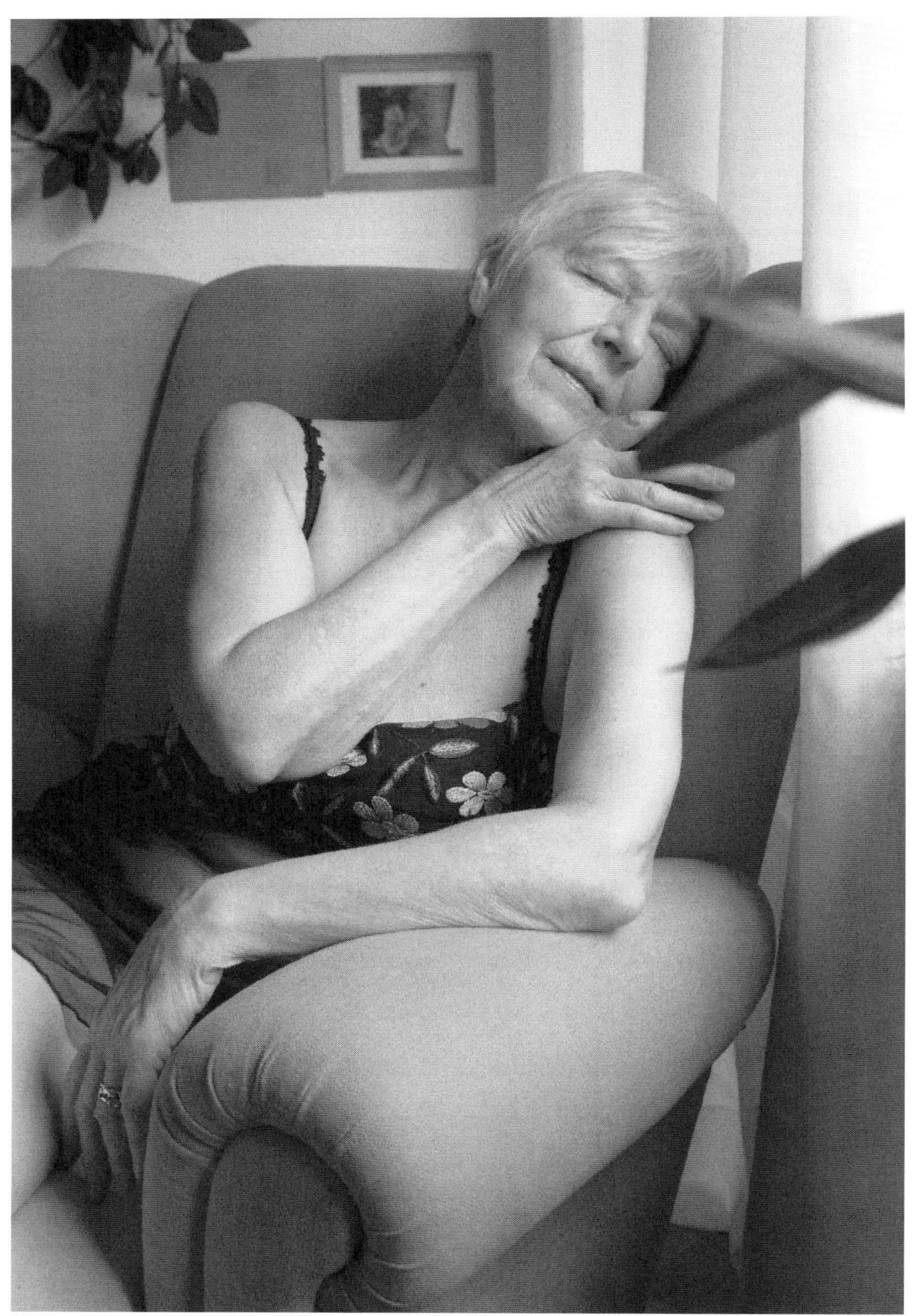

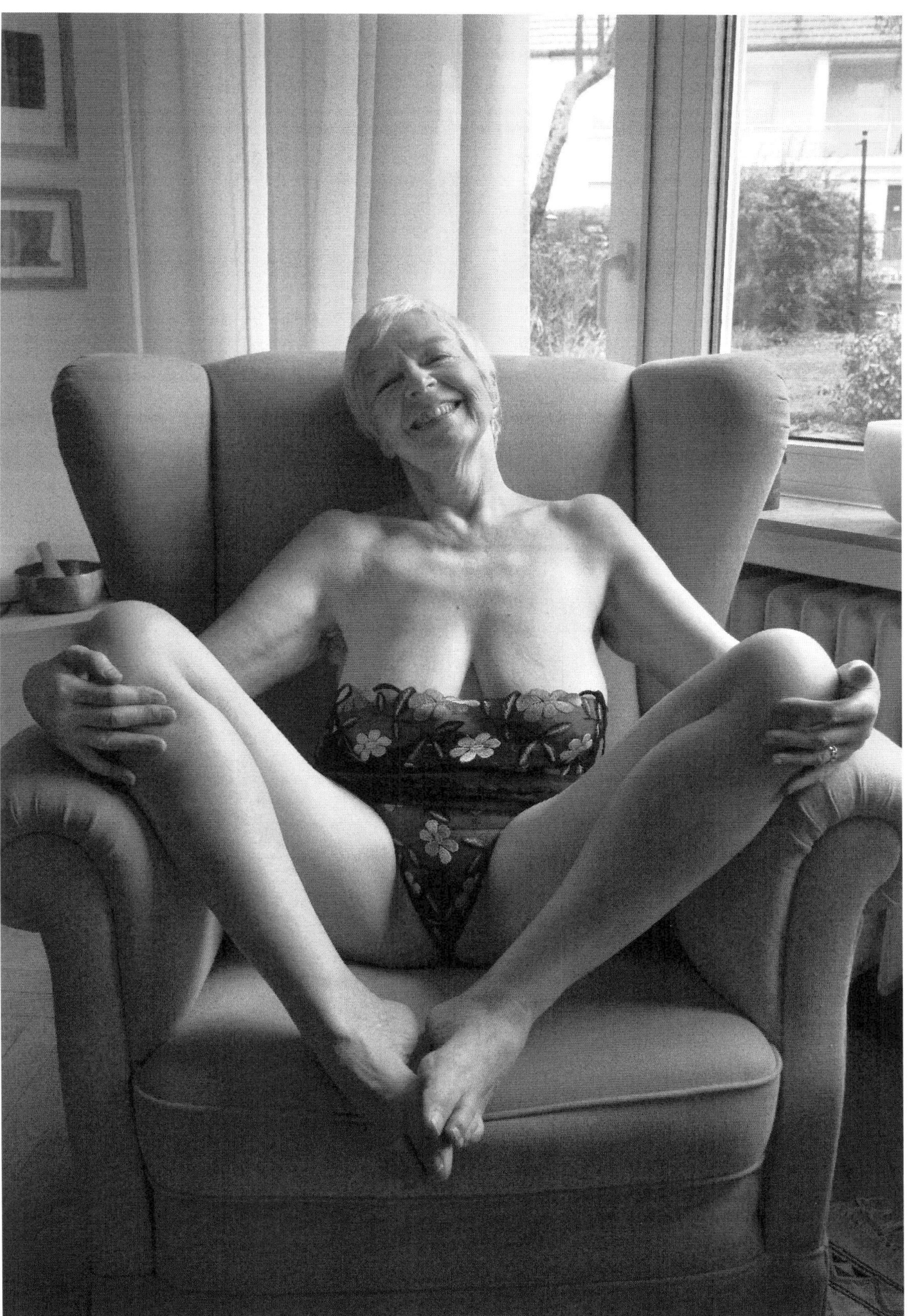

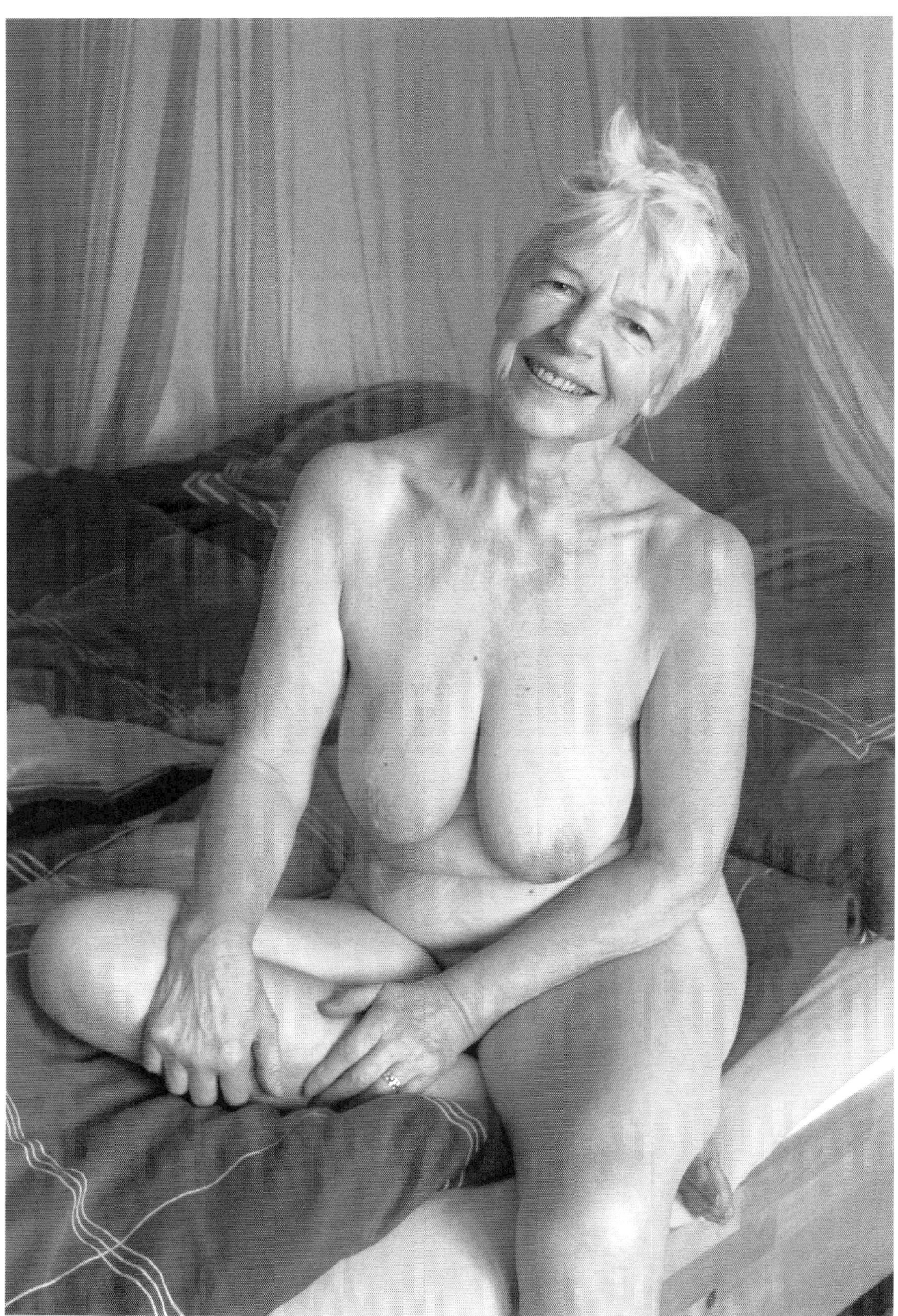

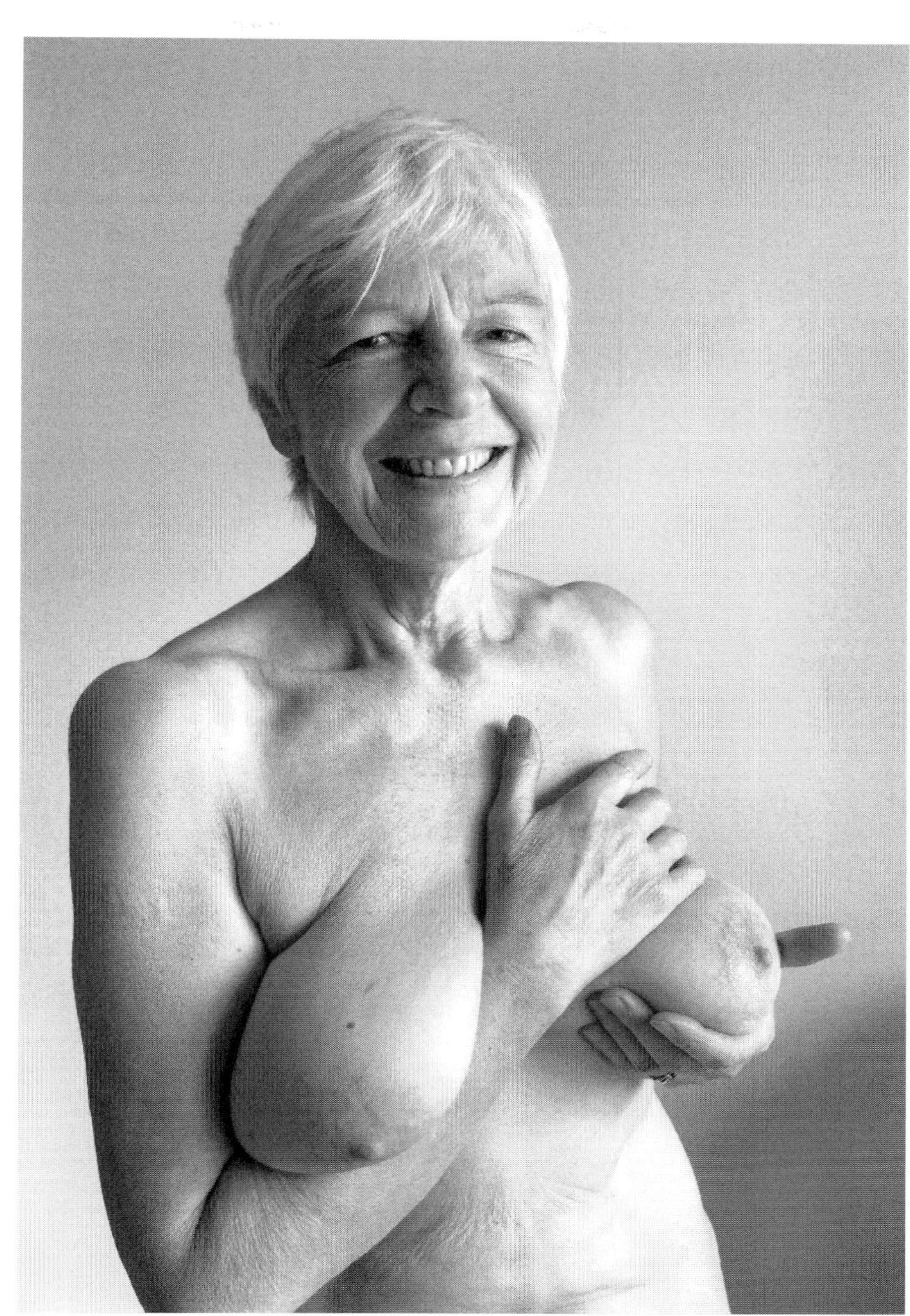

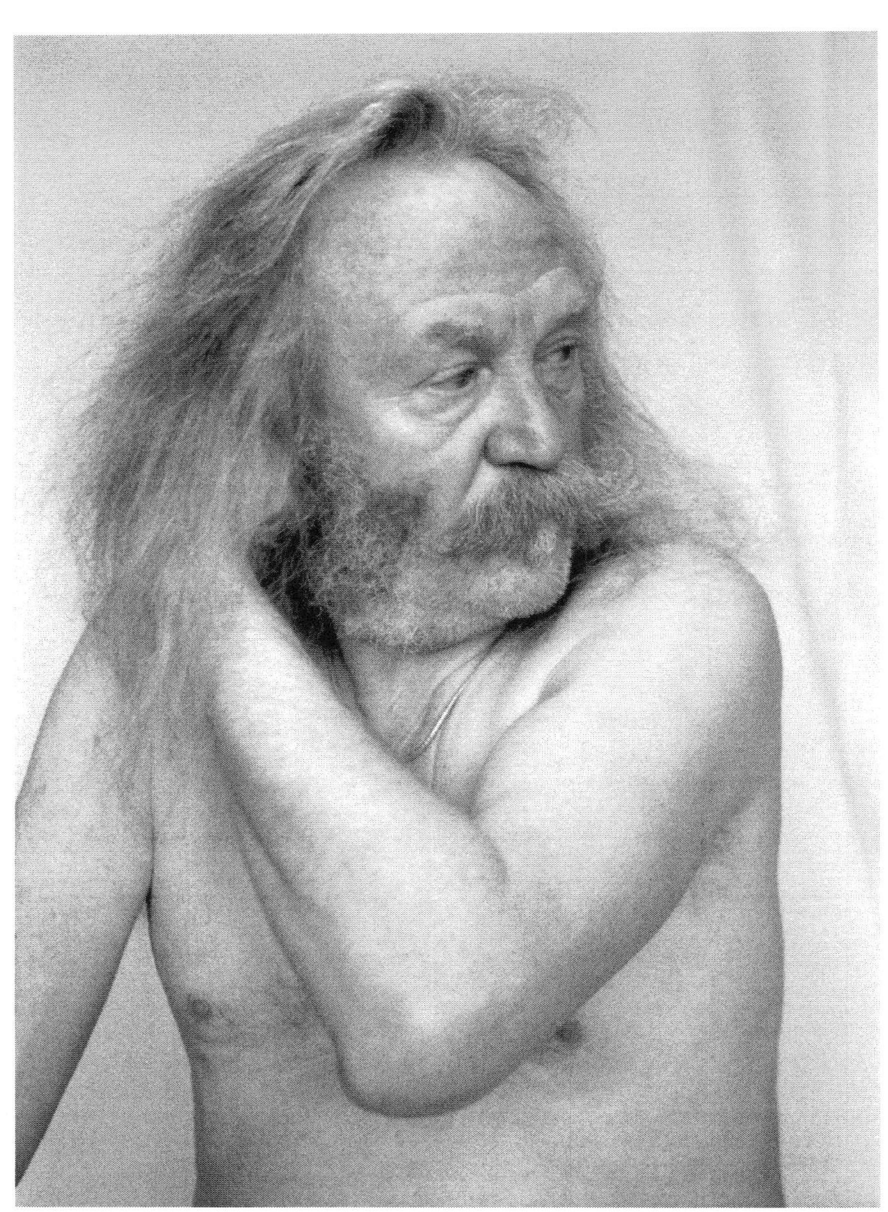

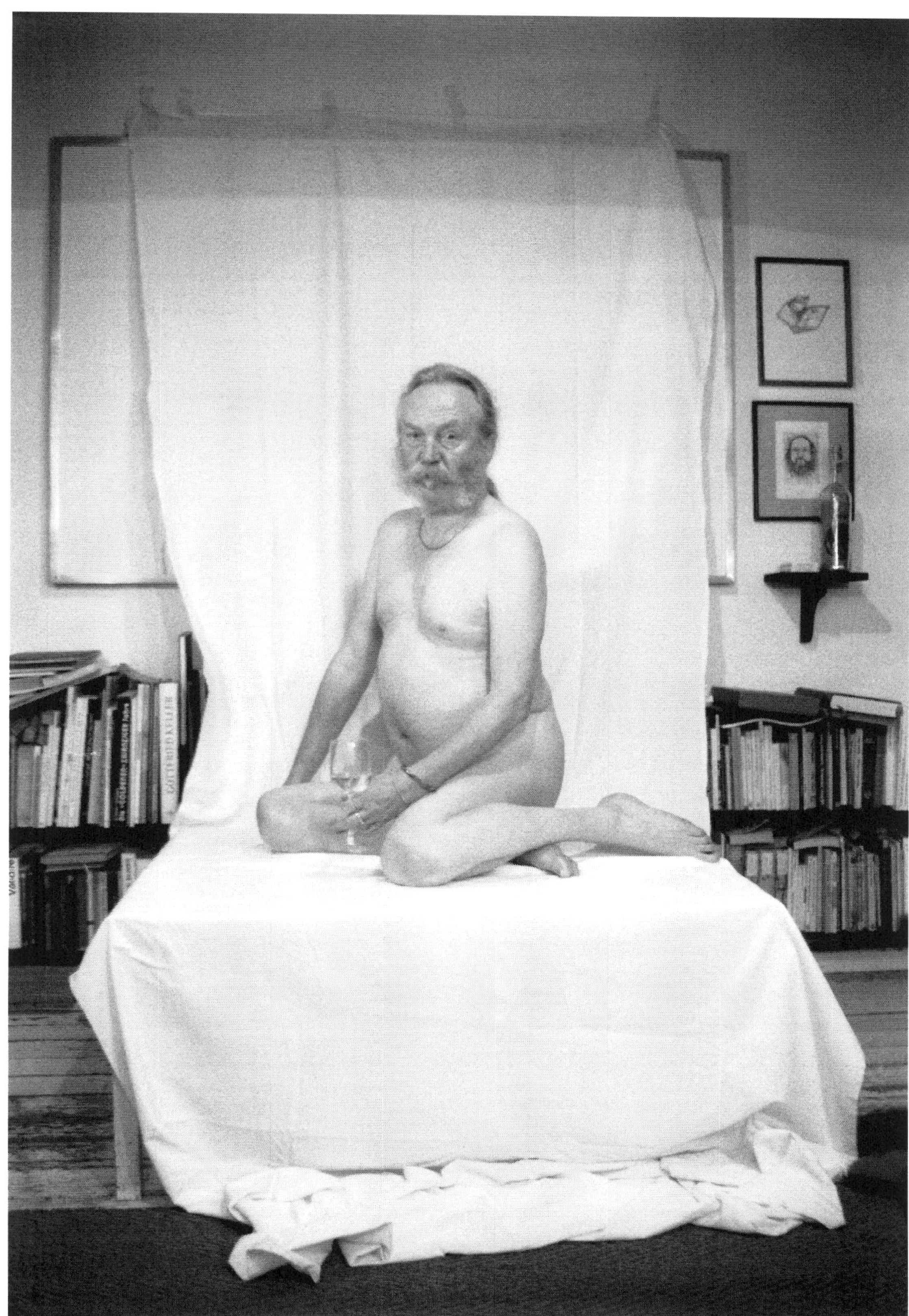
GOTTFRIED KELLER

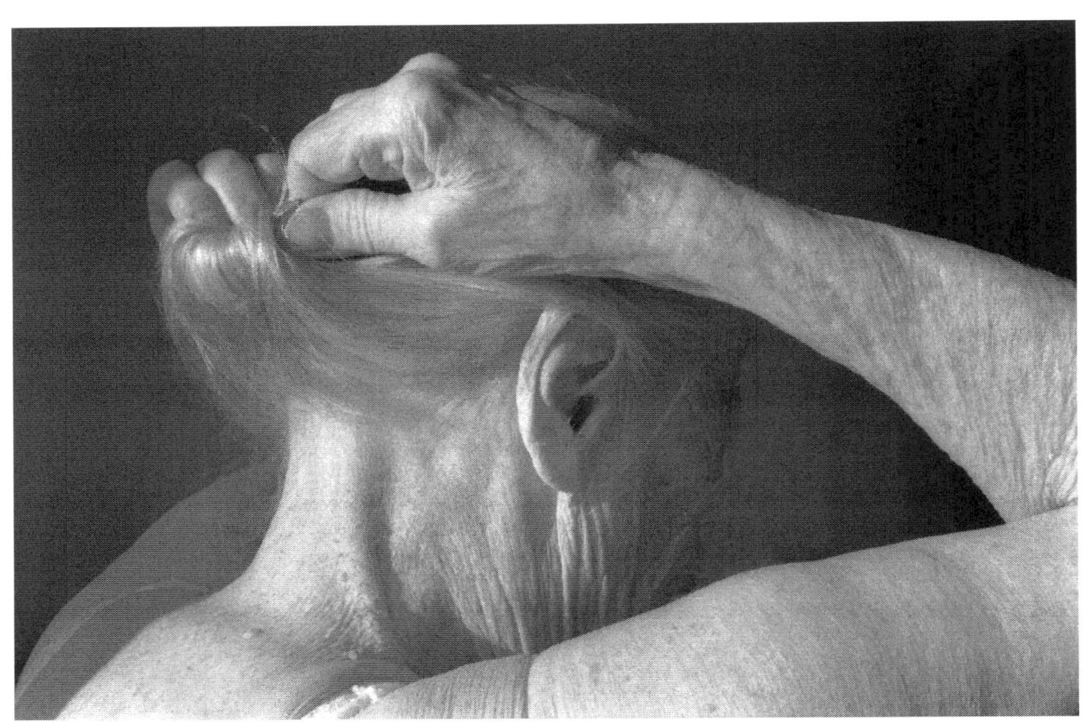

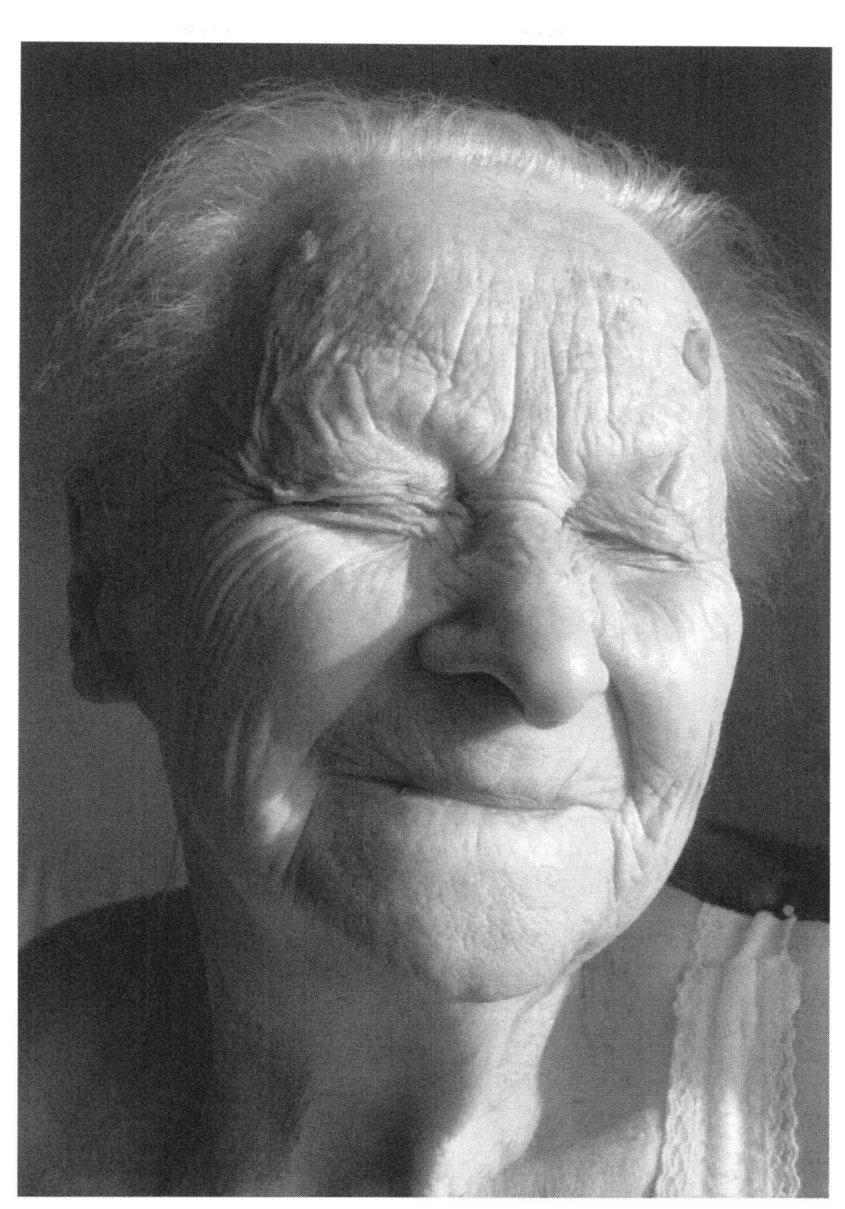

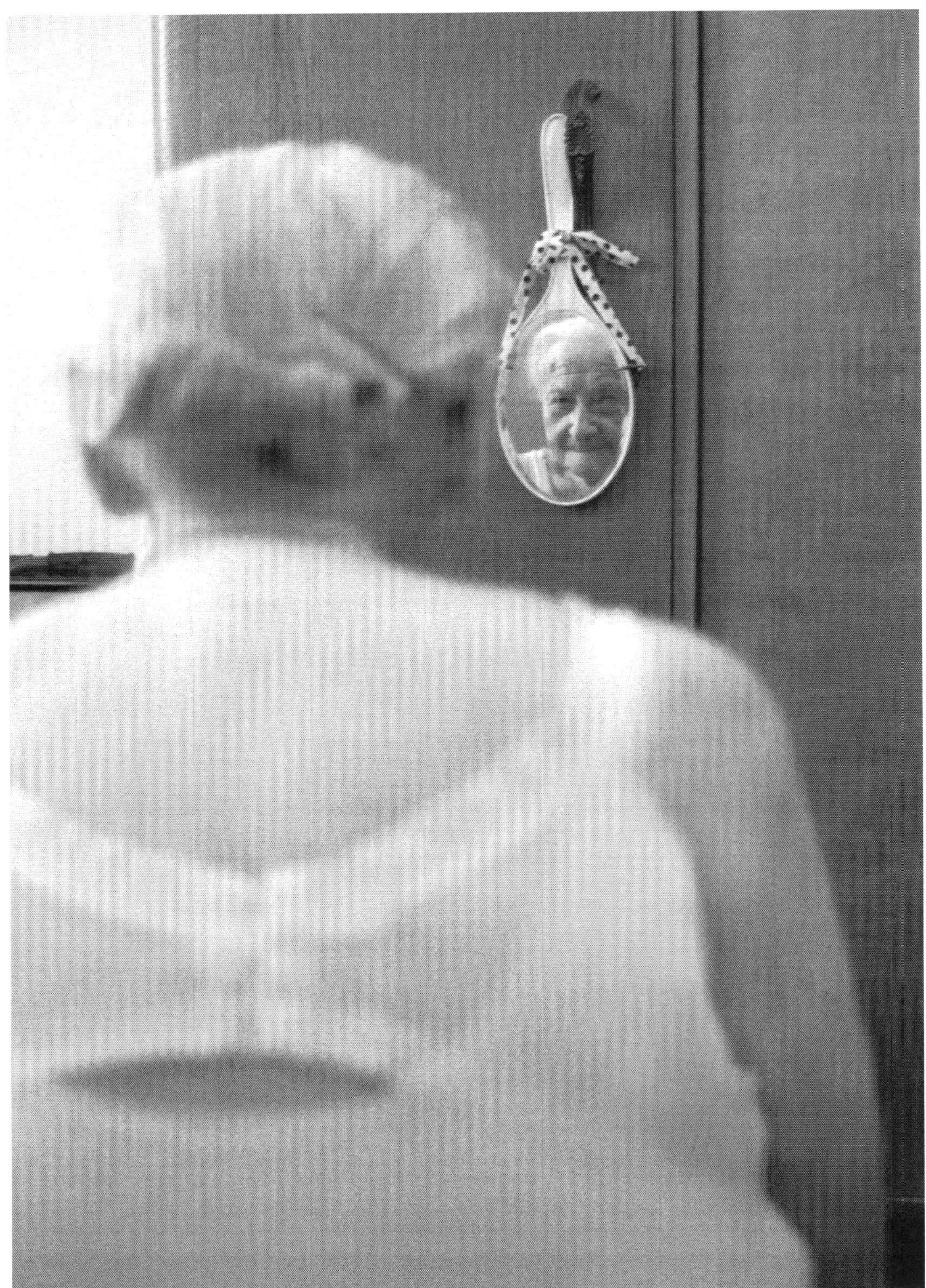

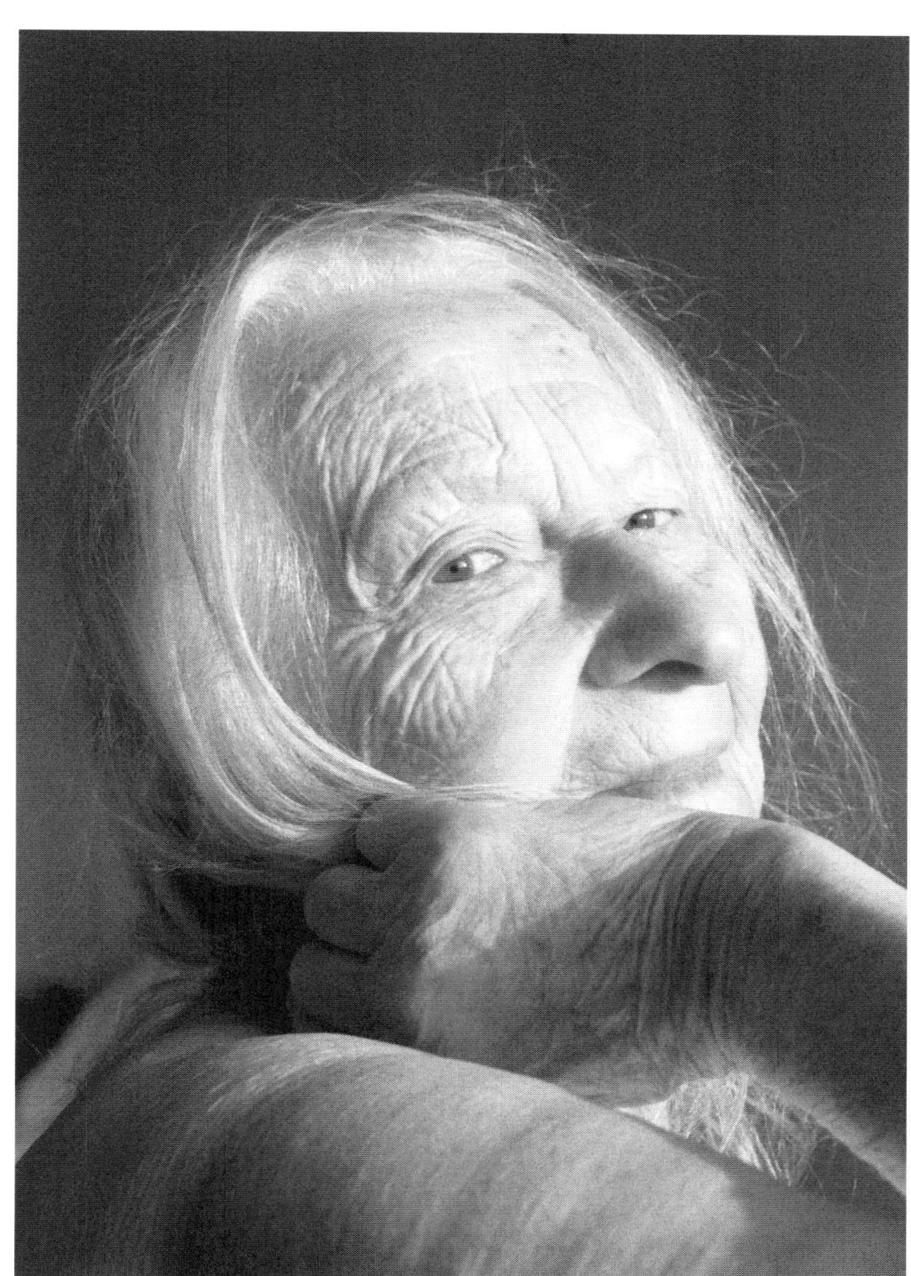

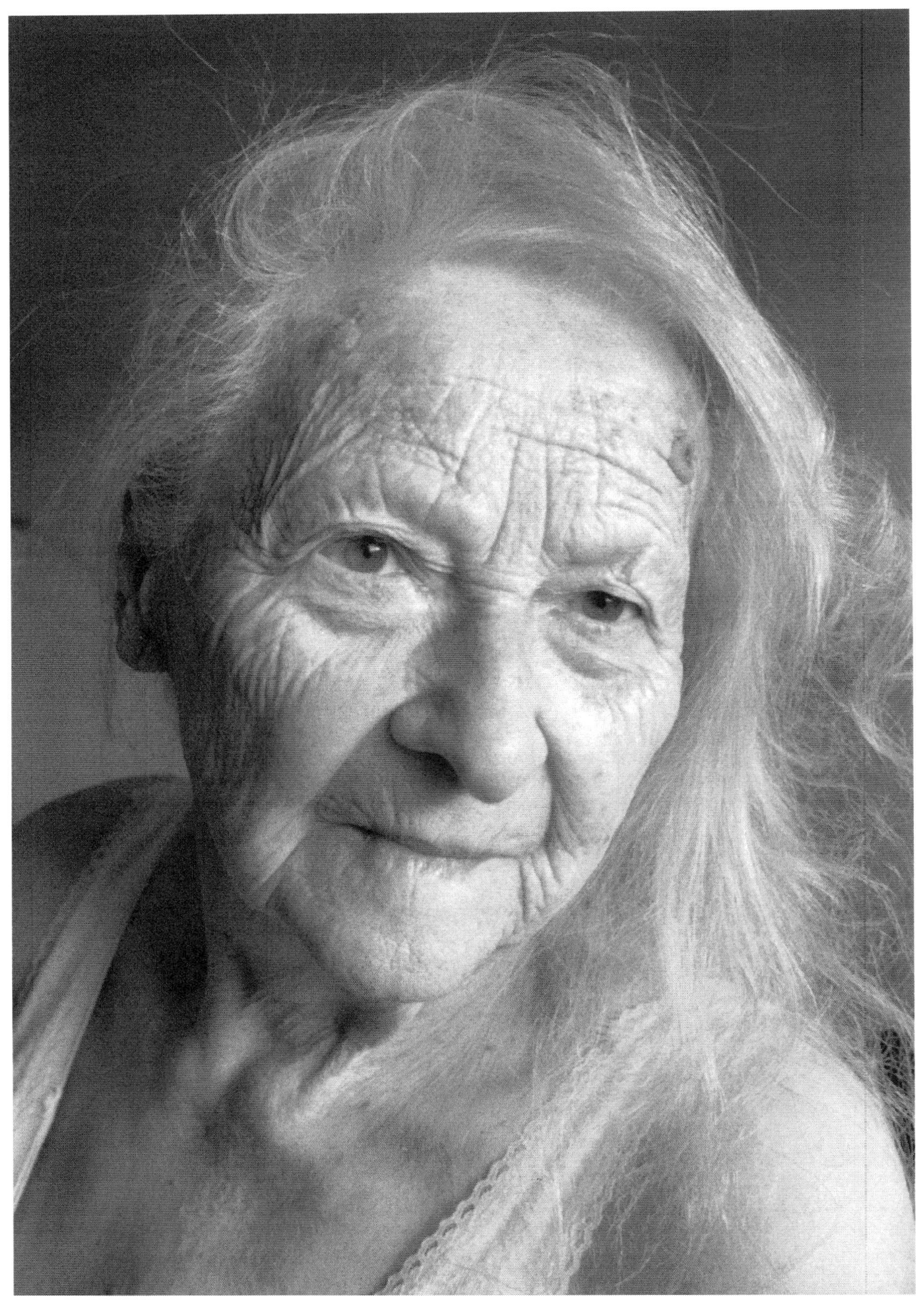

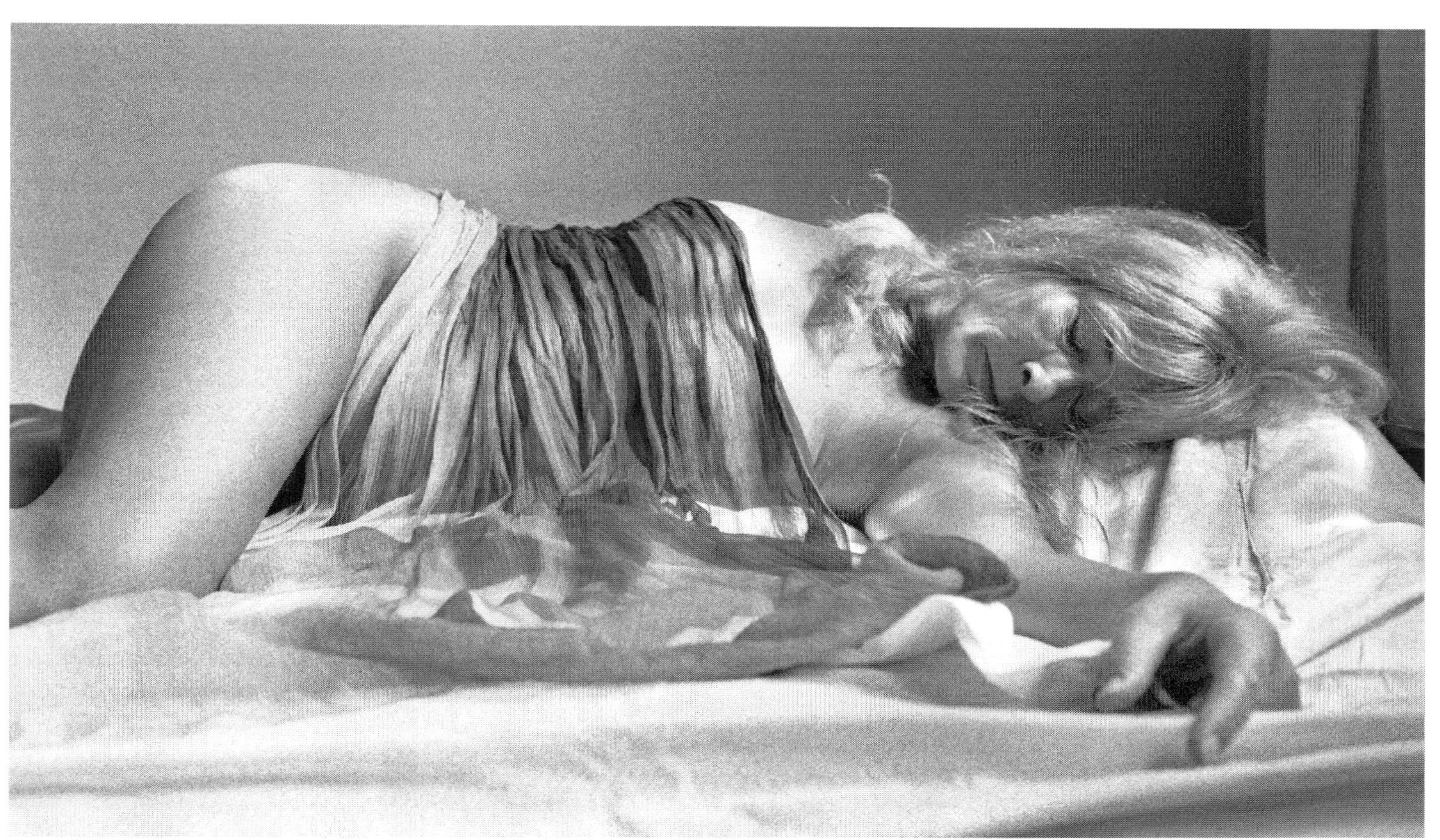

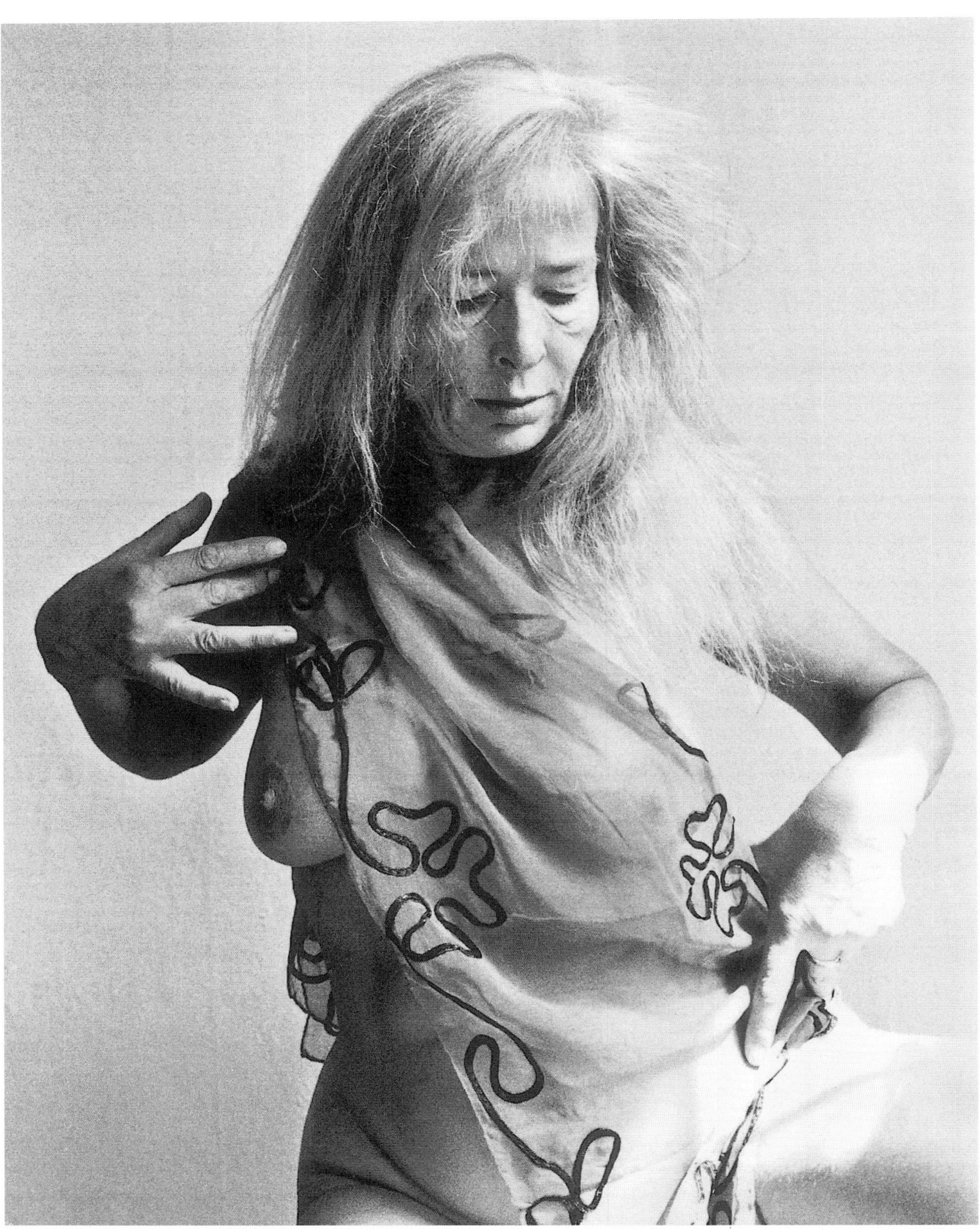

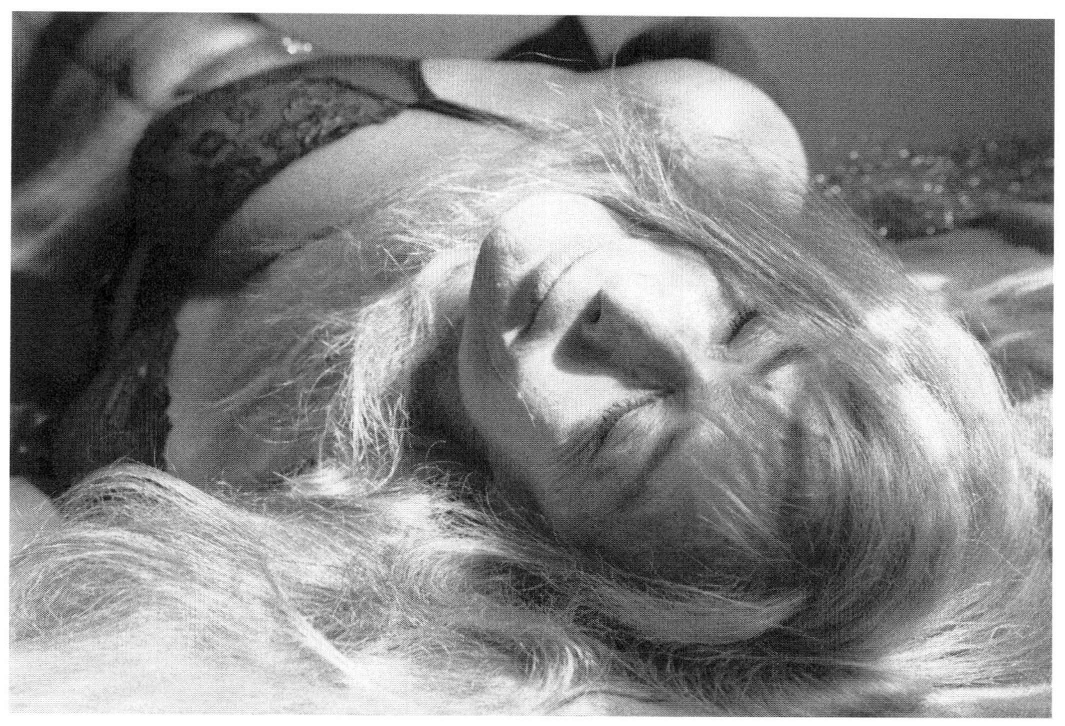

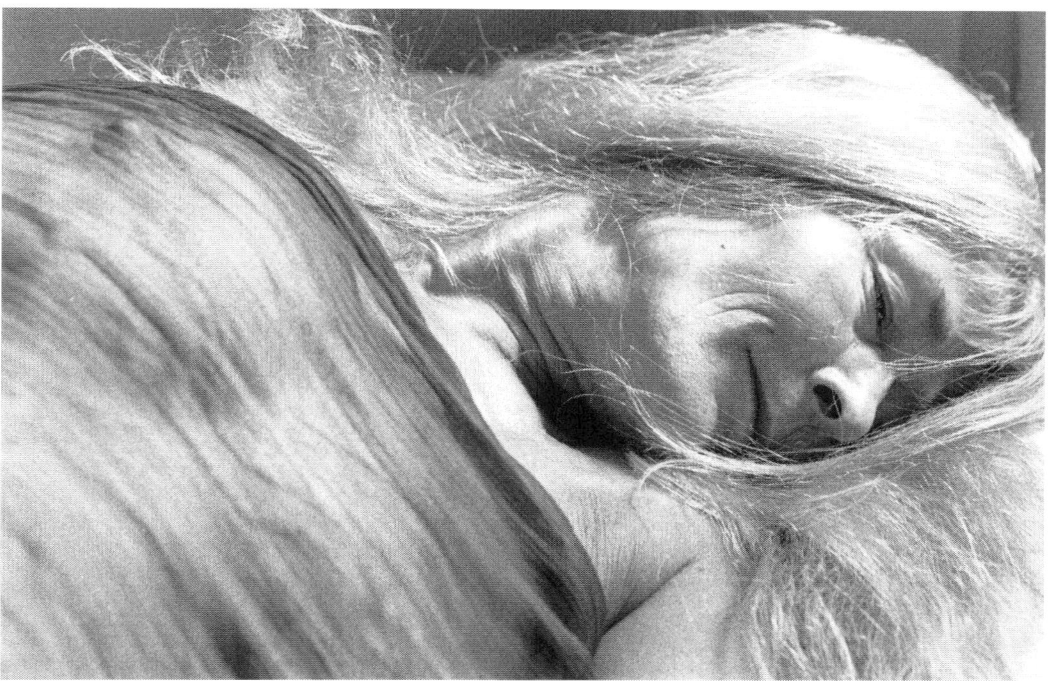

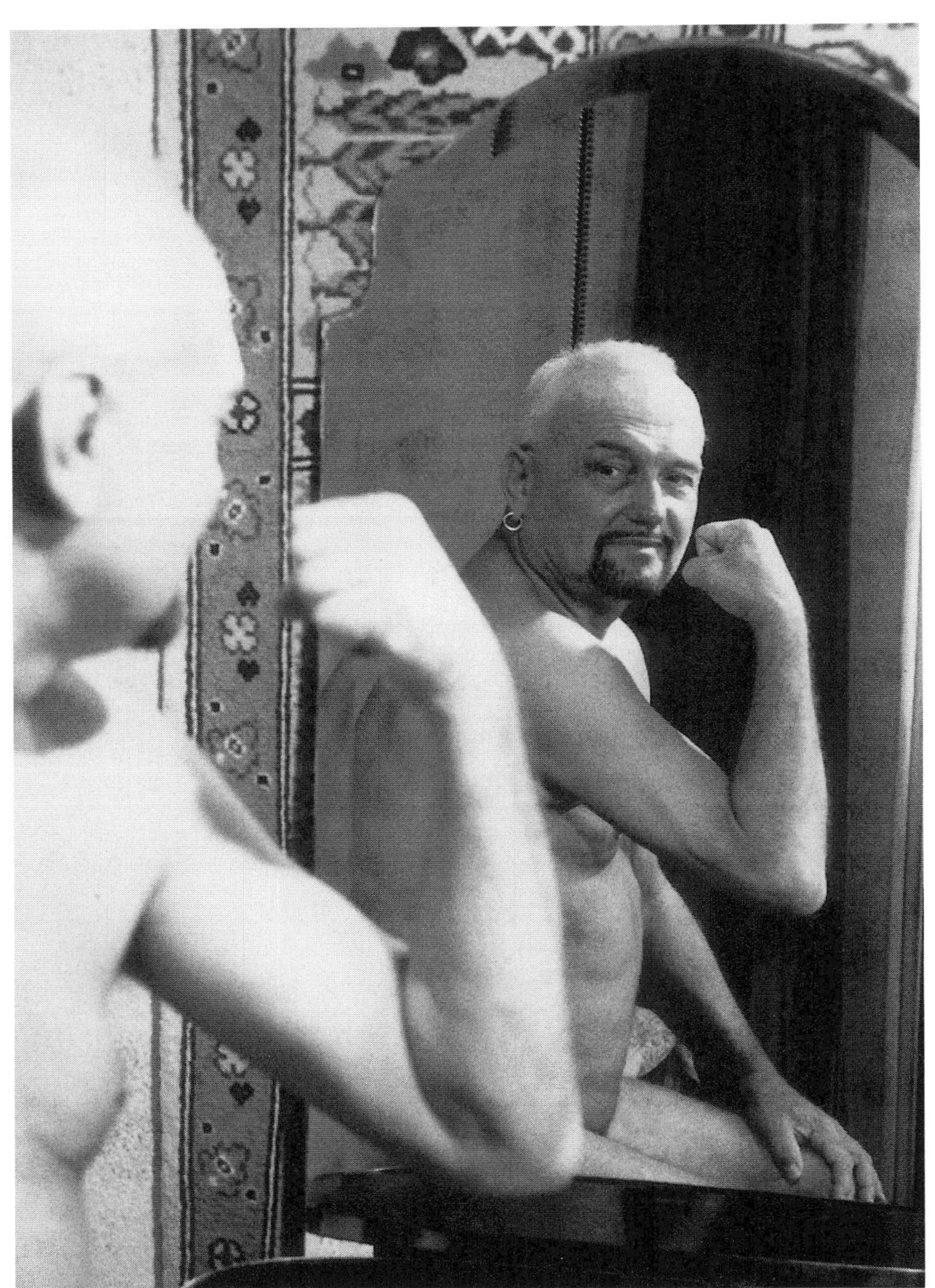

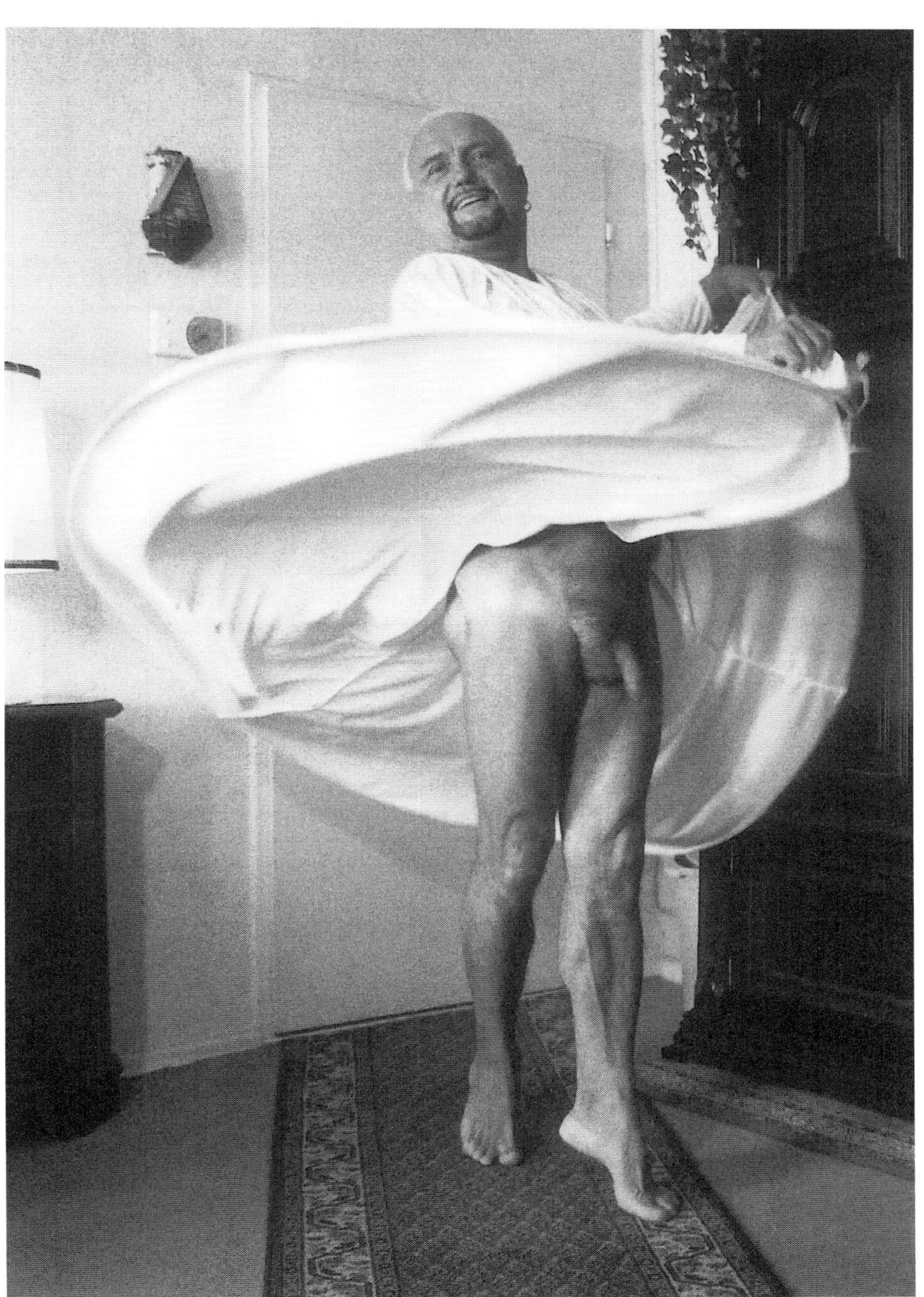

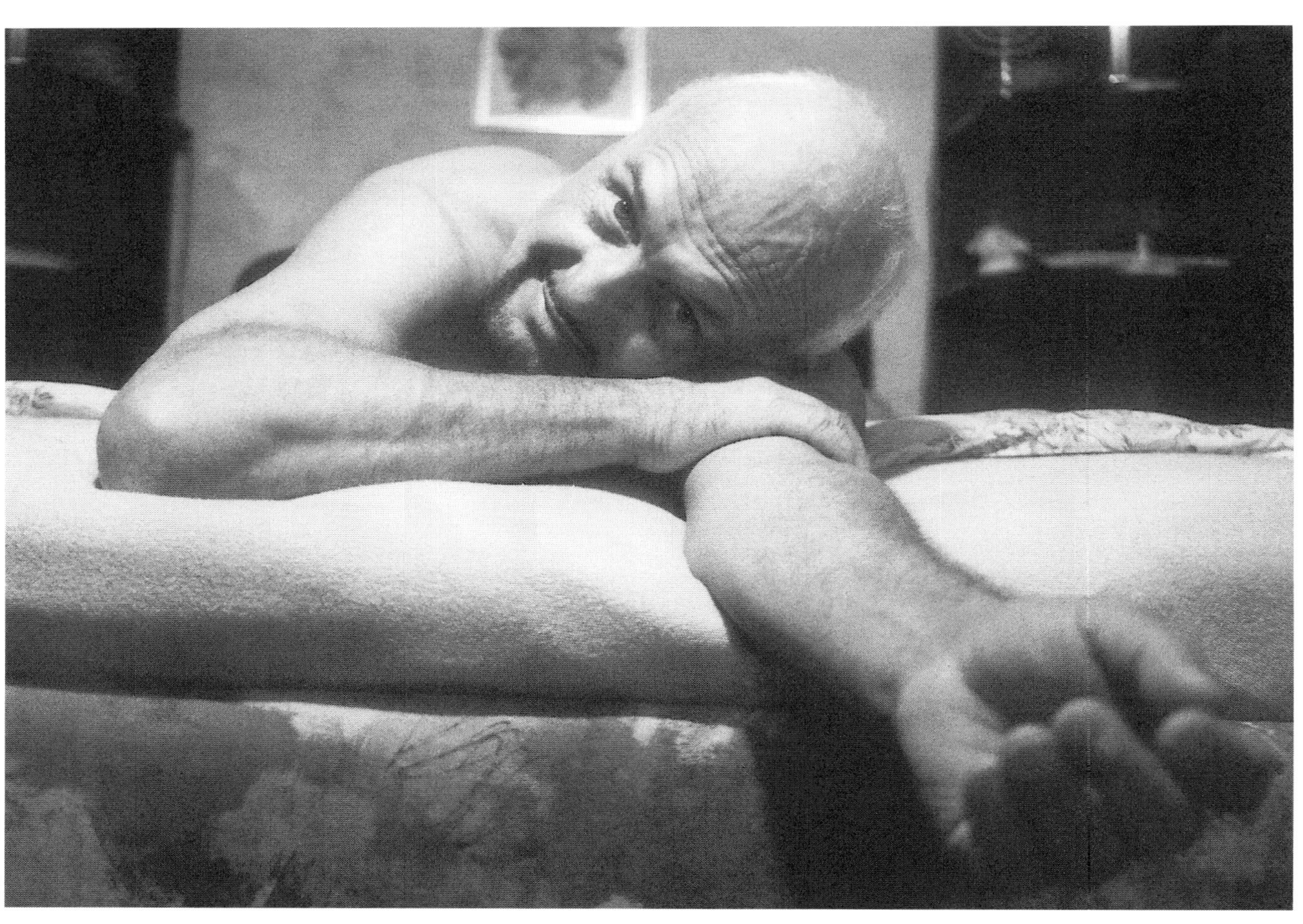

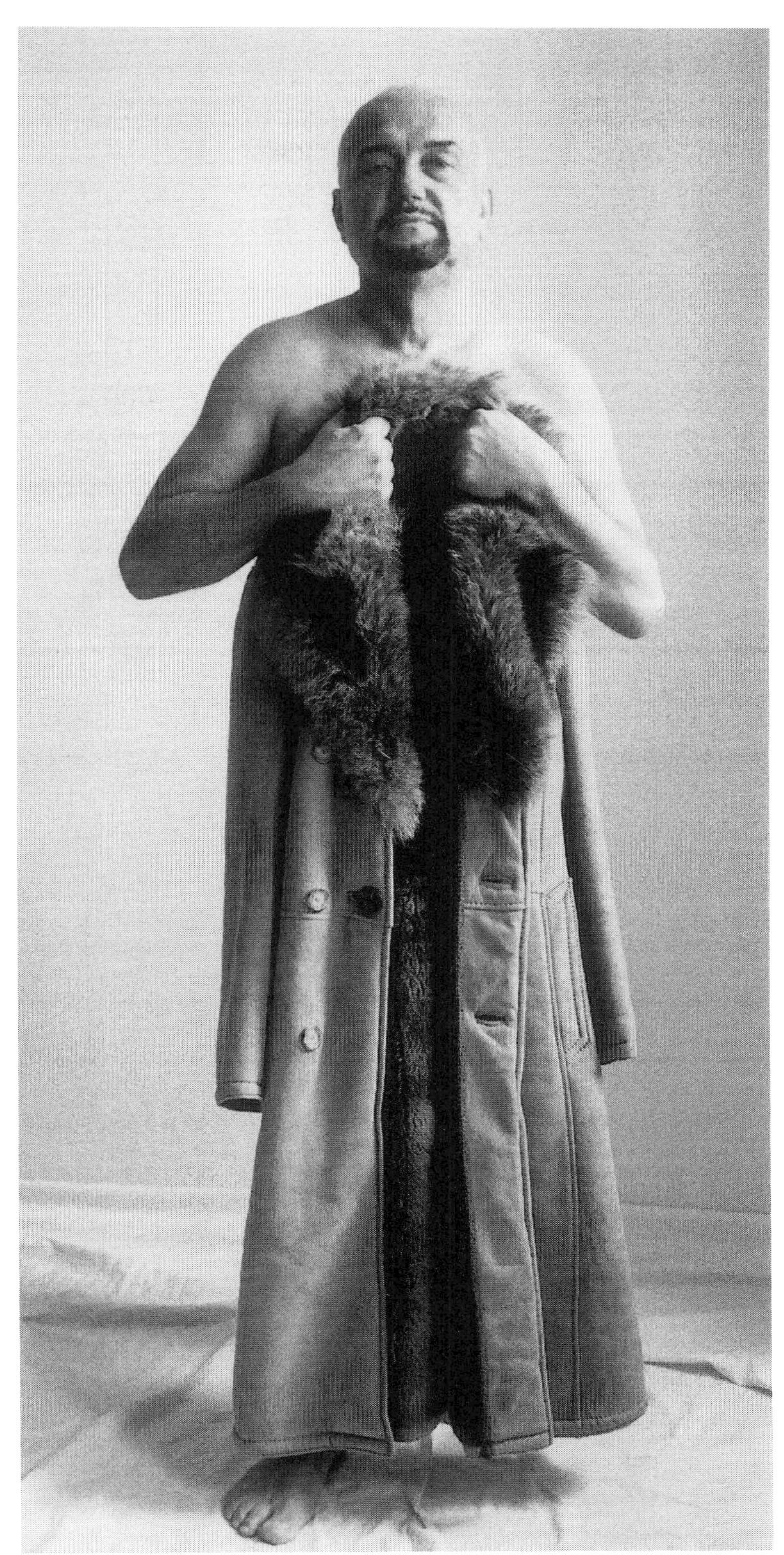

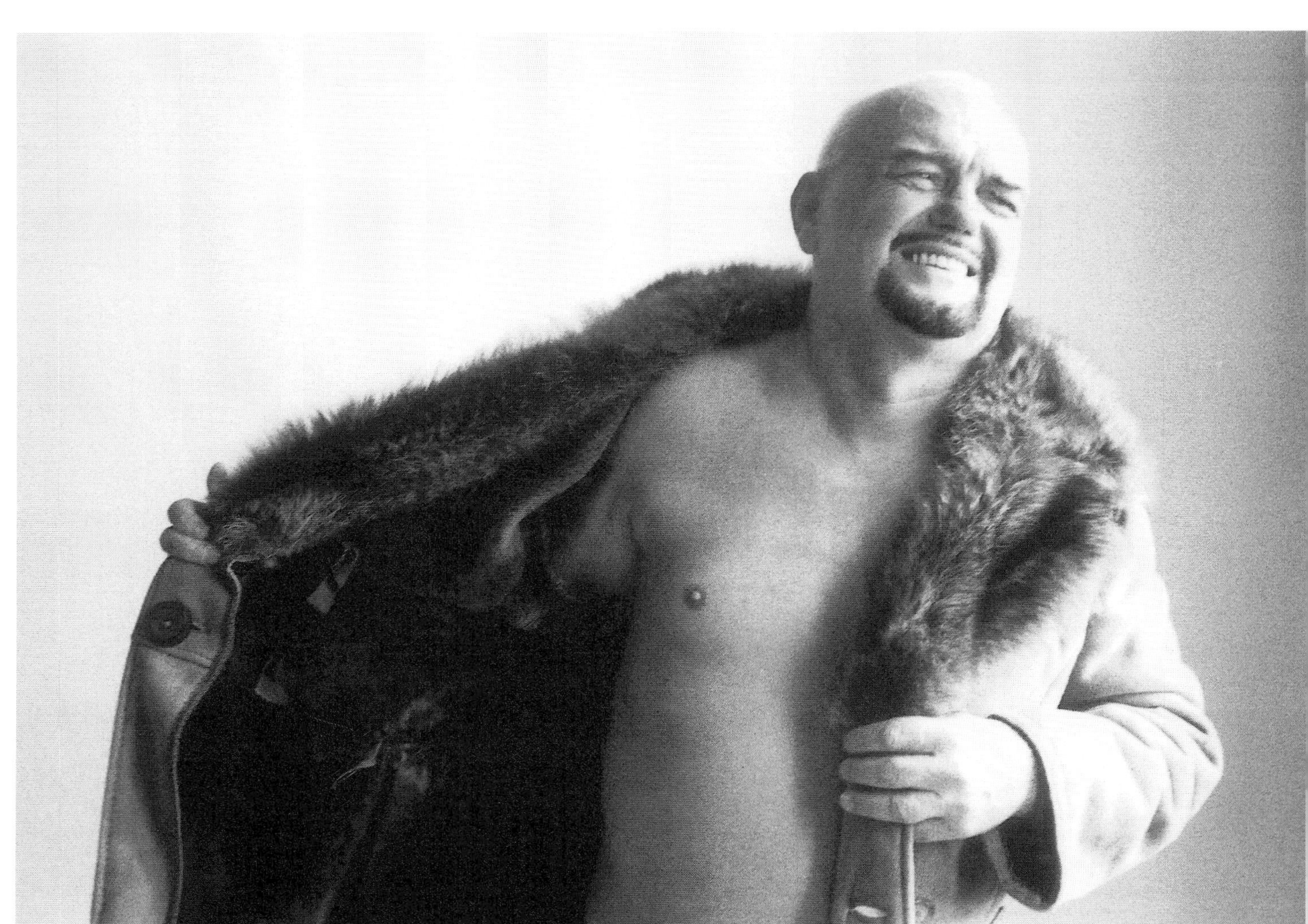

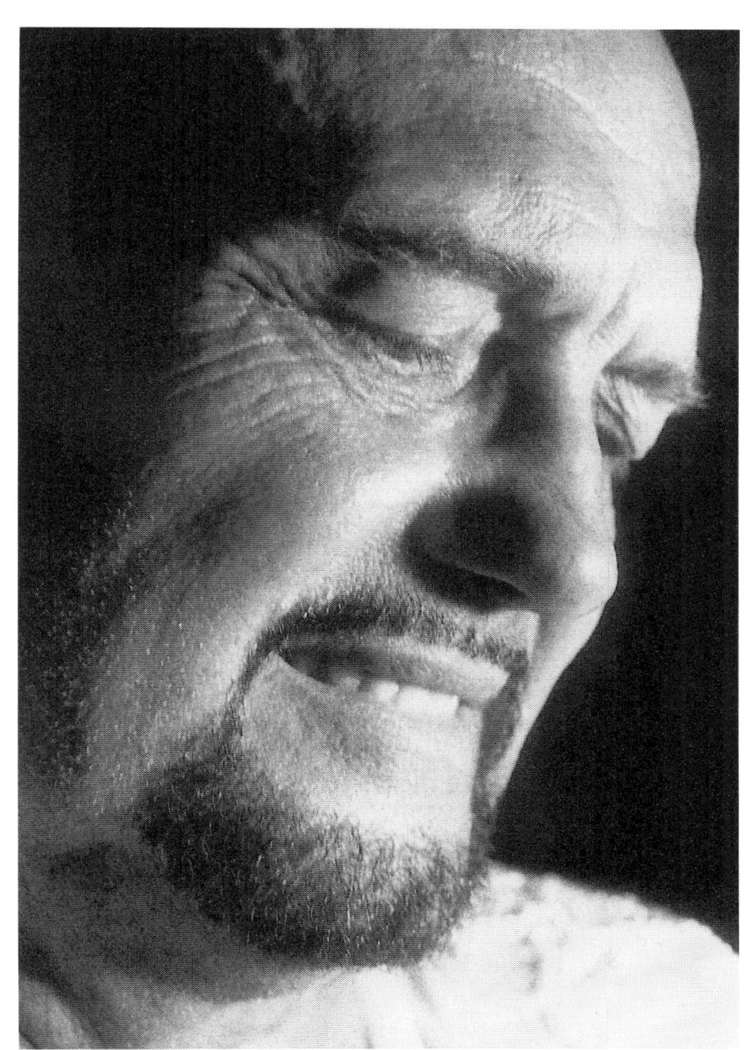

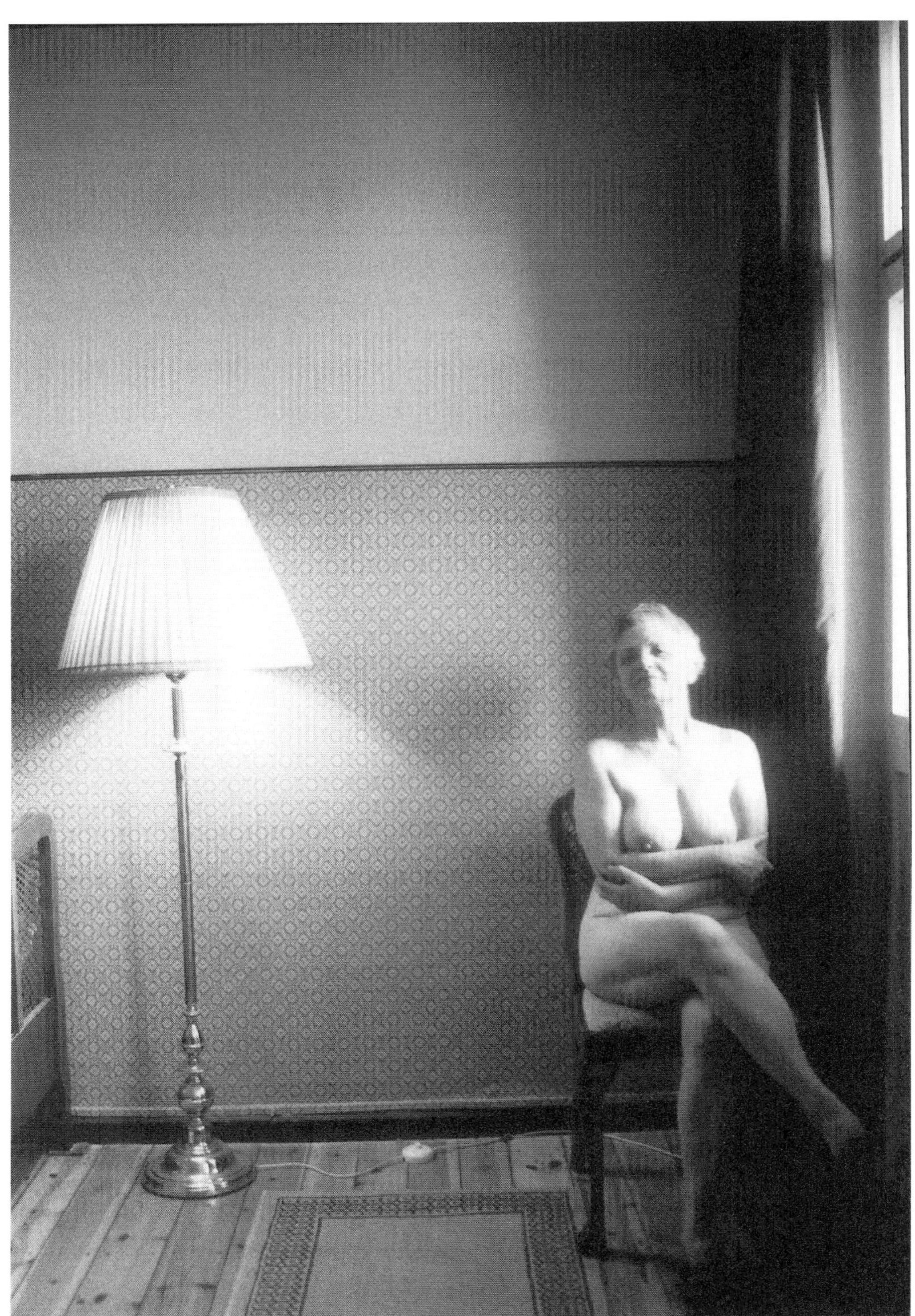

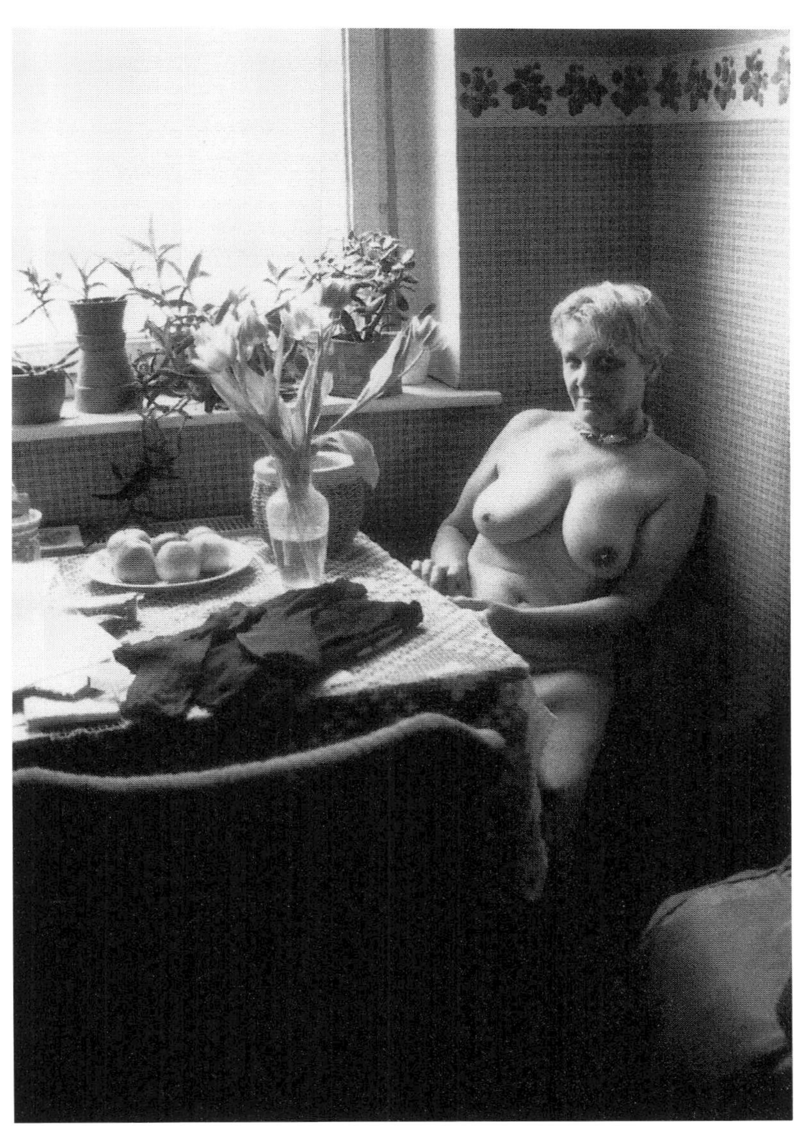

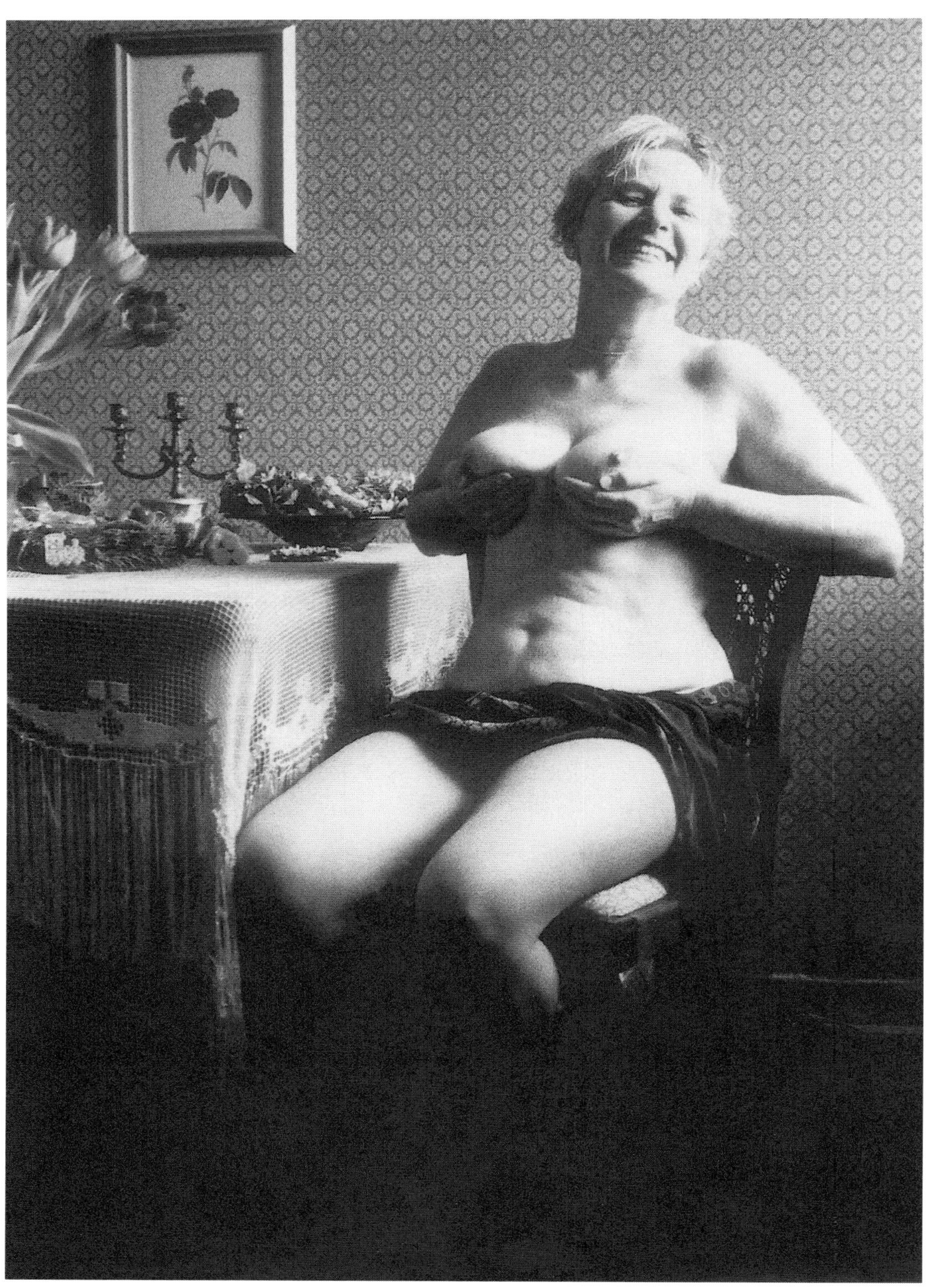

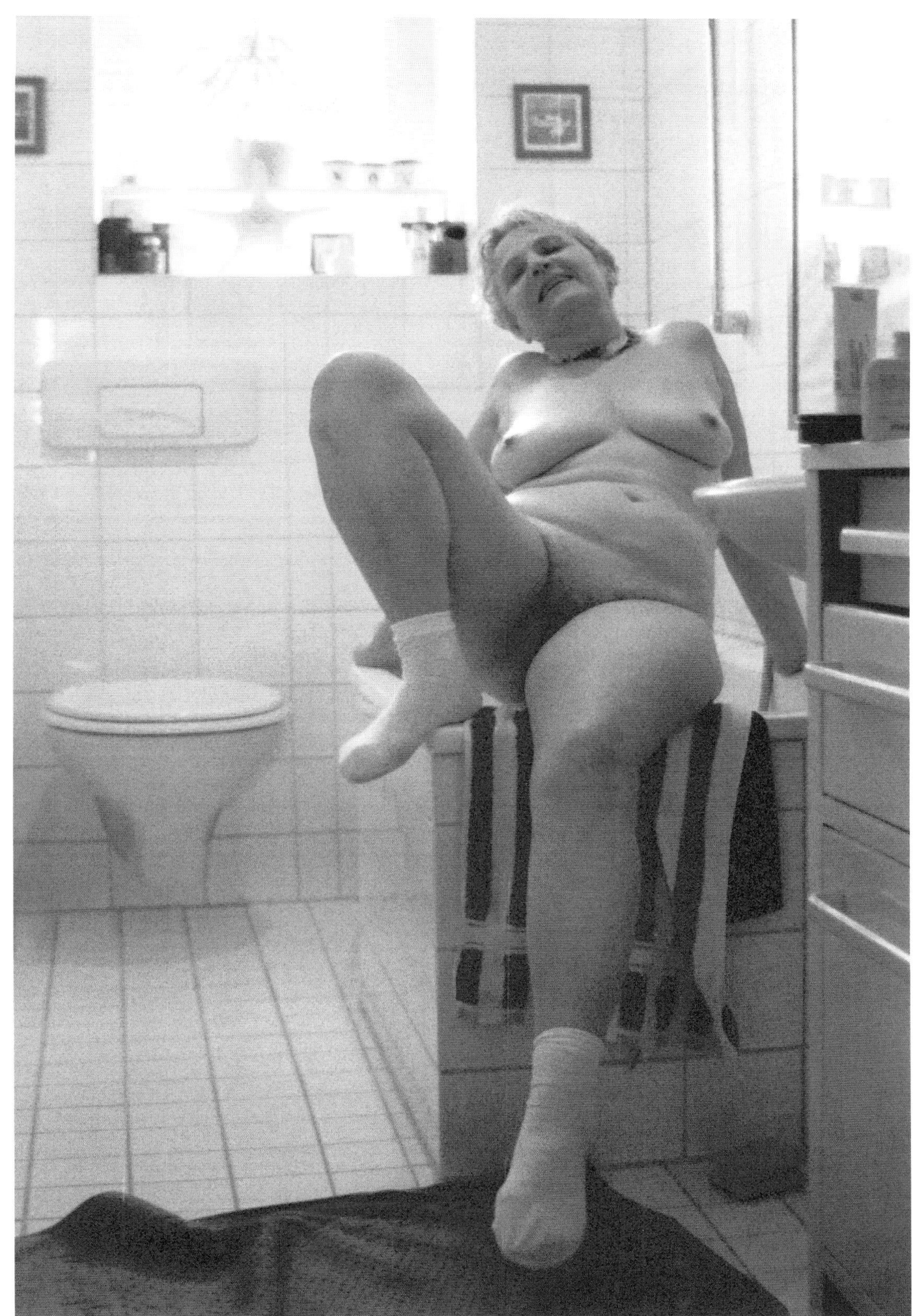

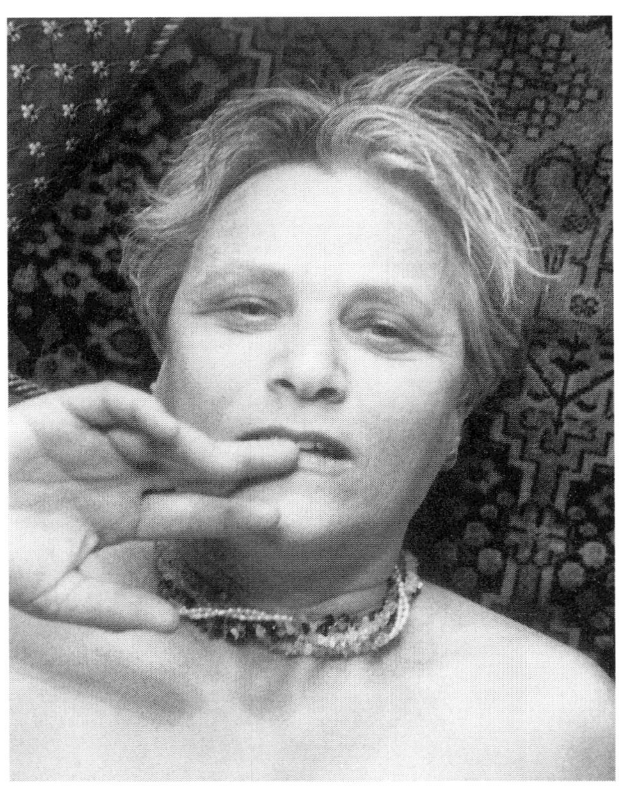
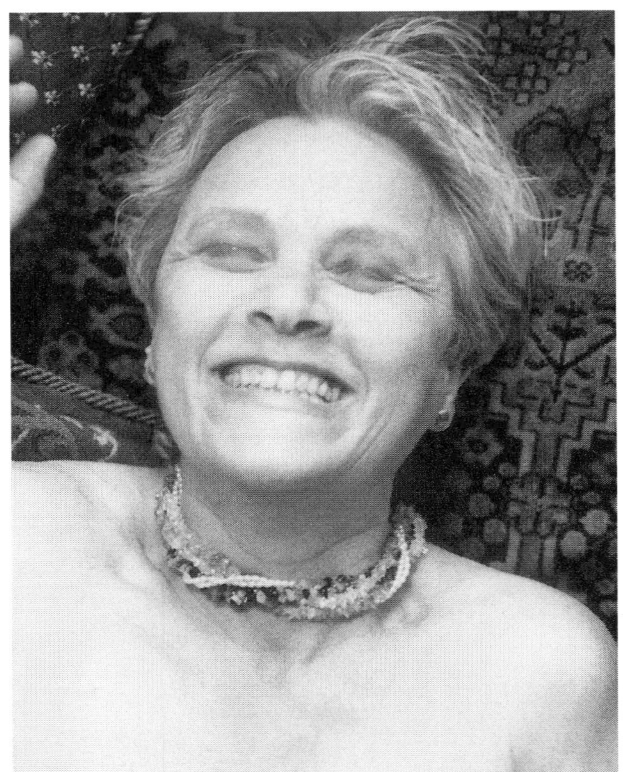
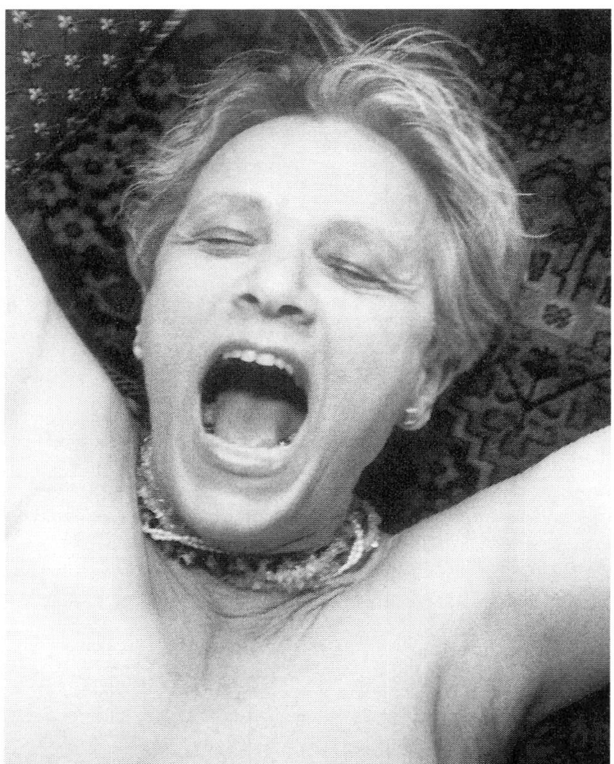
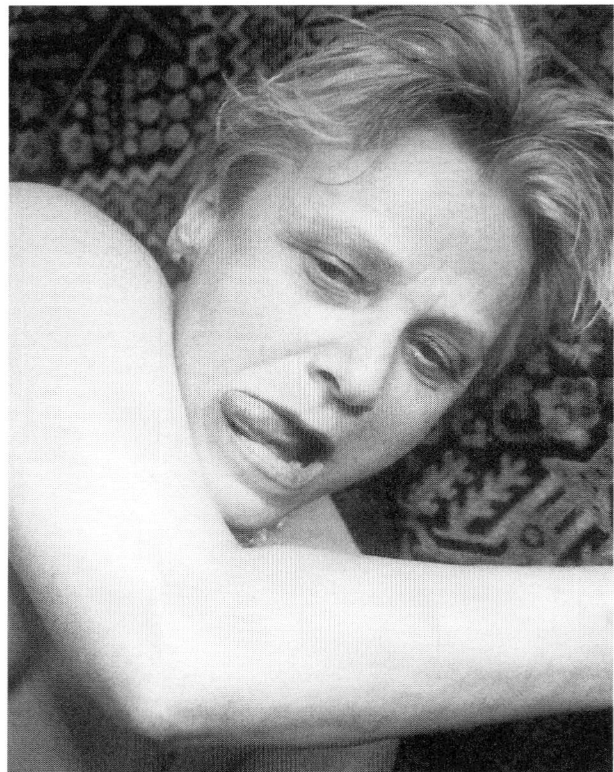

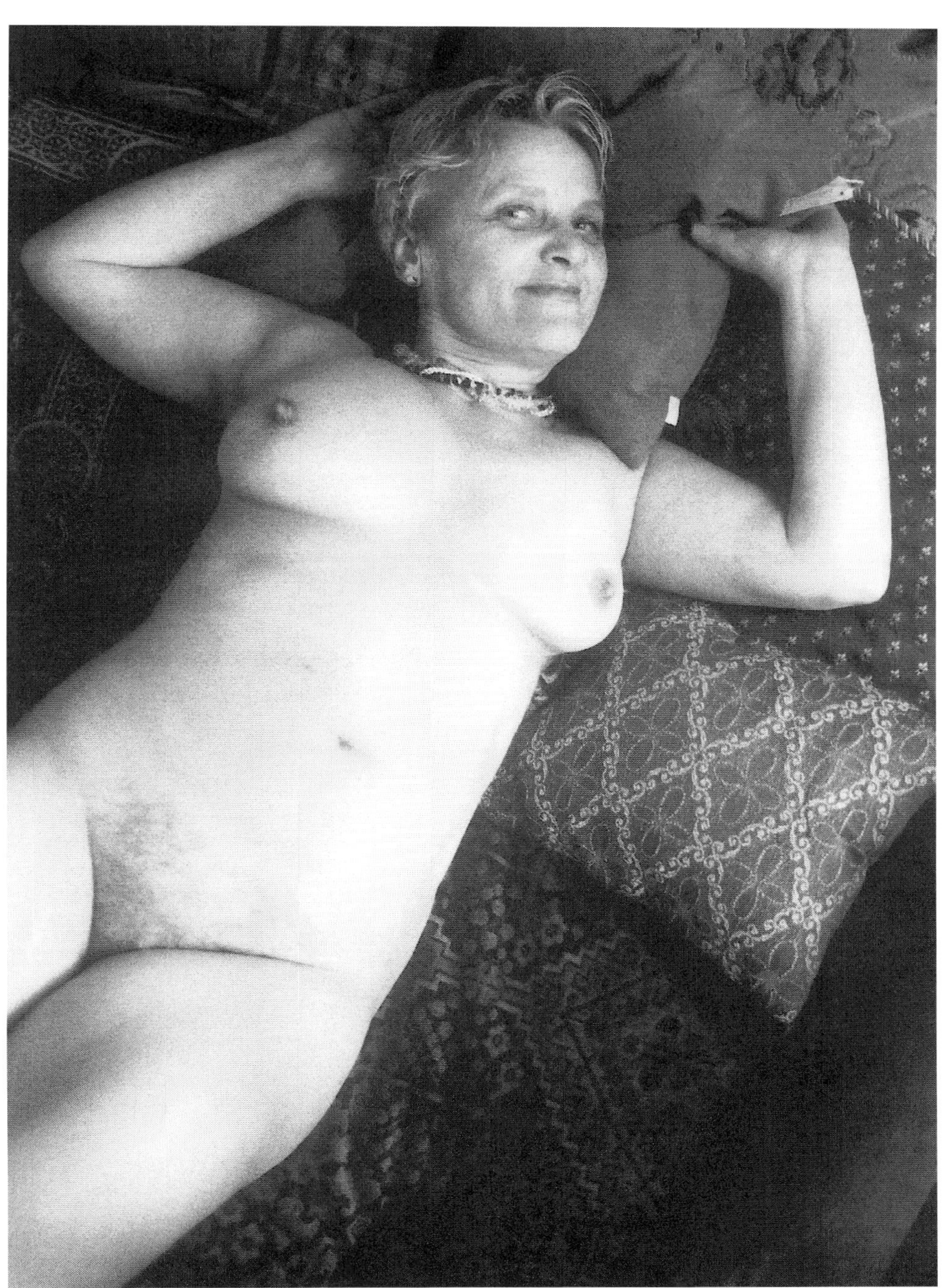

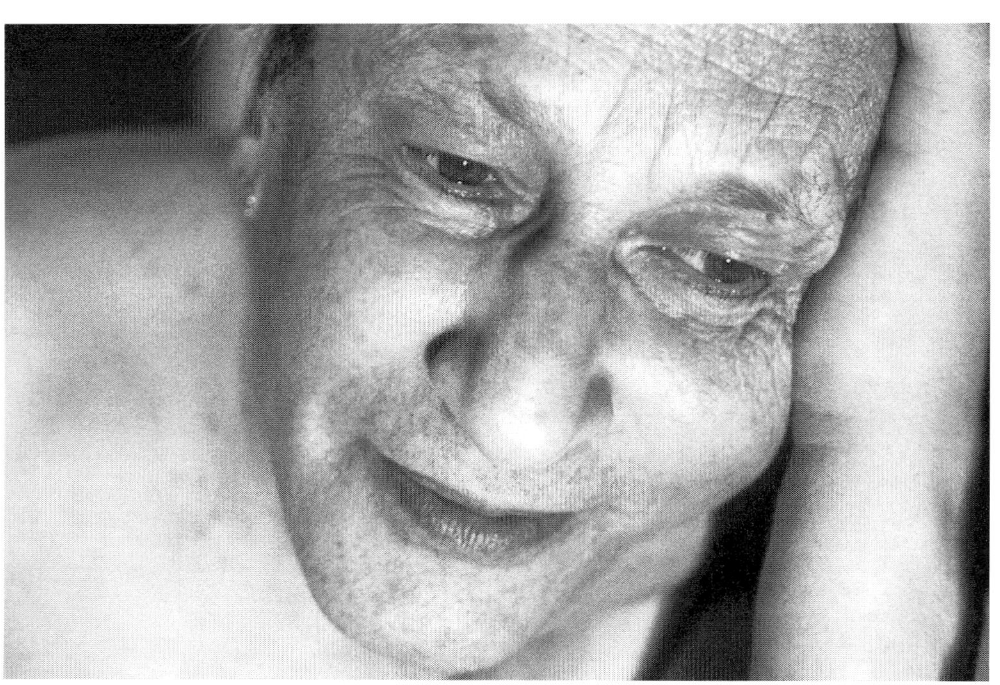

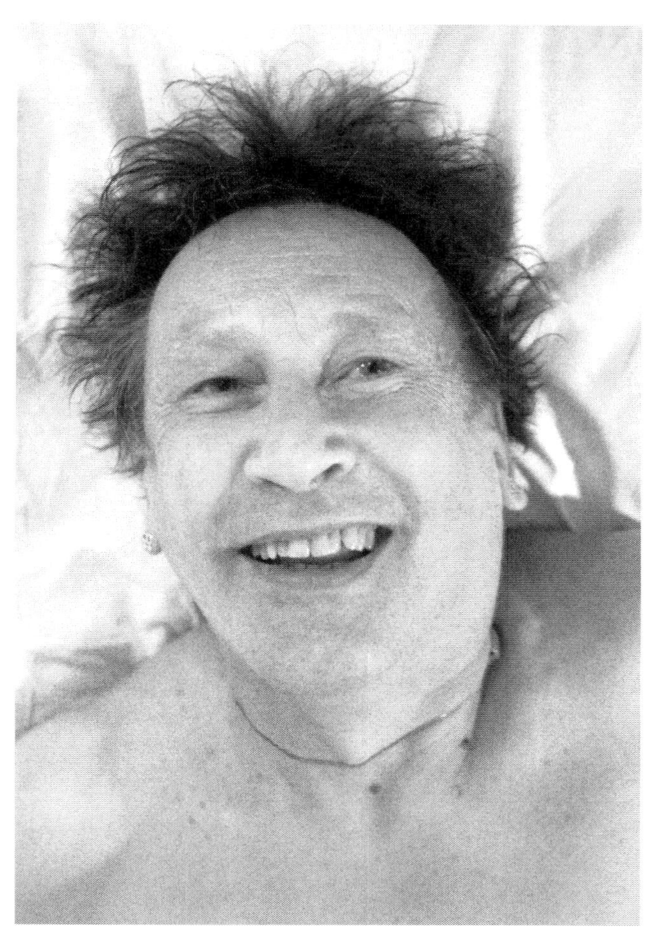

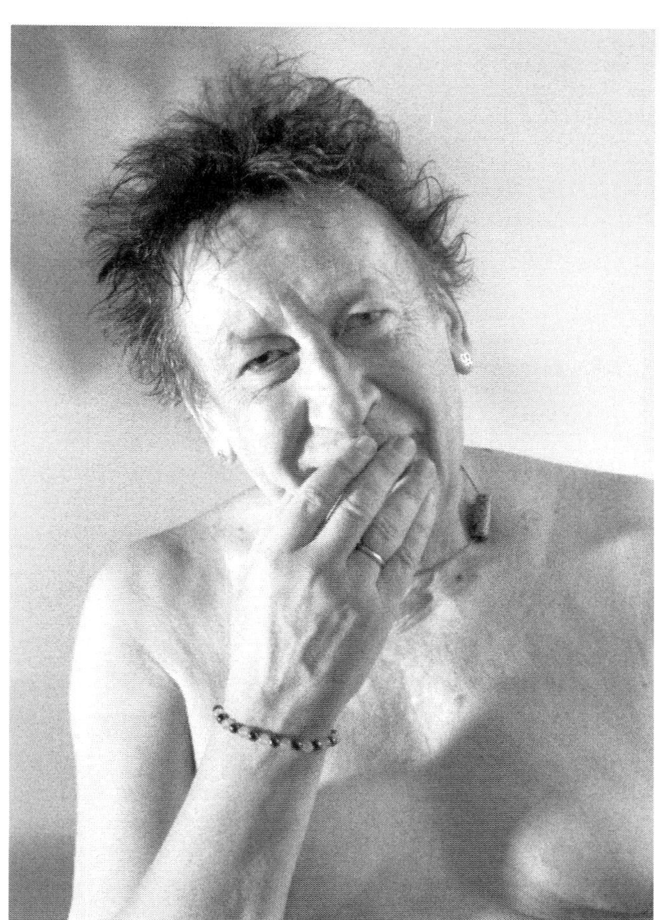

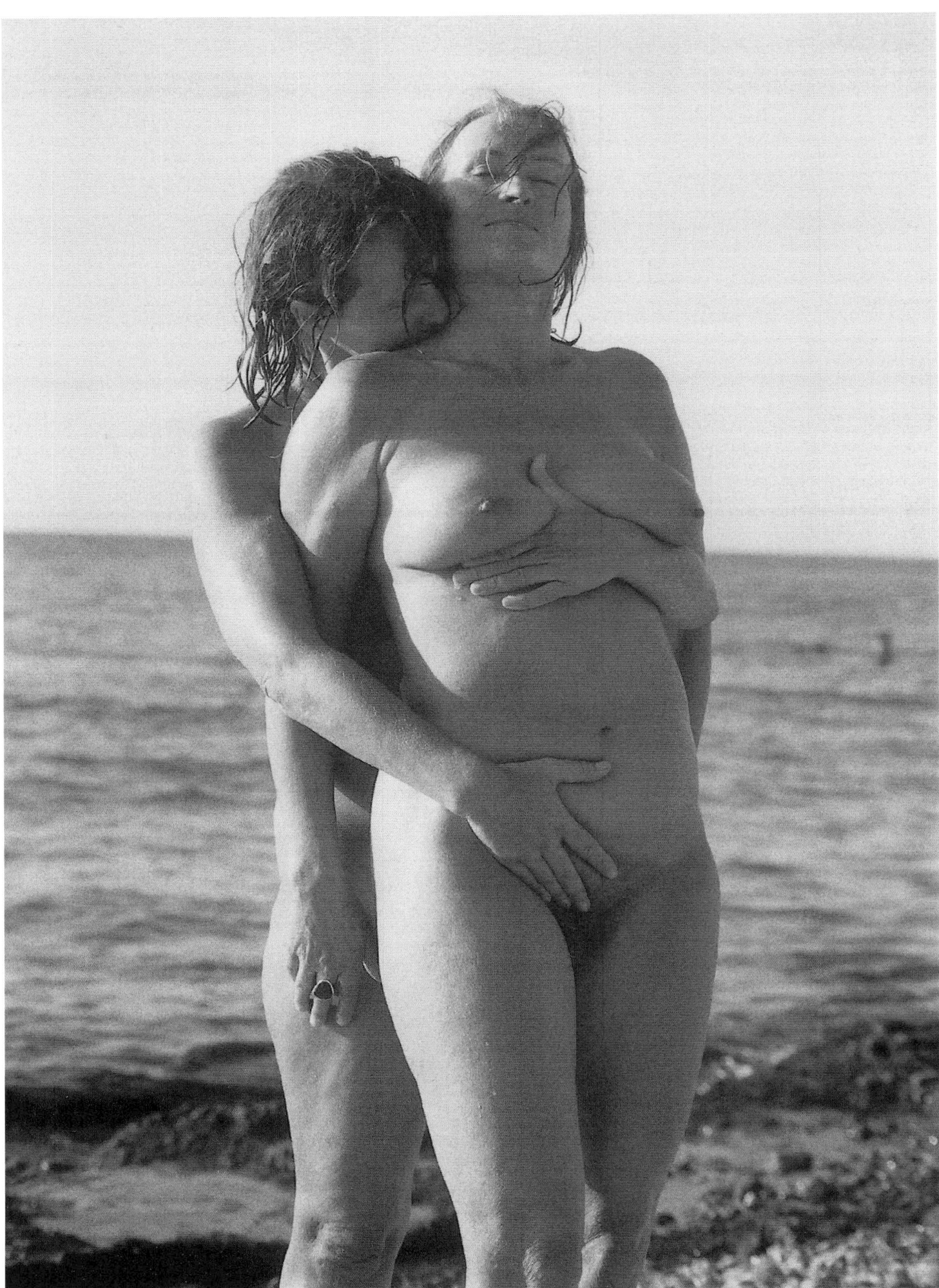

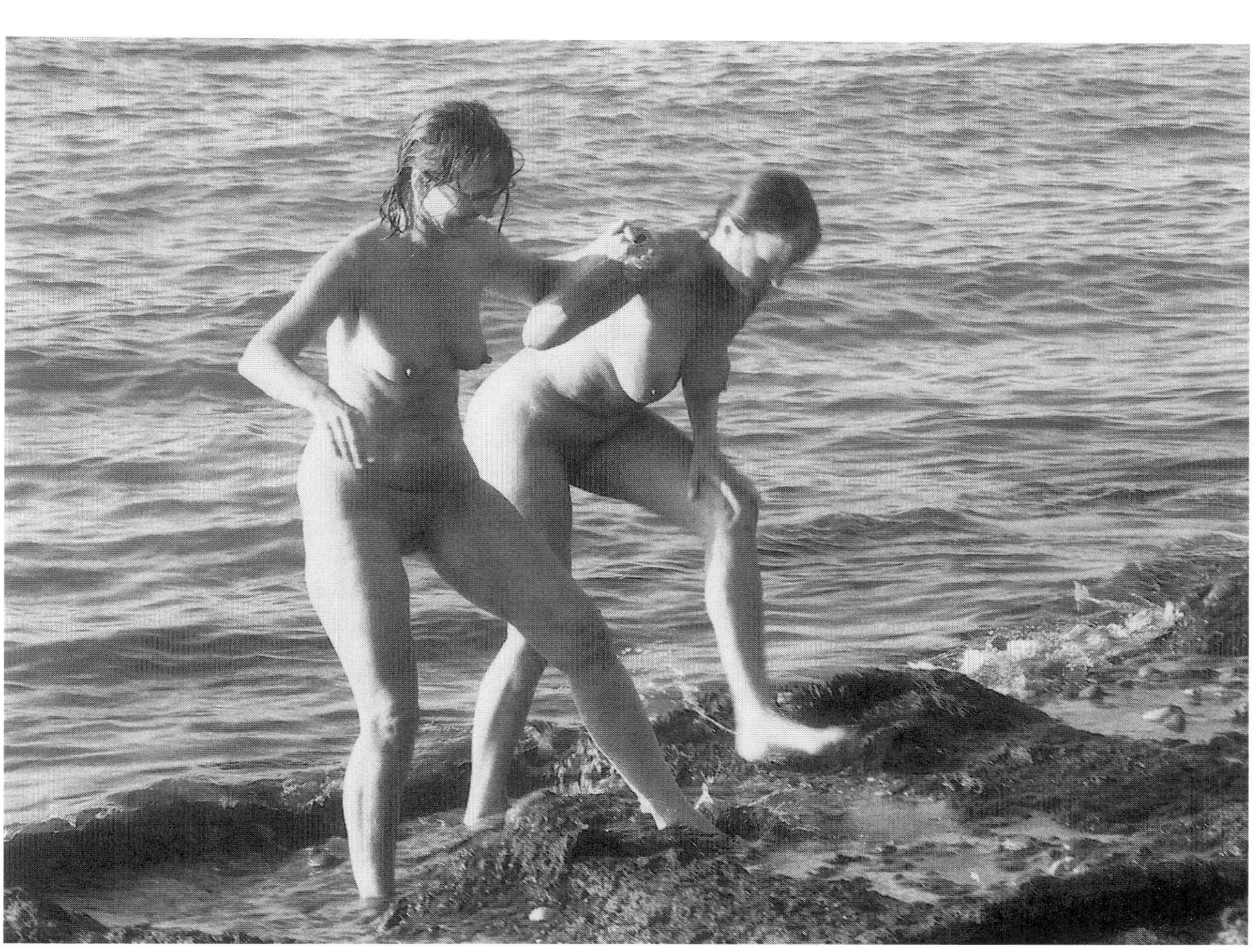

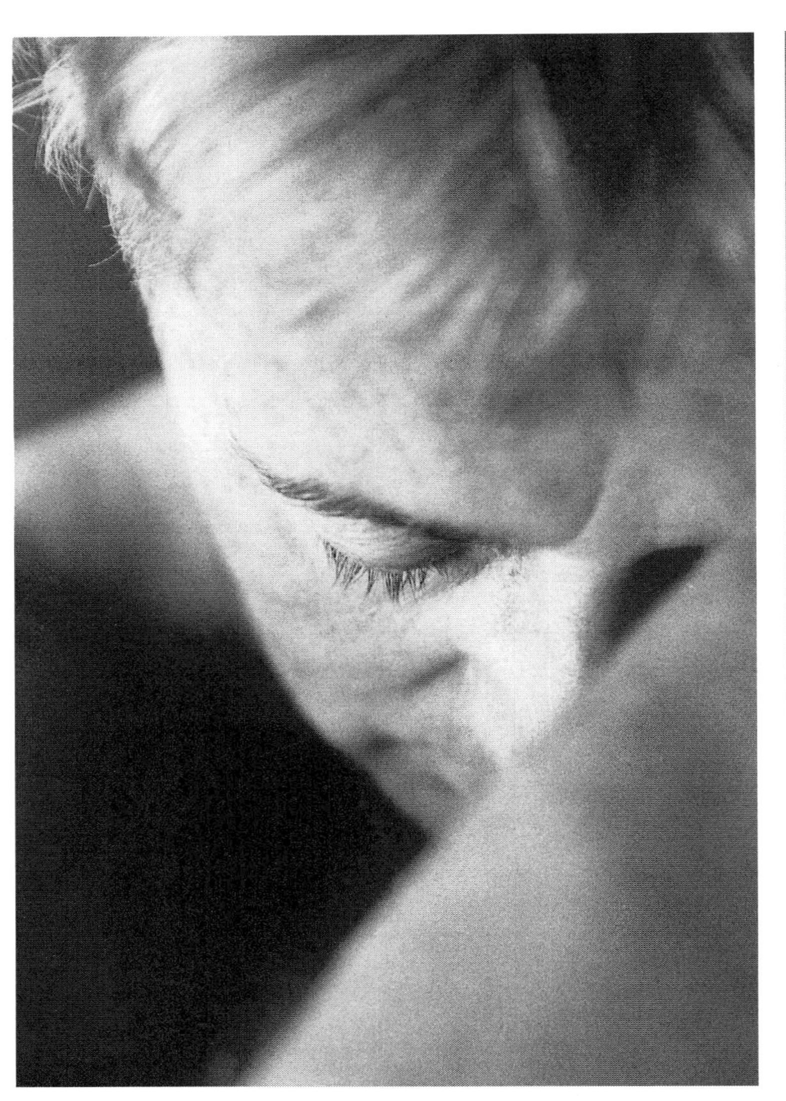

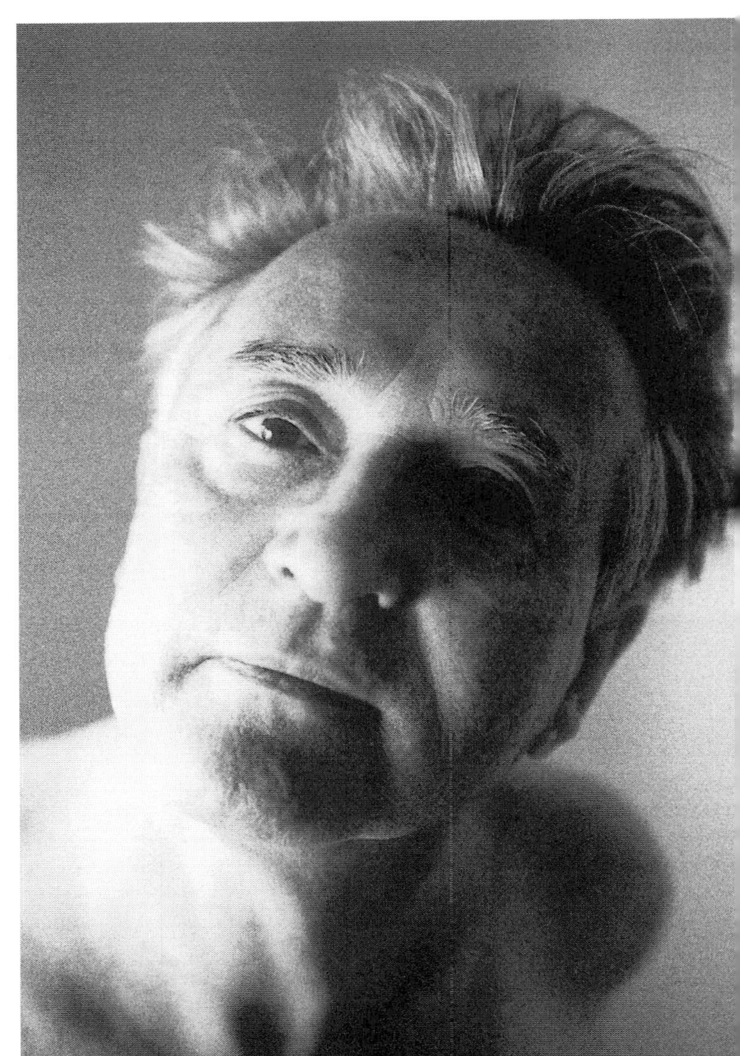

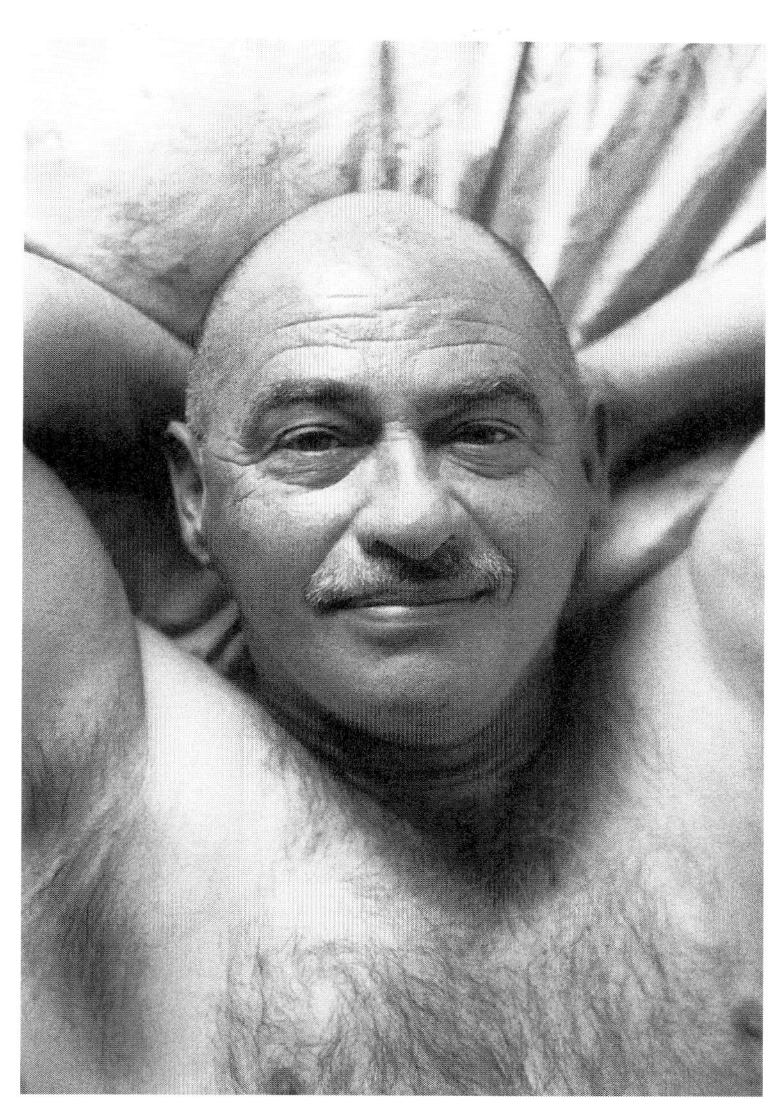

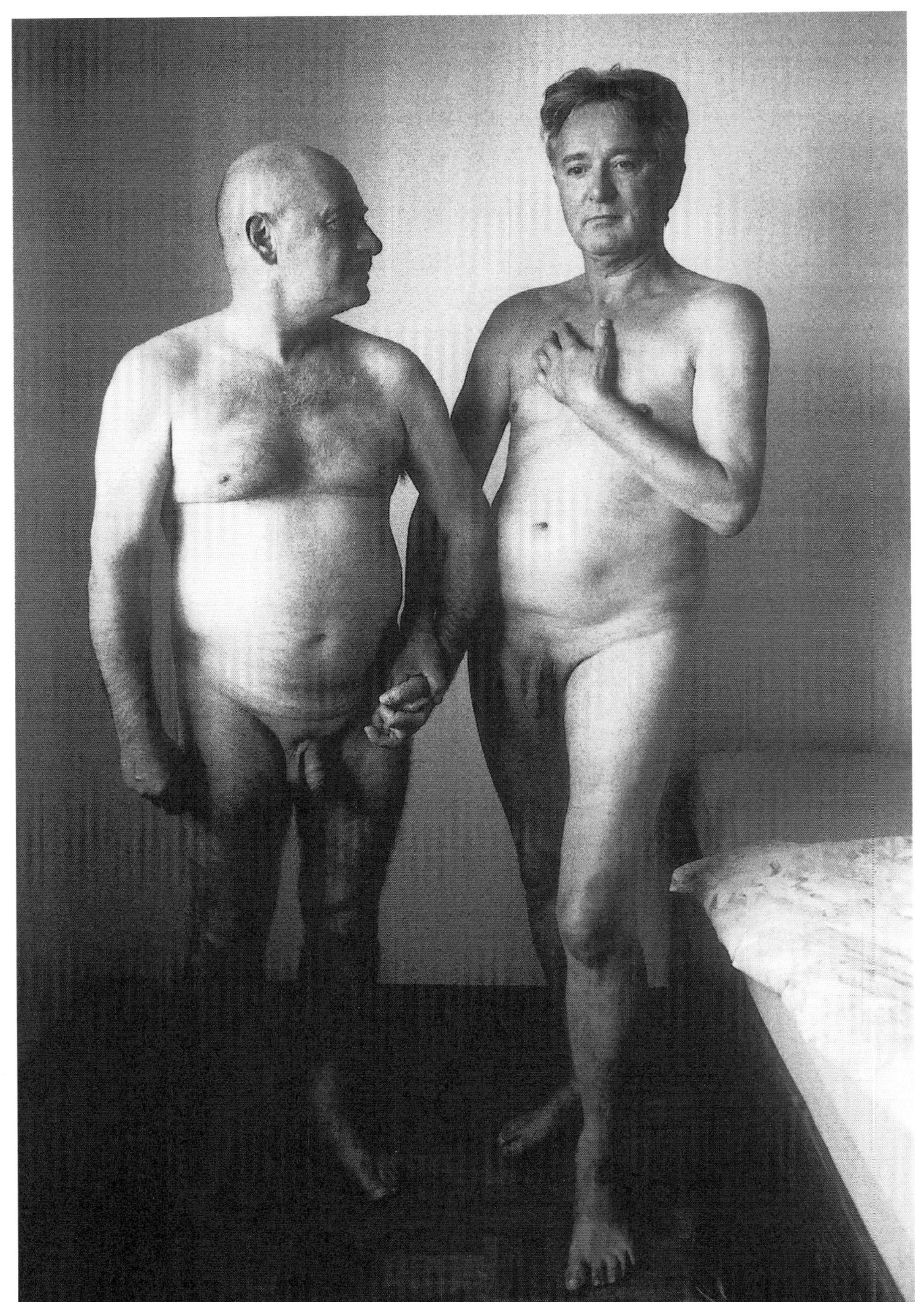

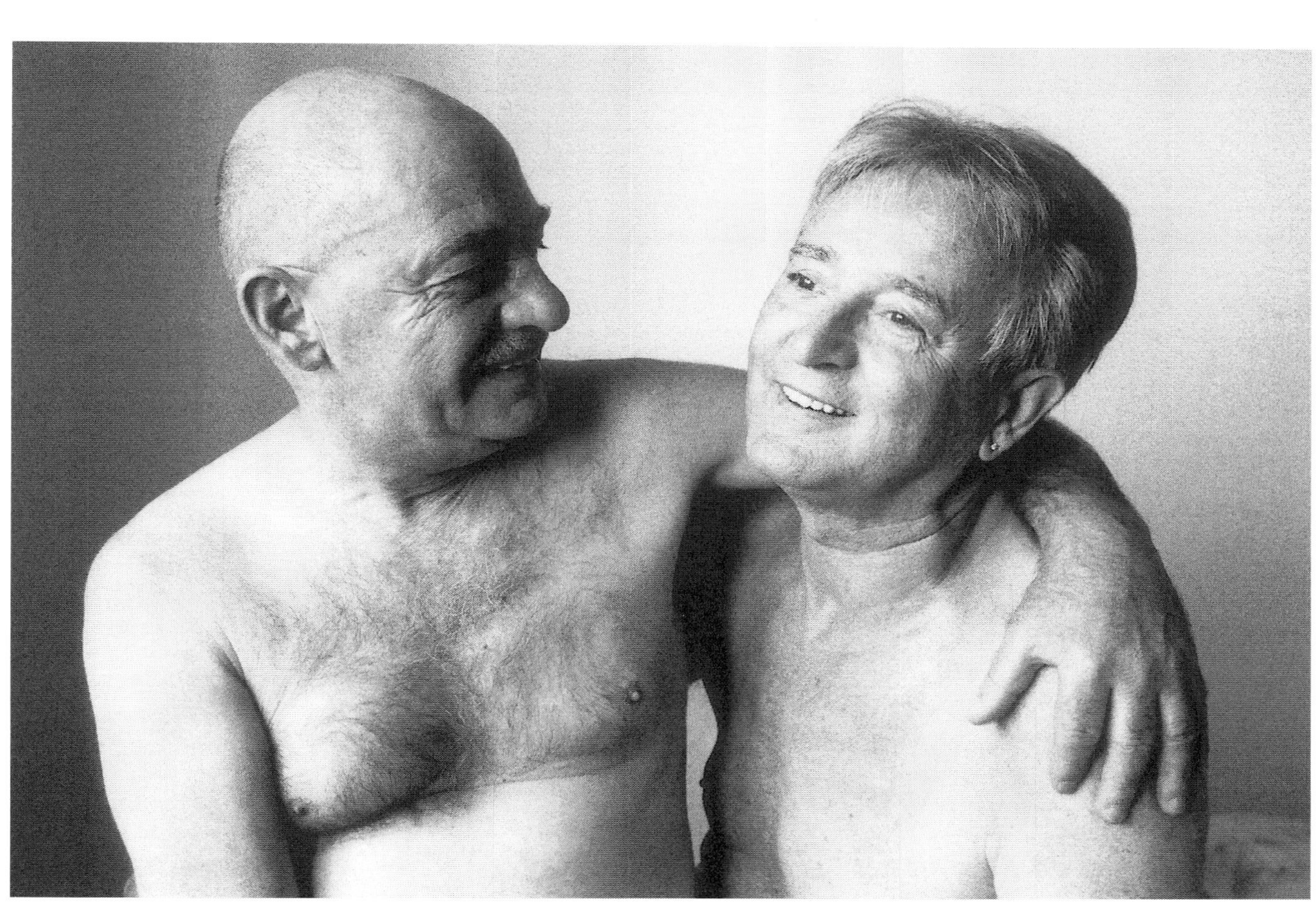

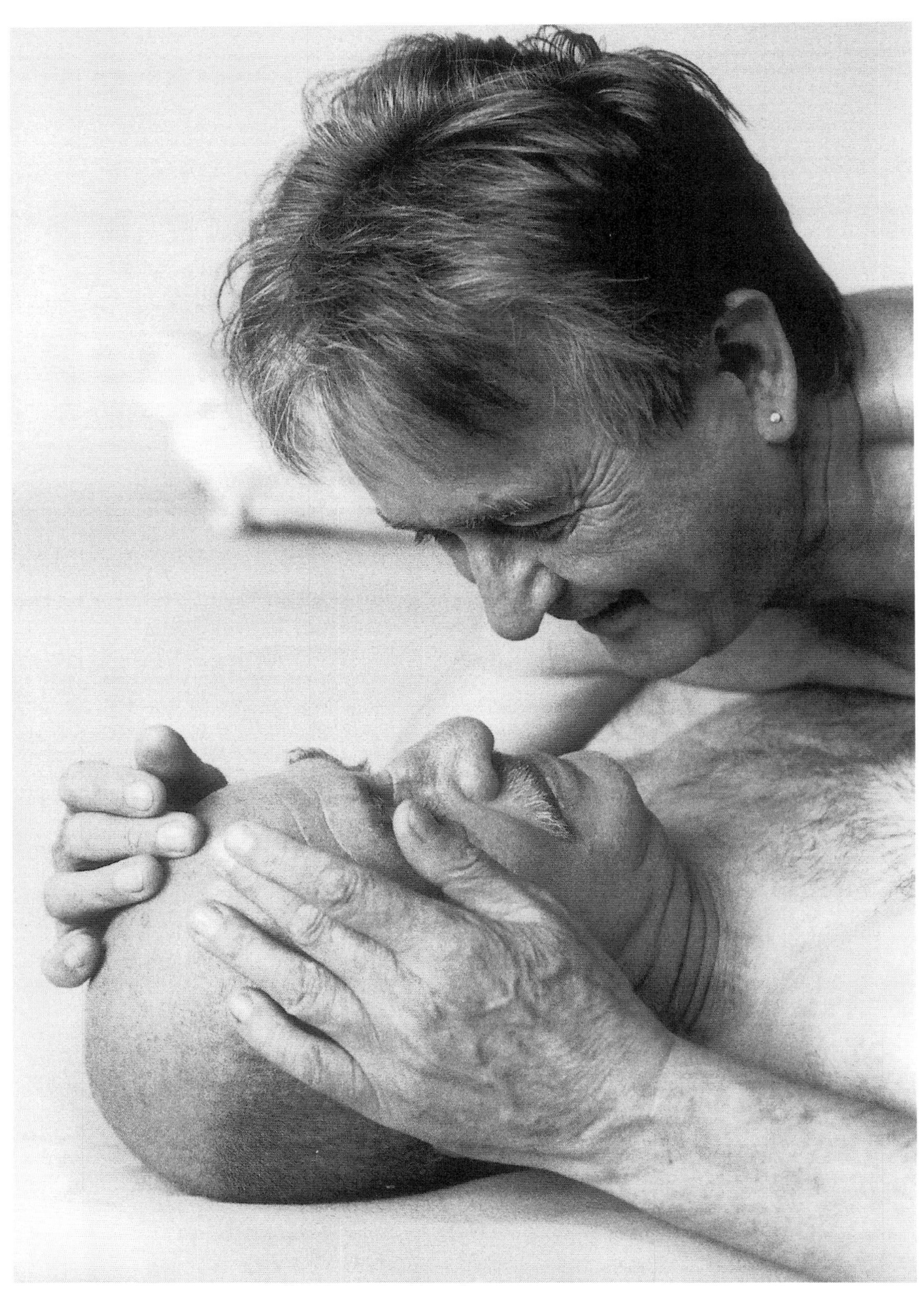

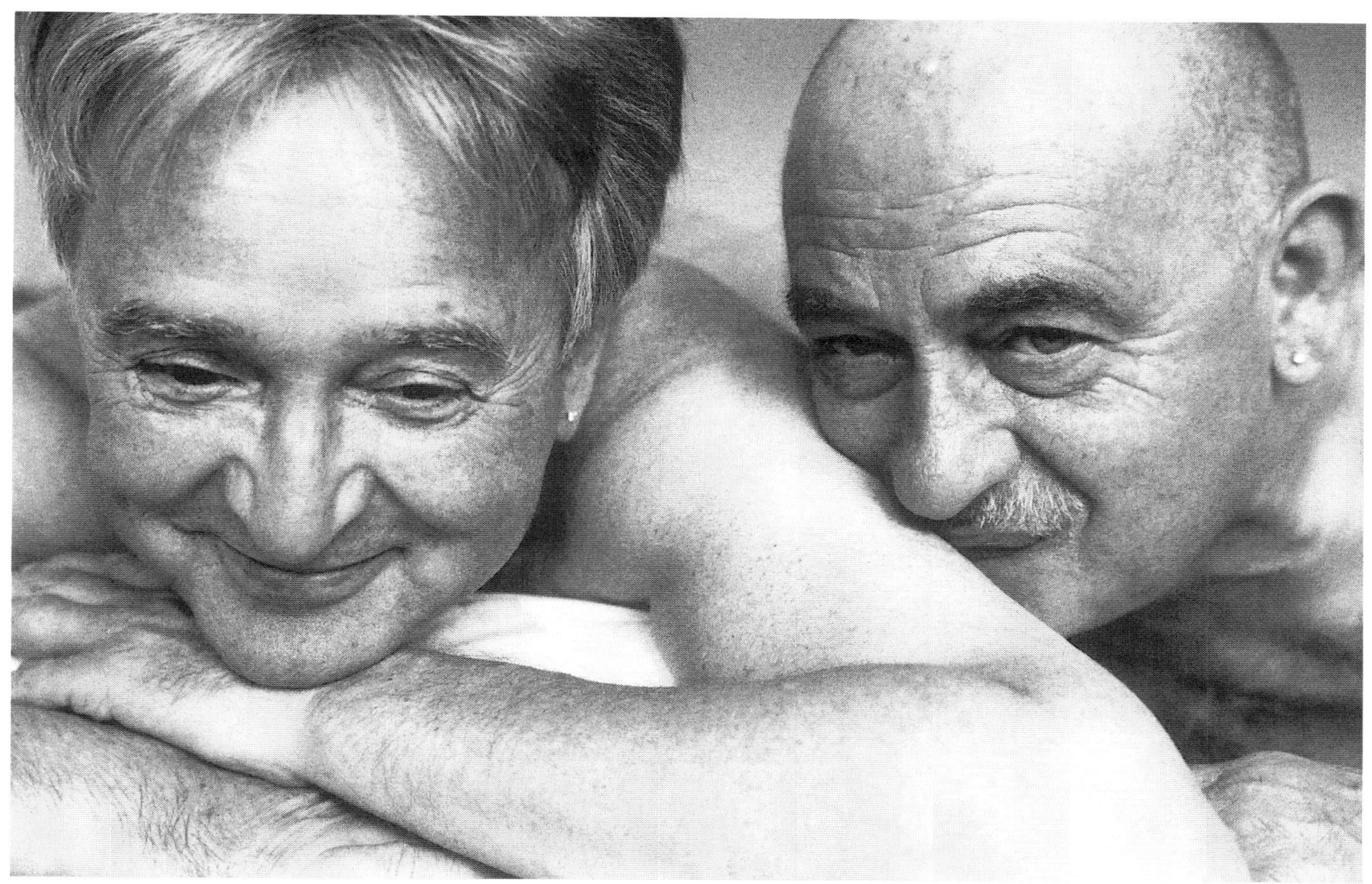

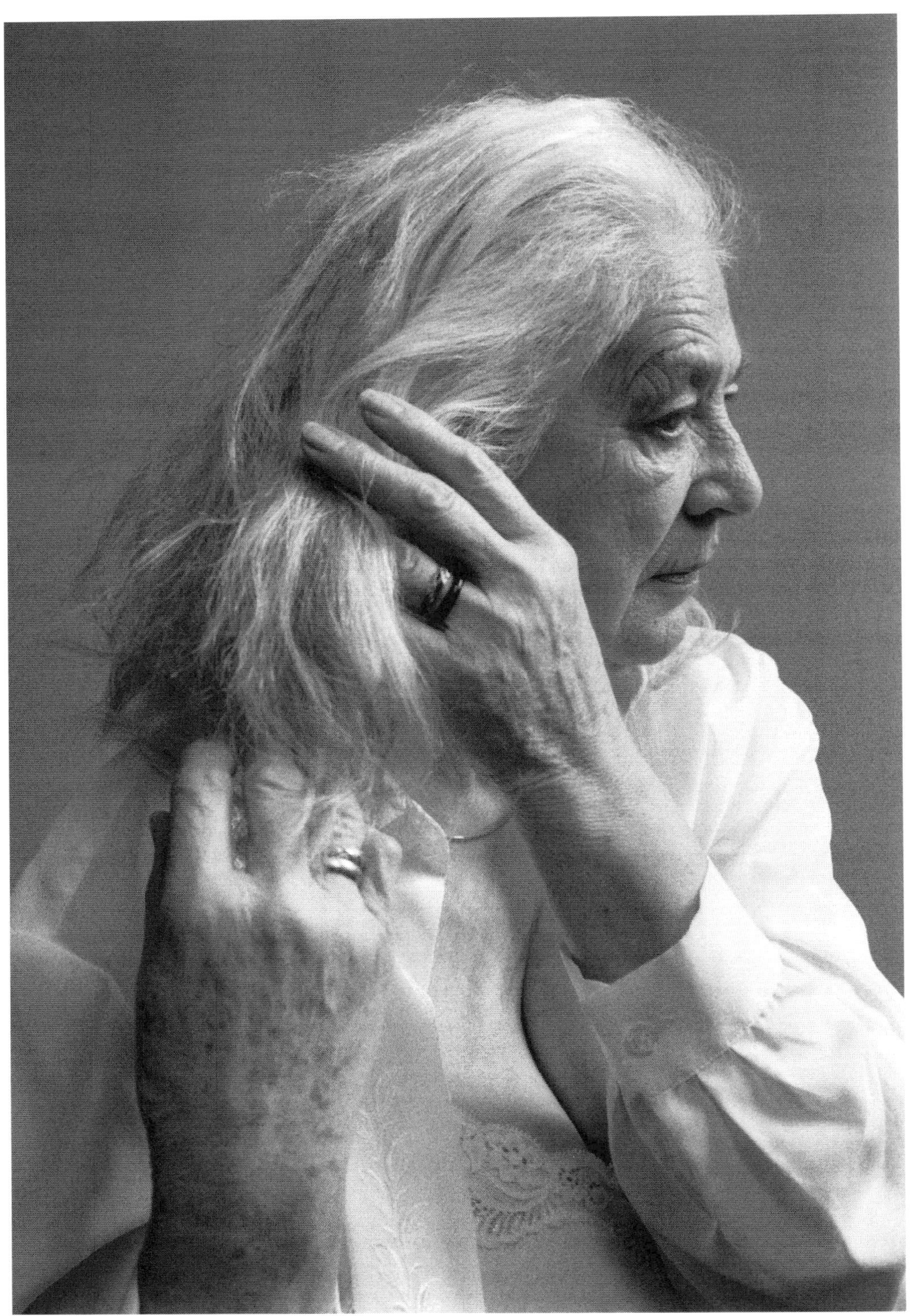

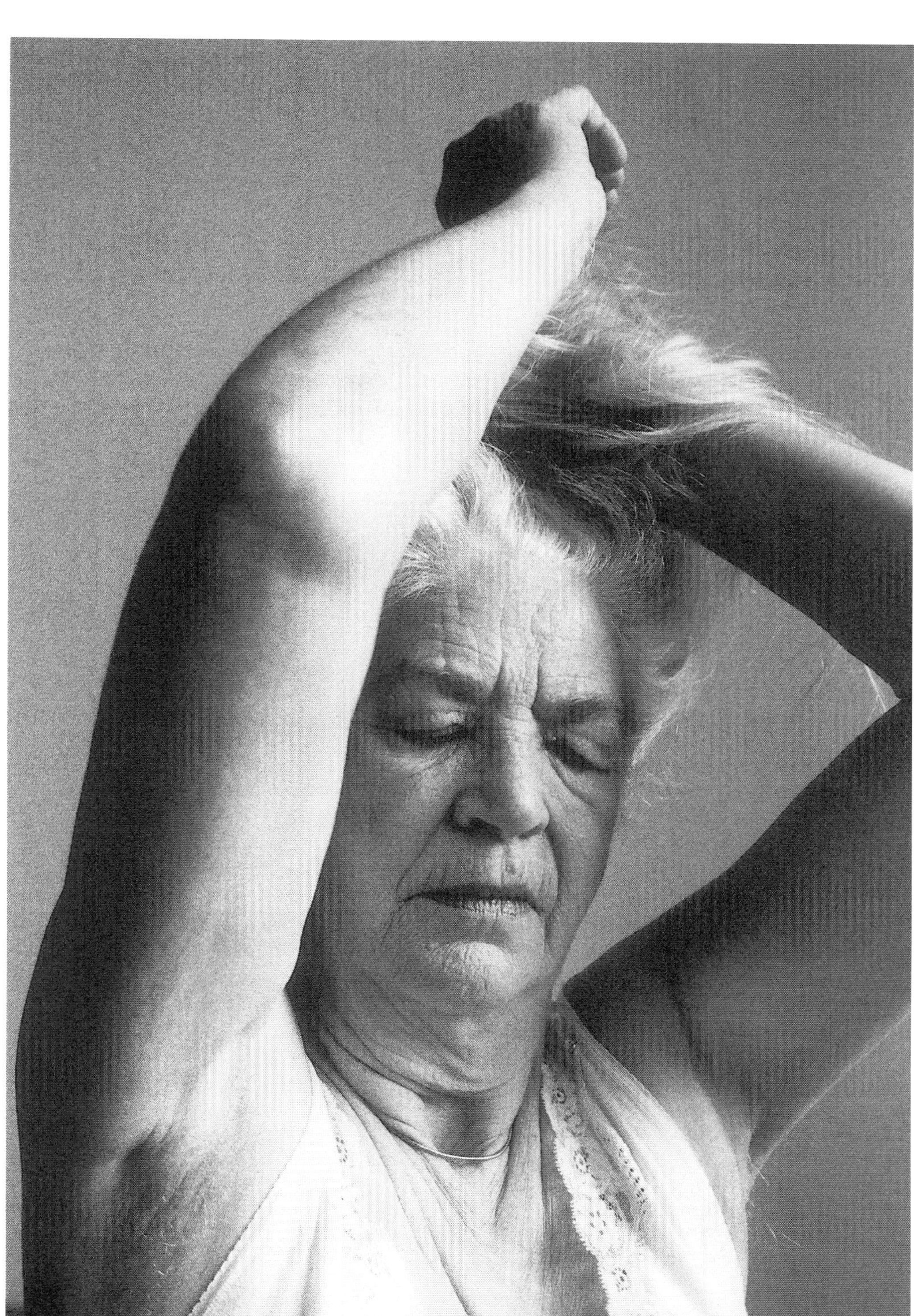

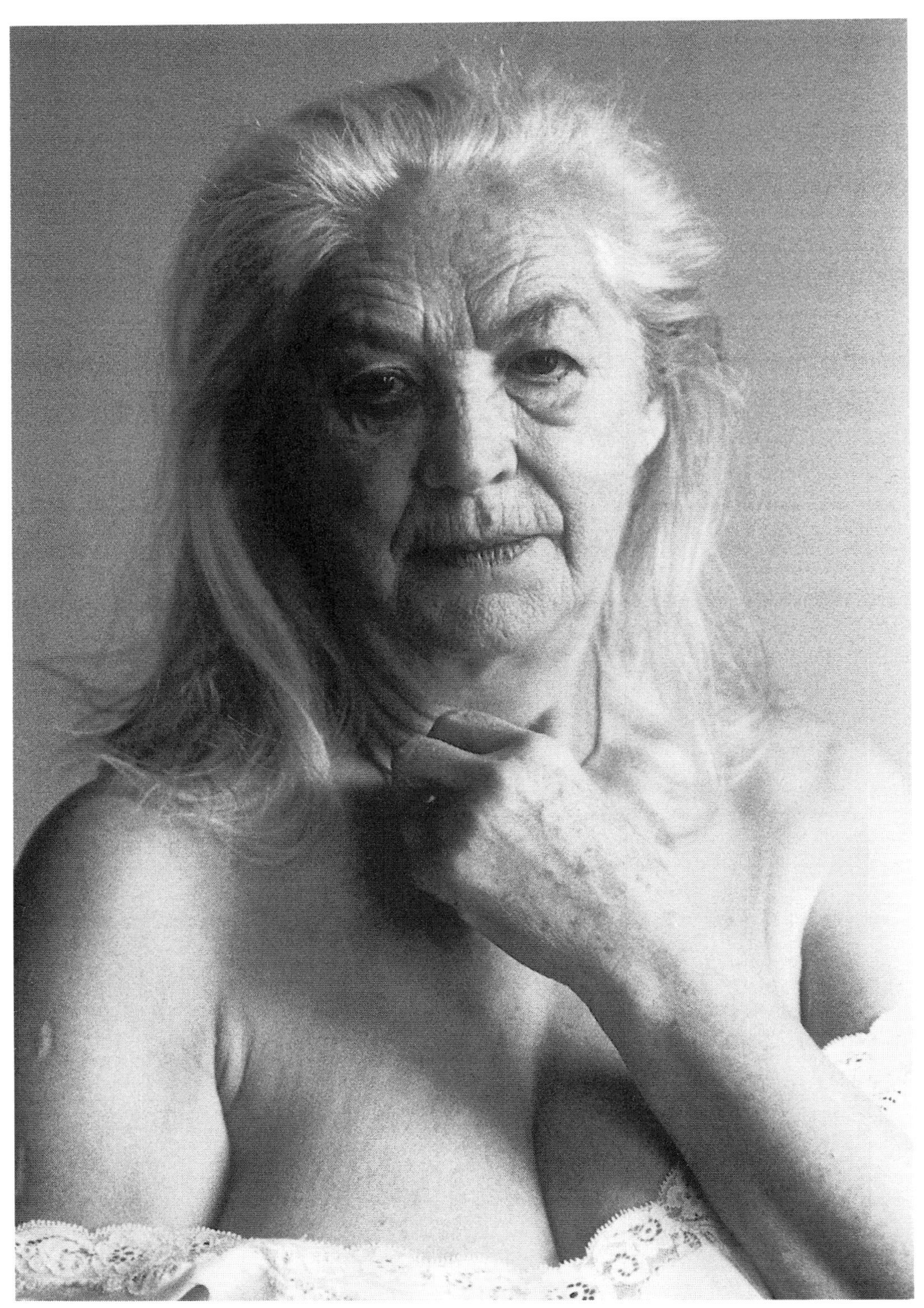

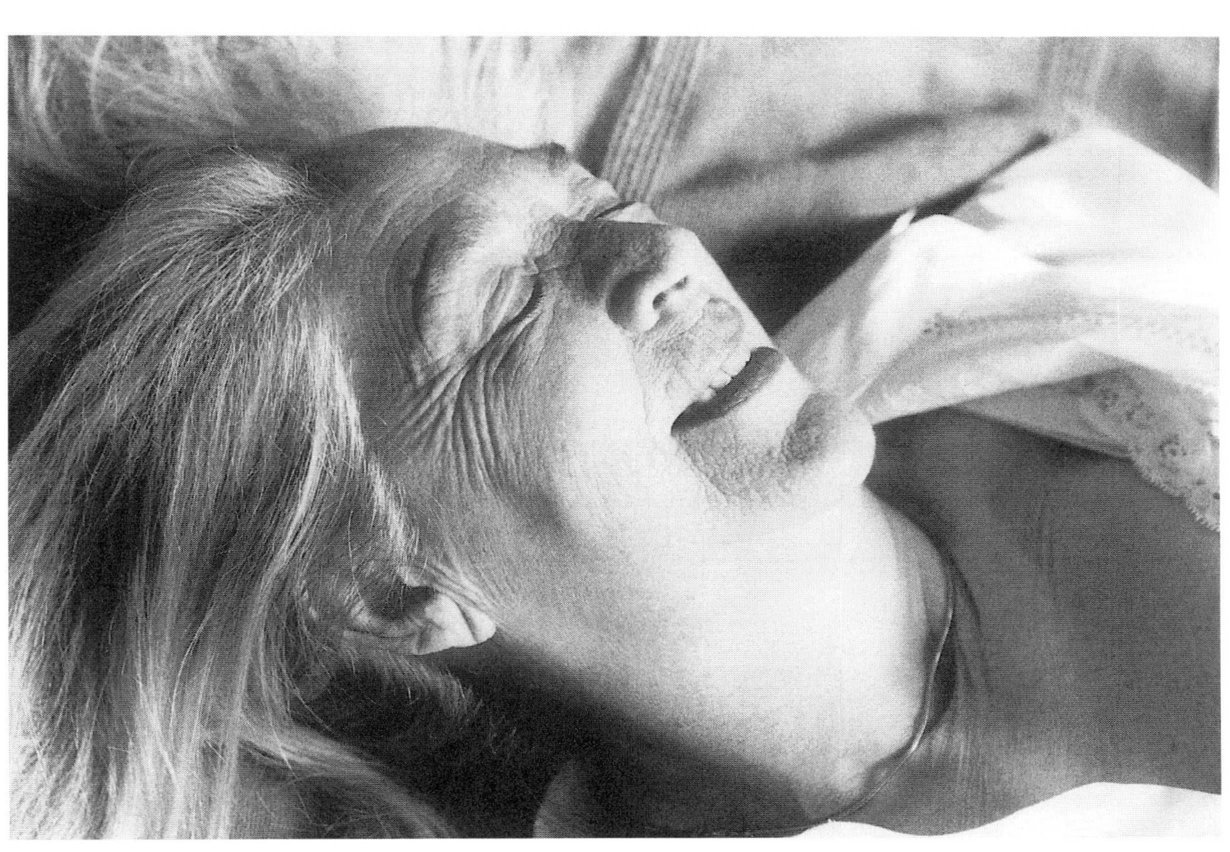

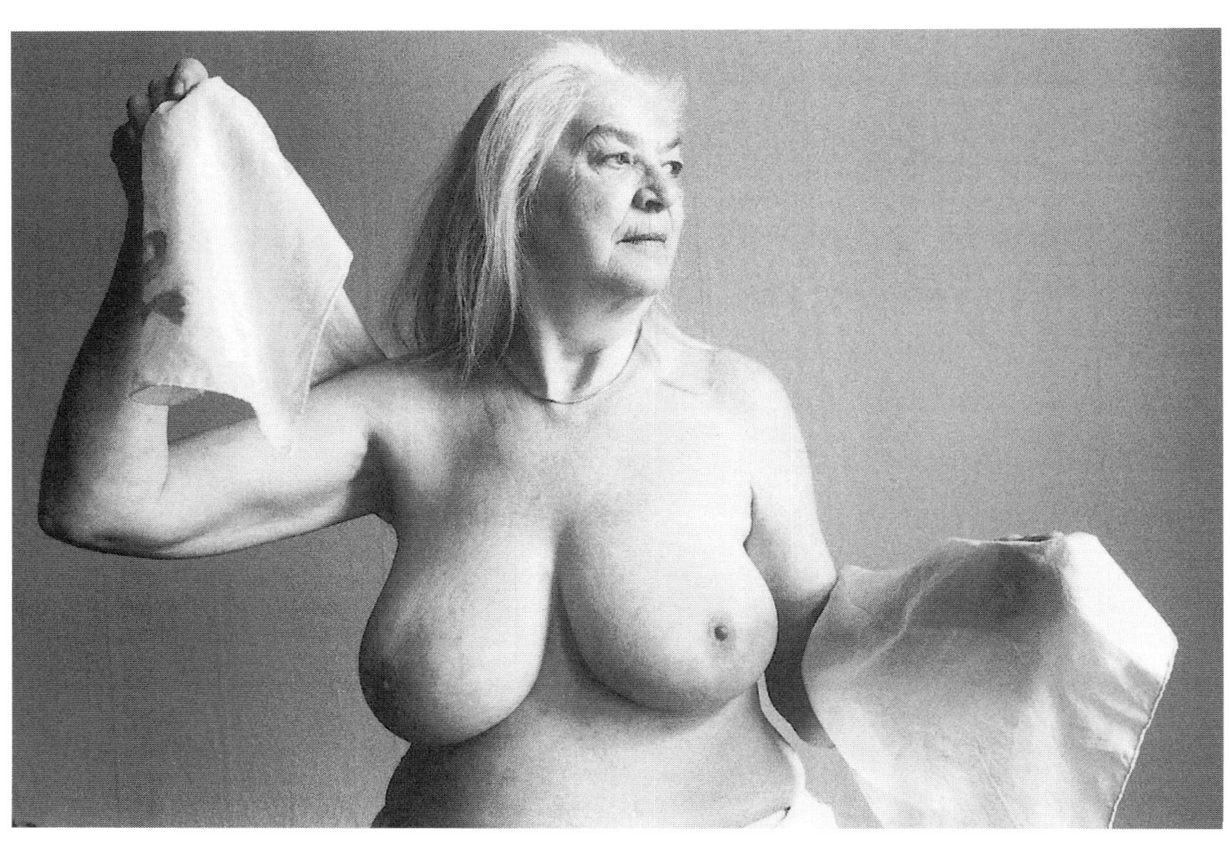

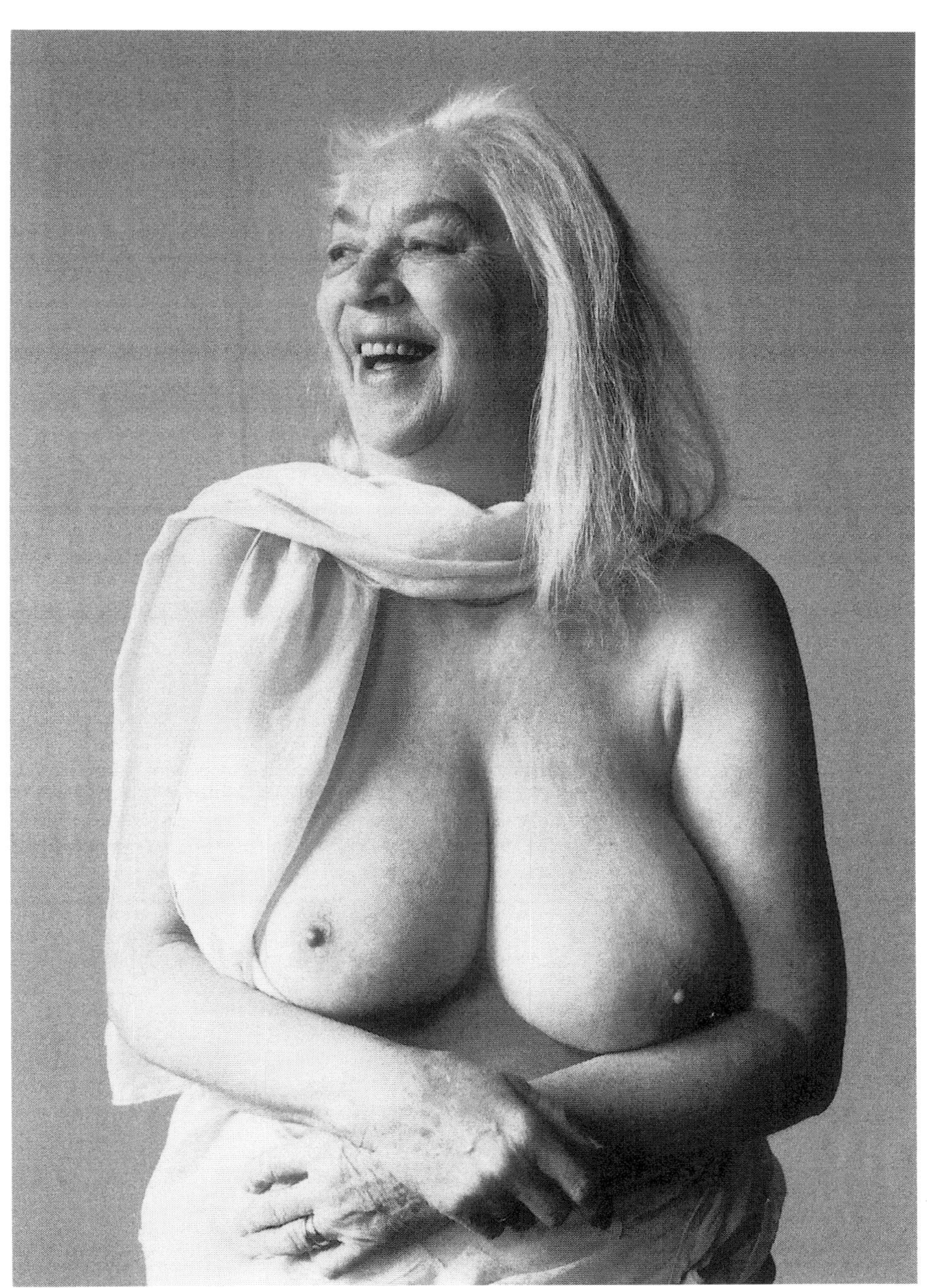

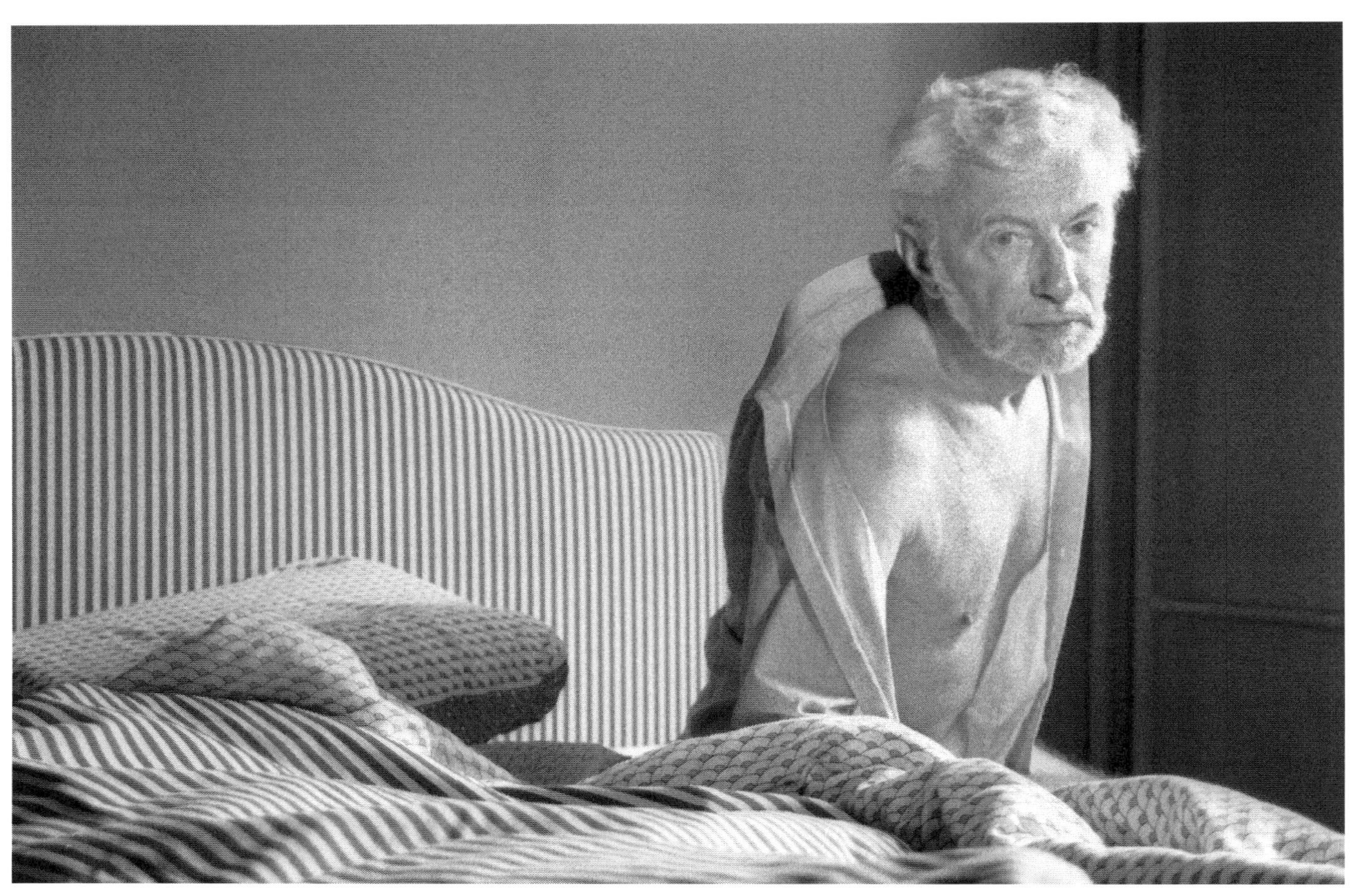

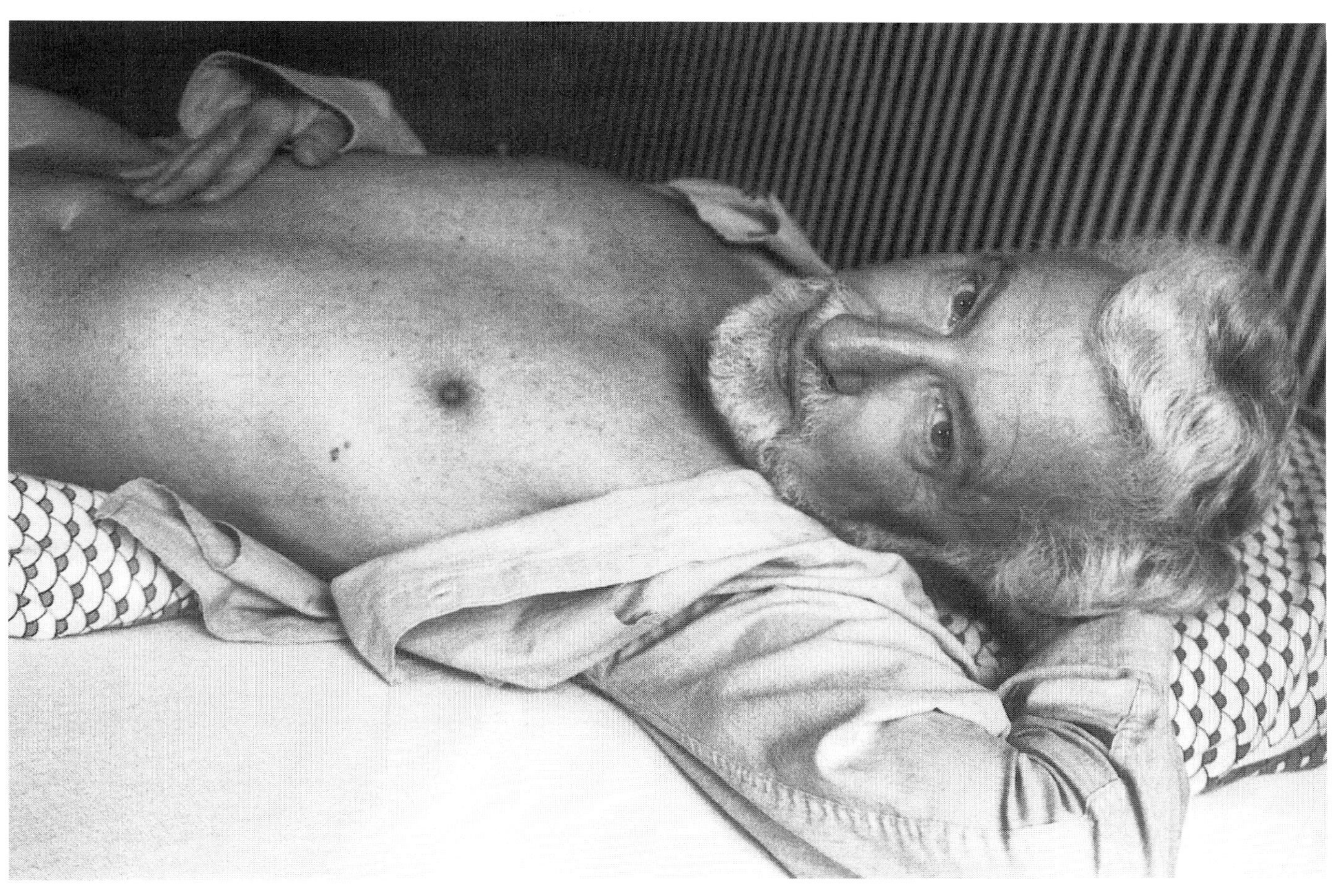

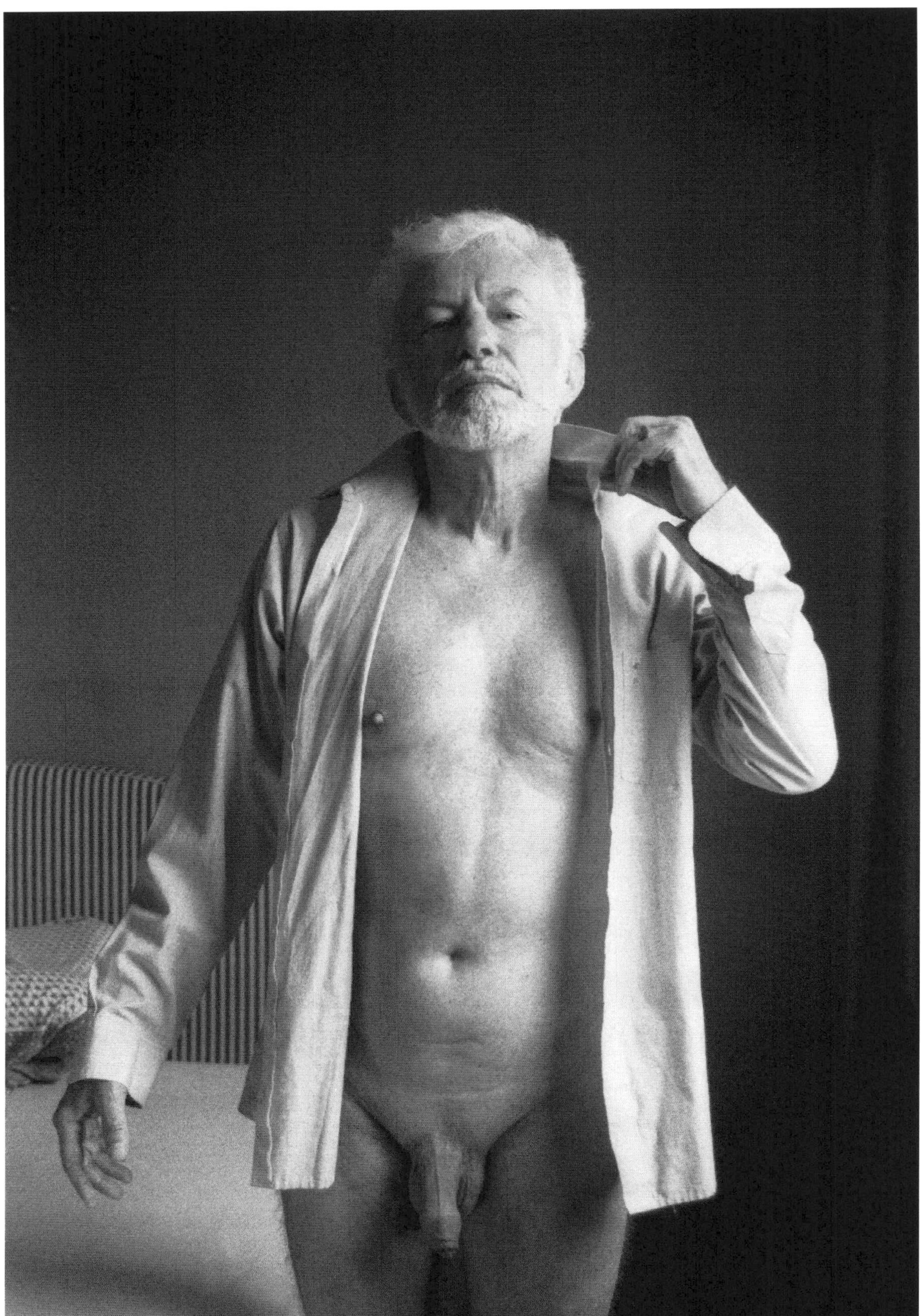

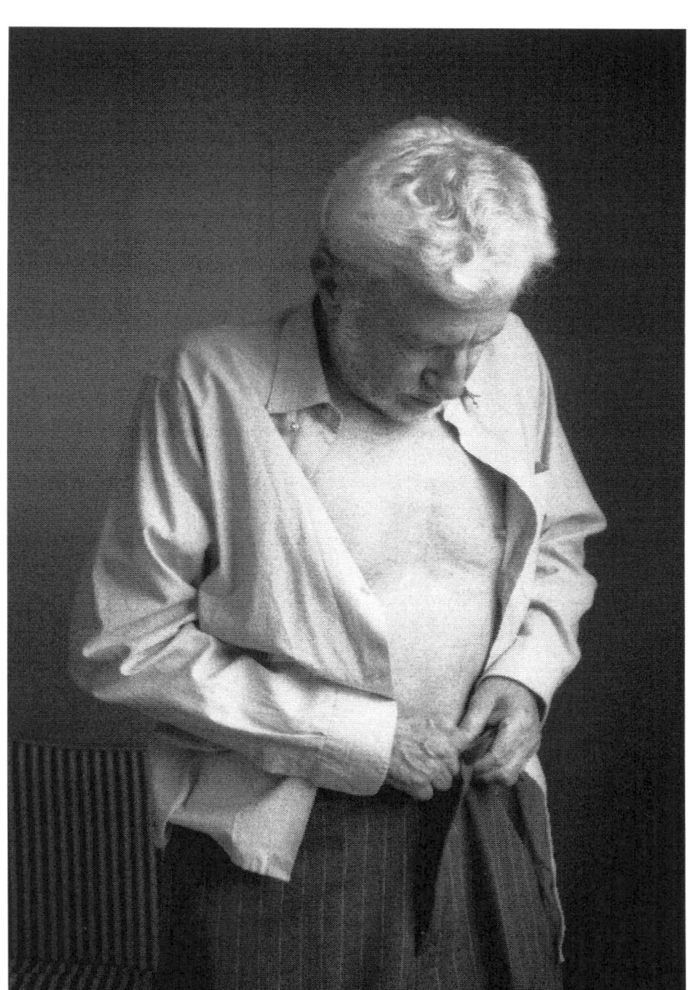
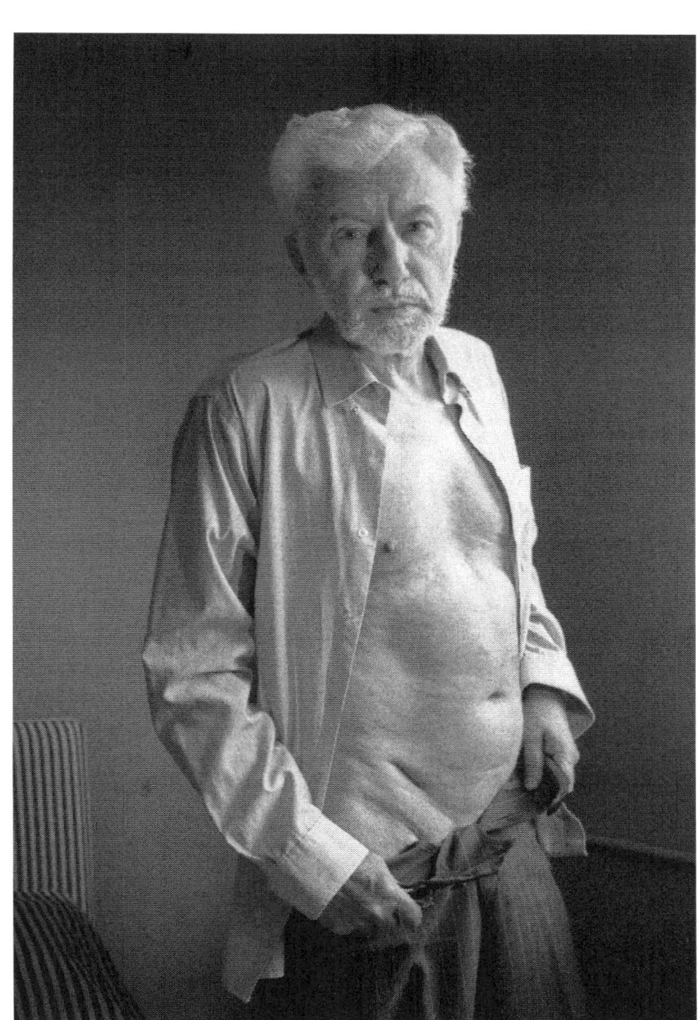

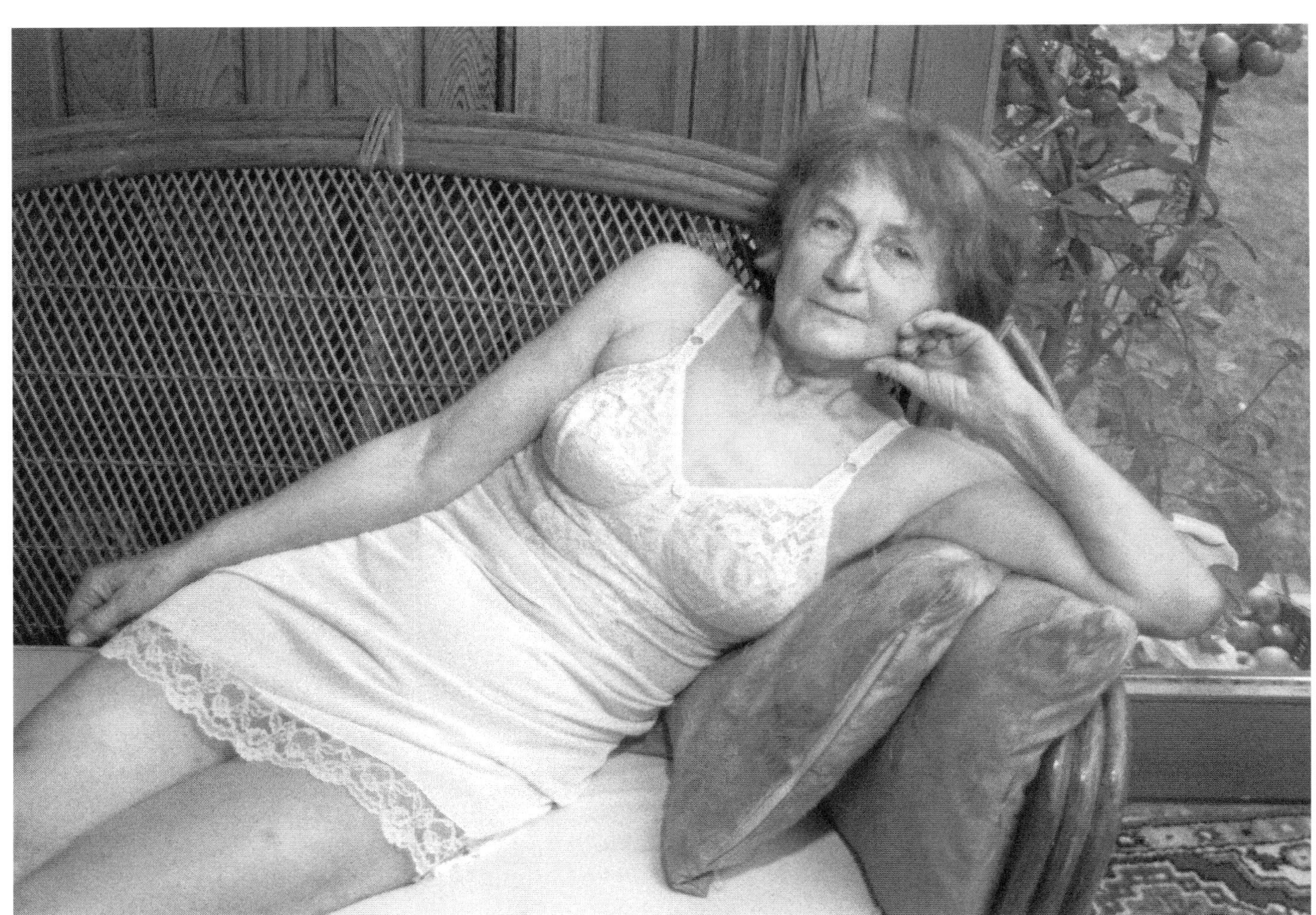

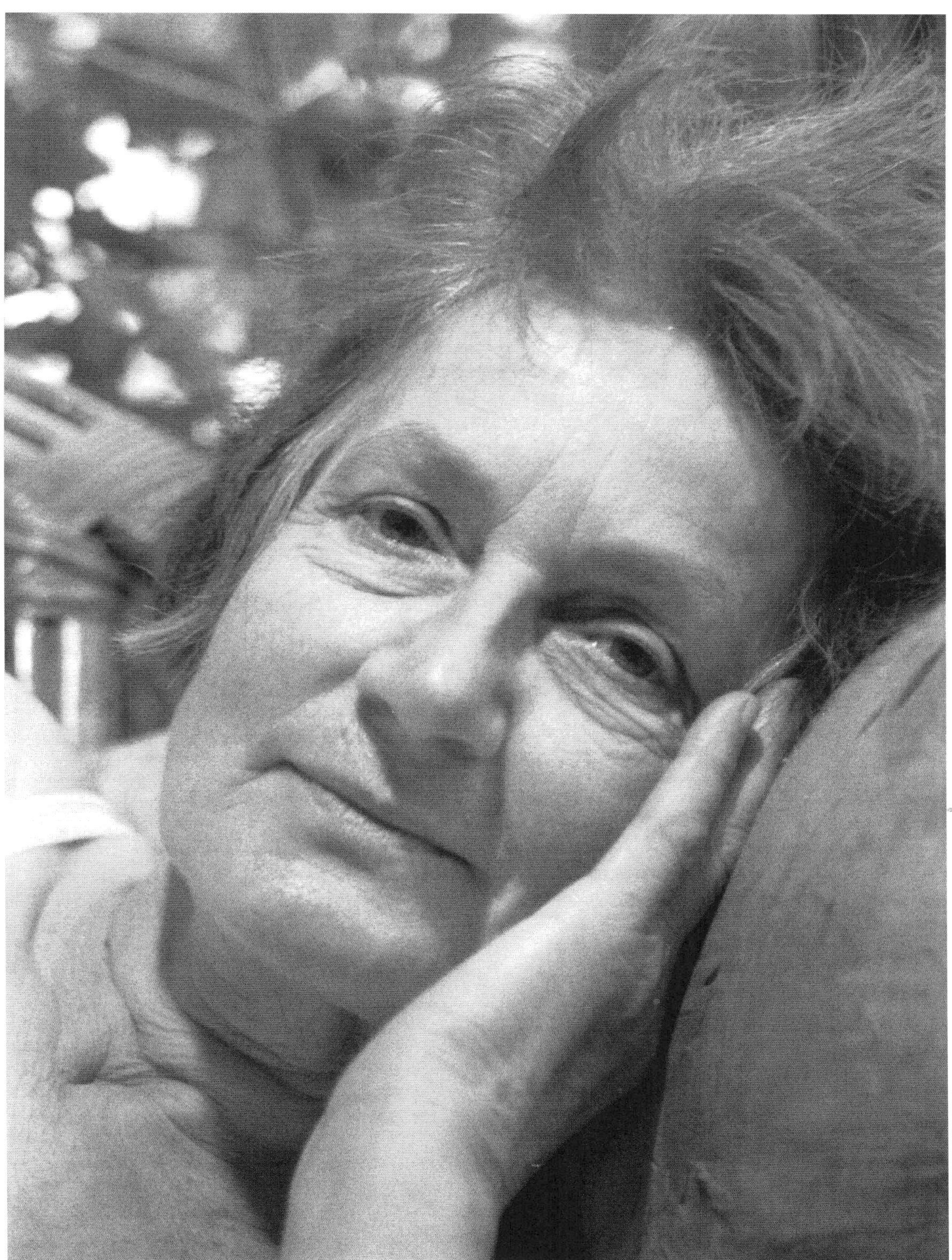

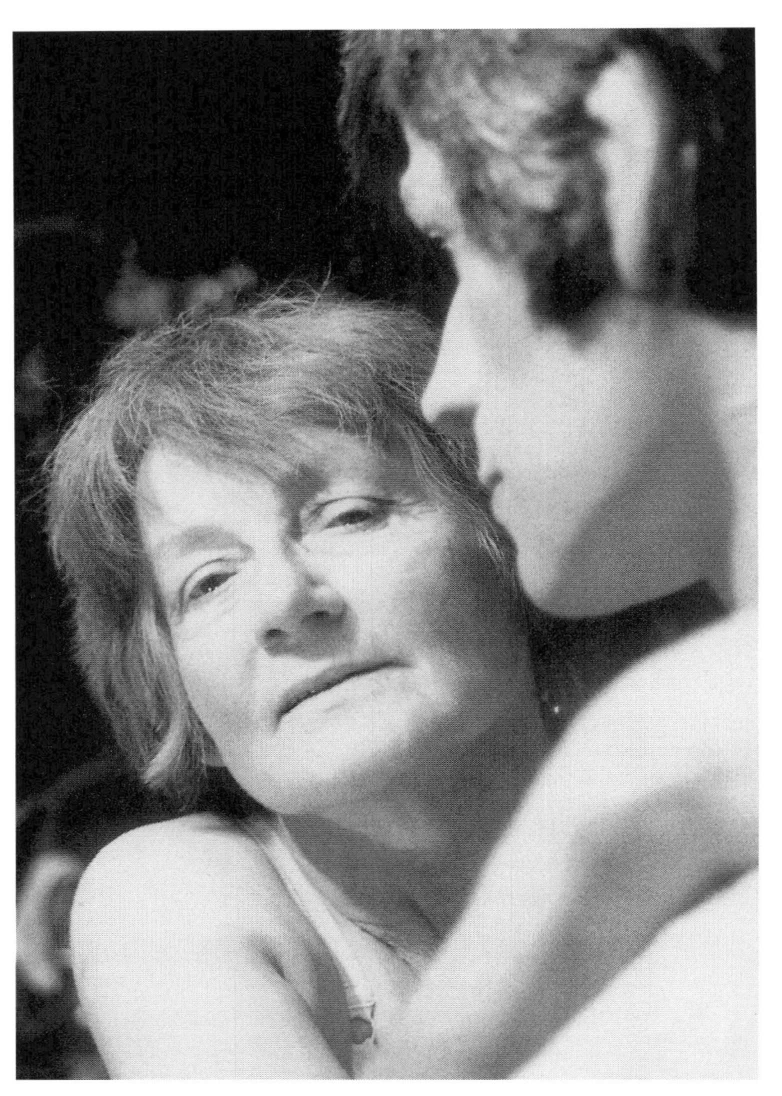
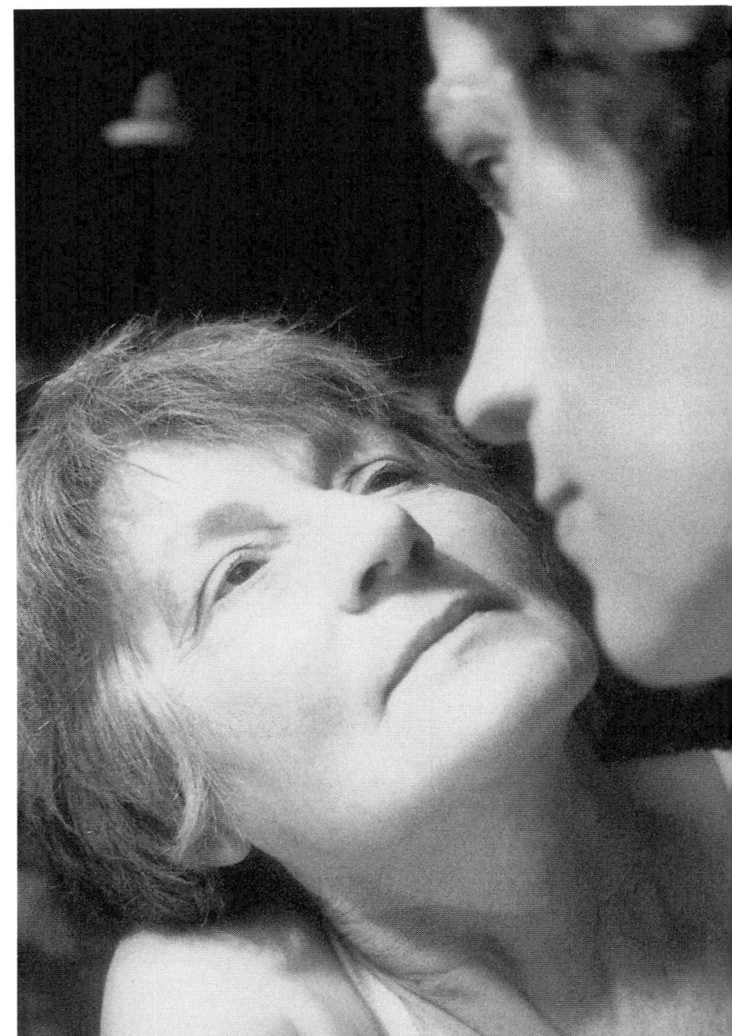

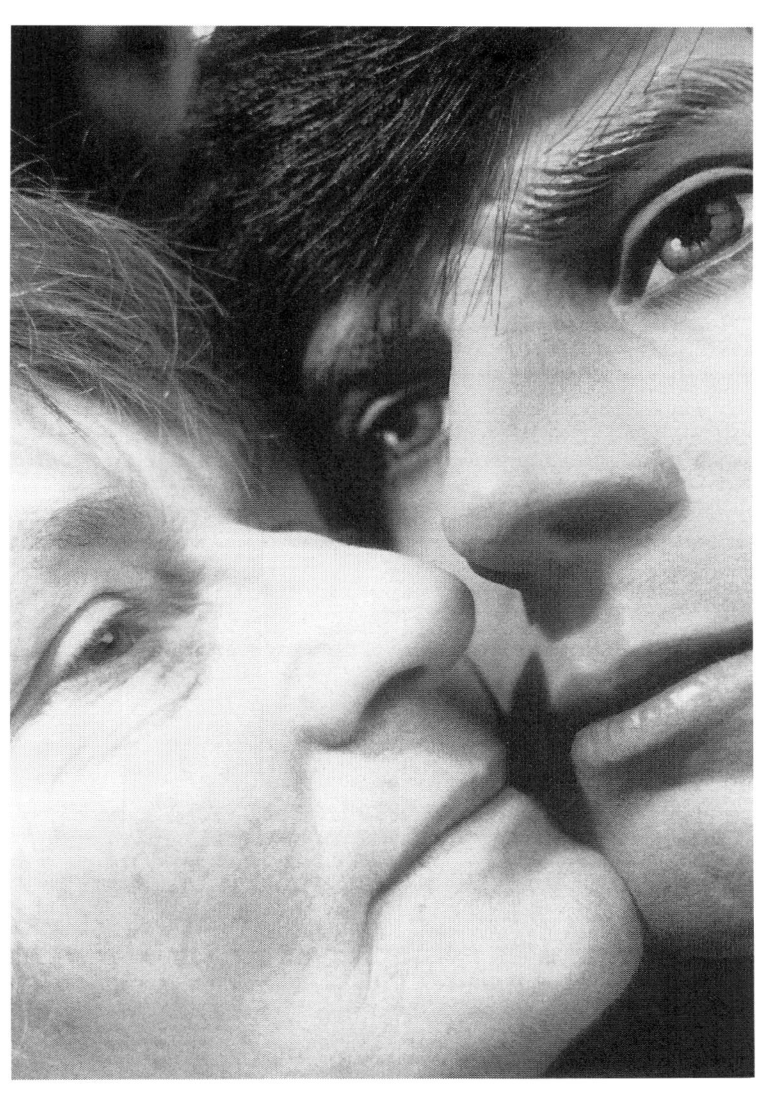

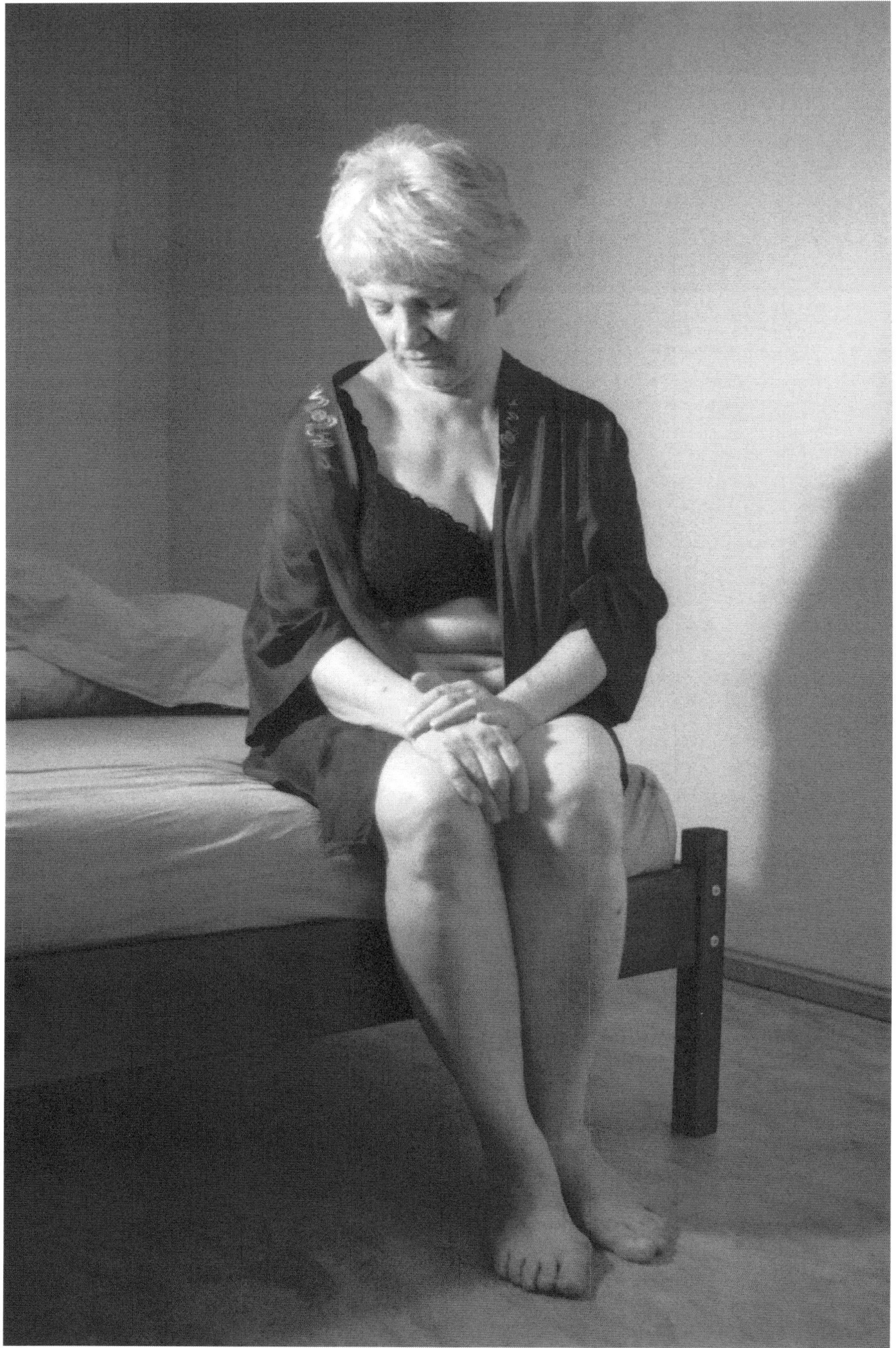

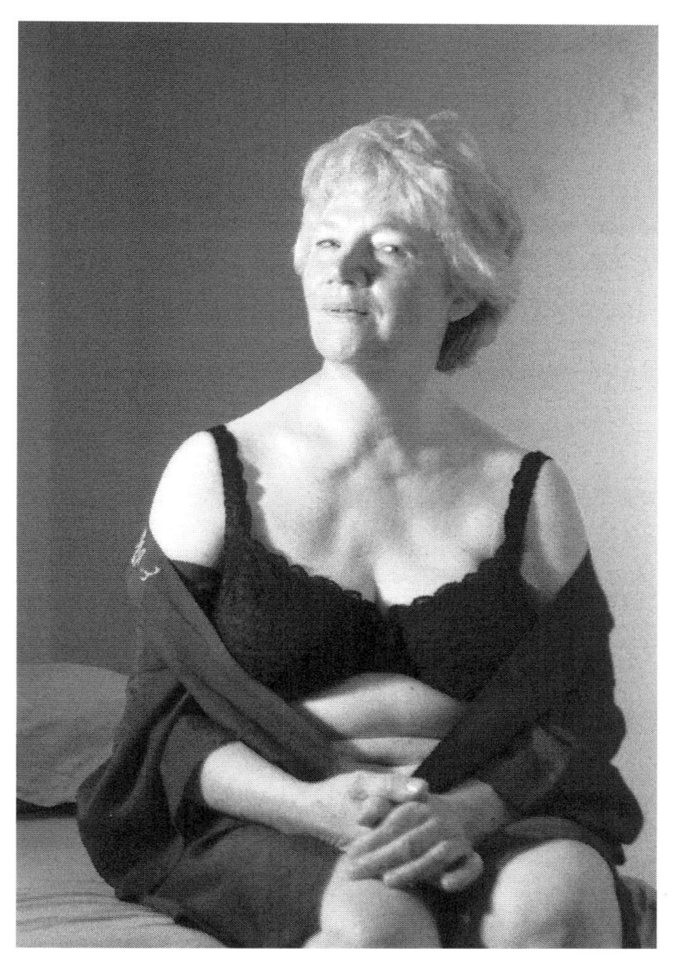

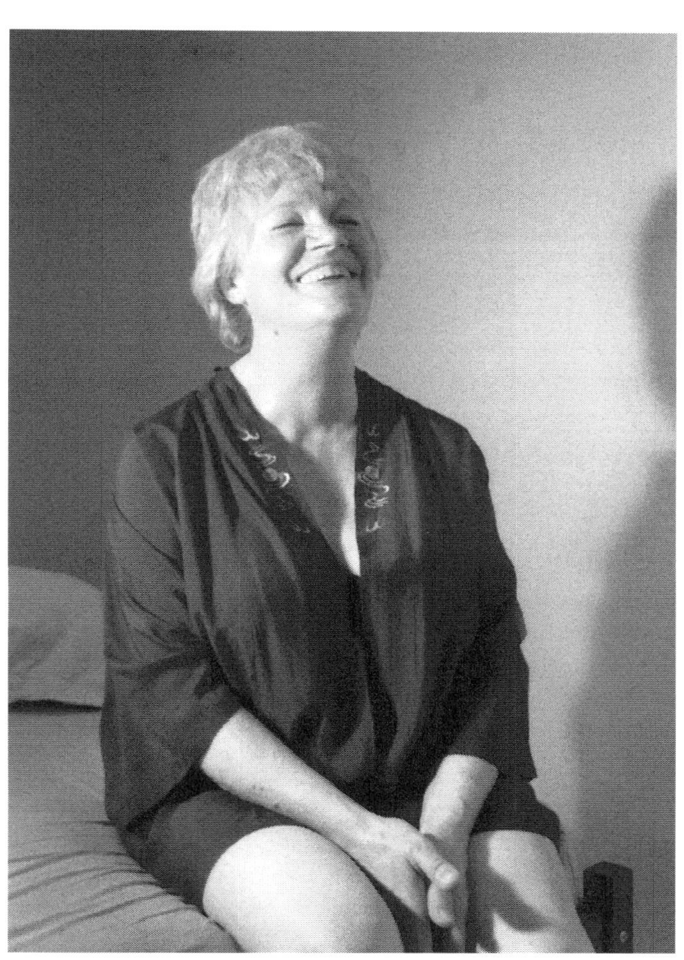

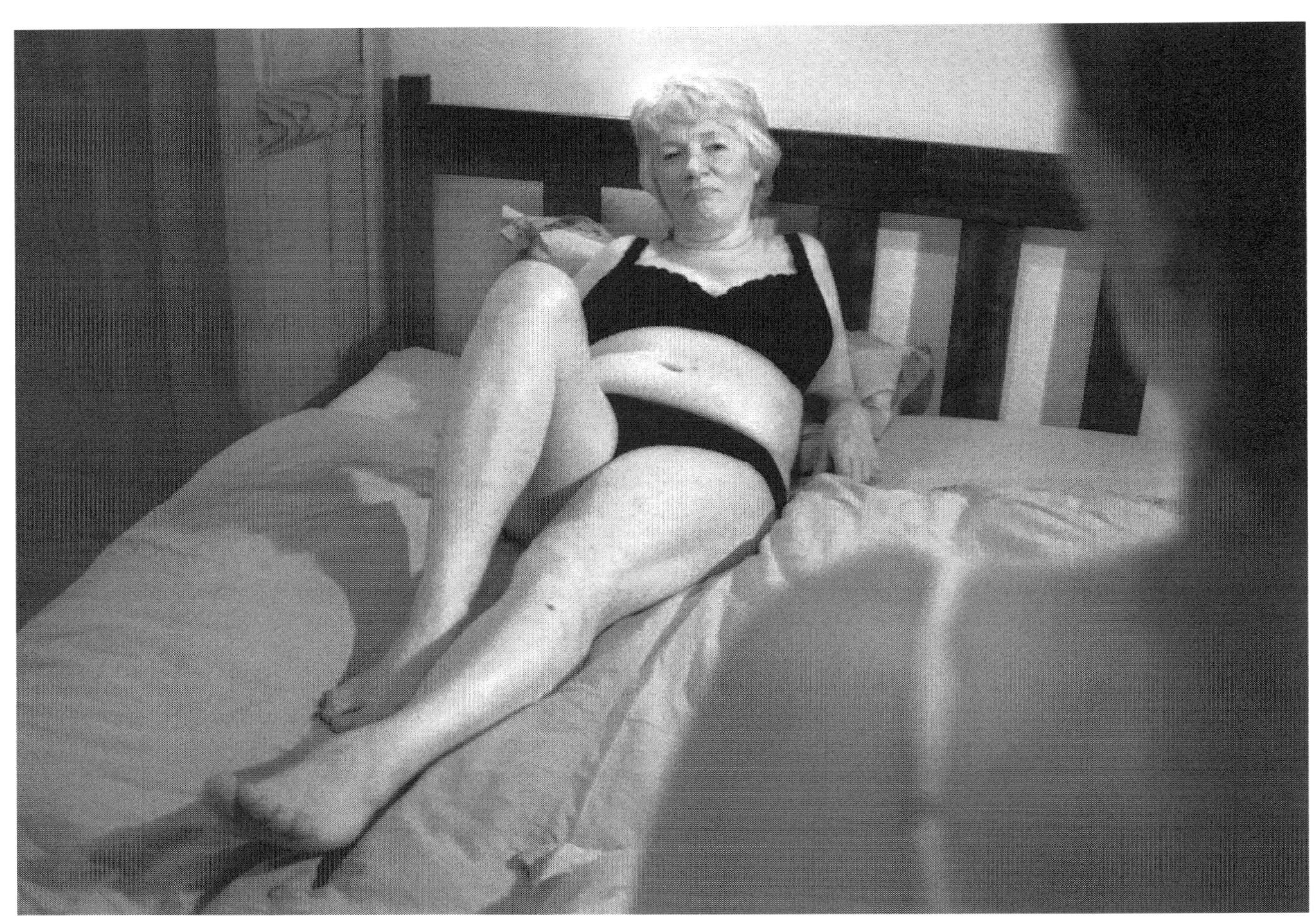

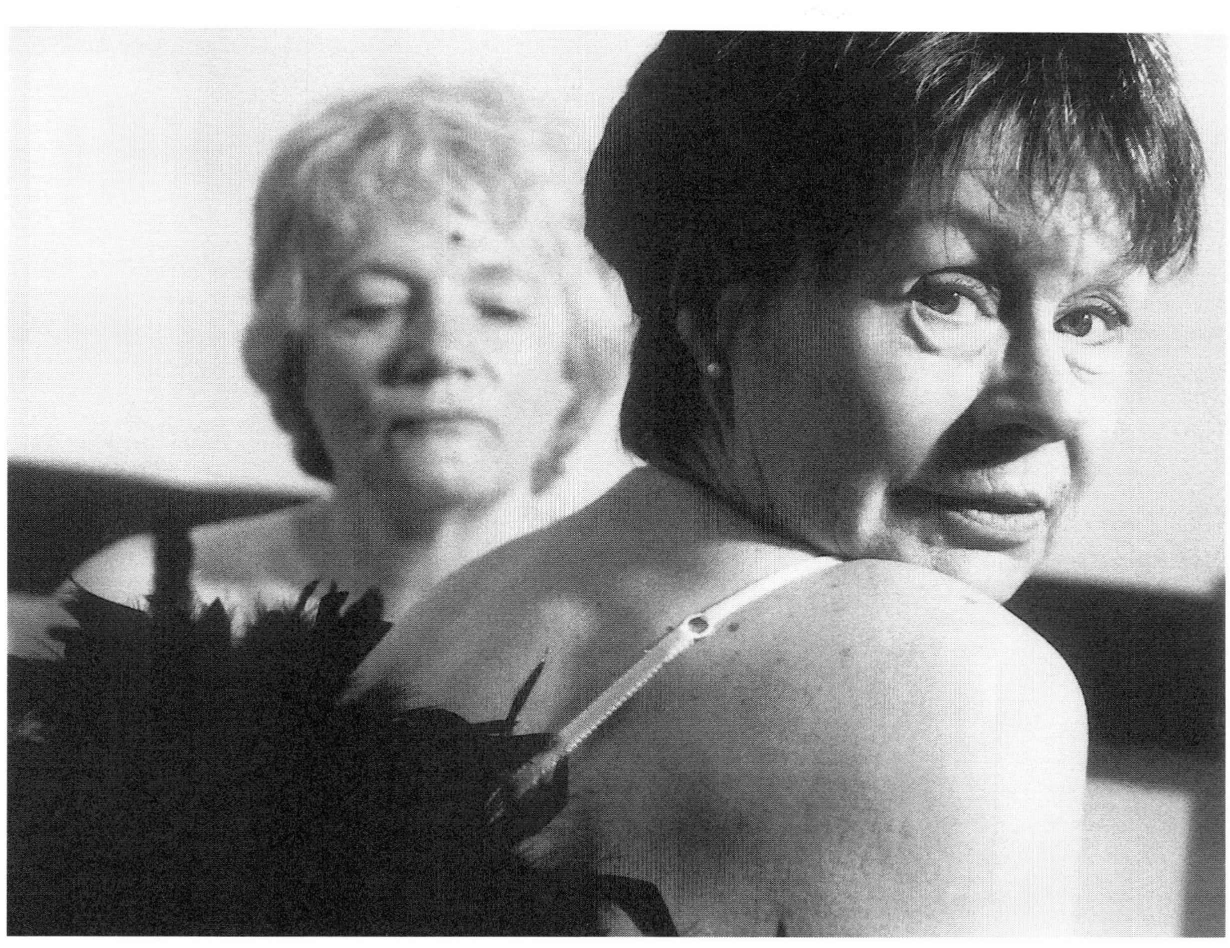

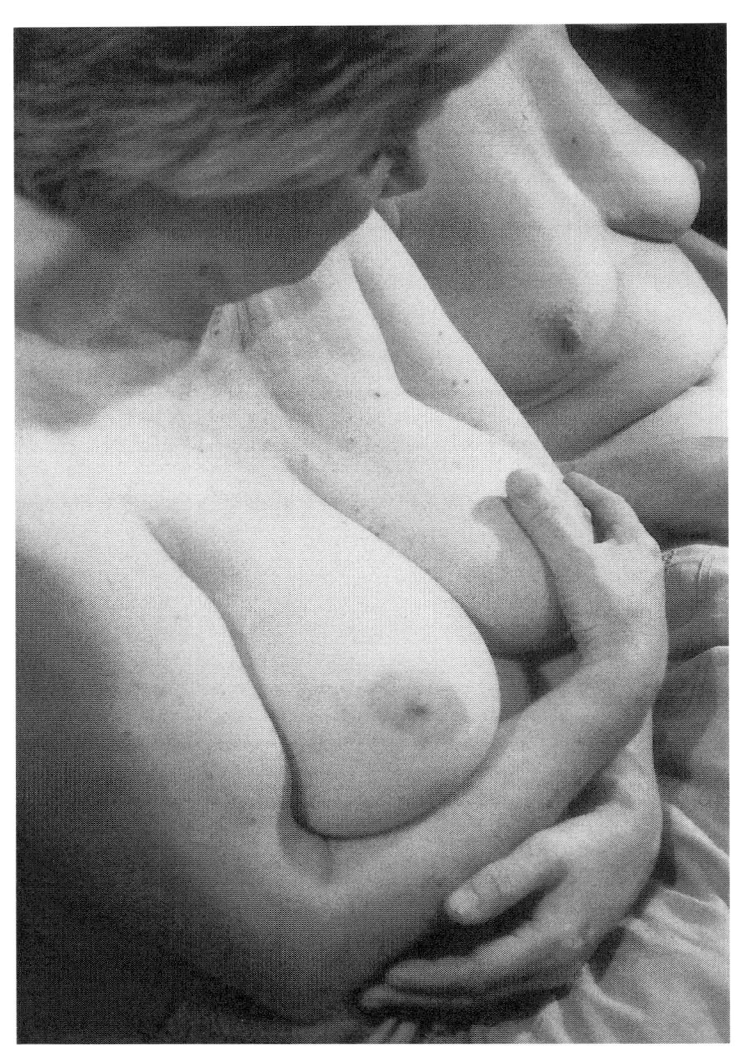

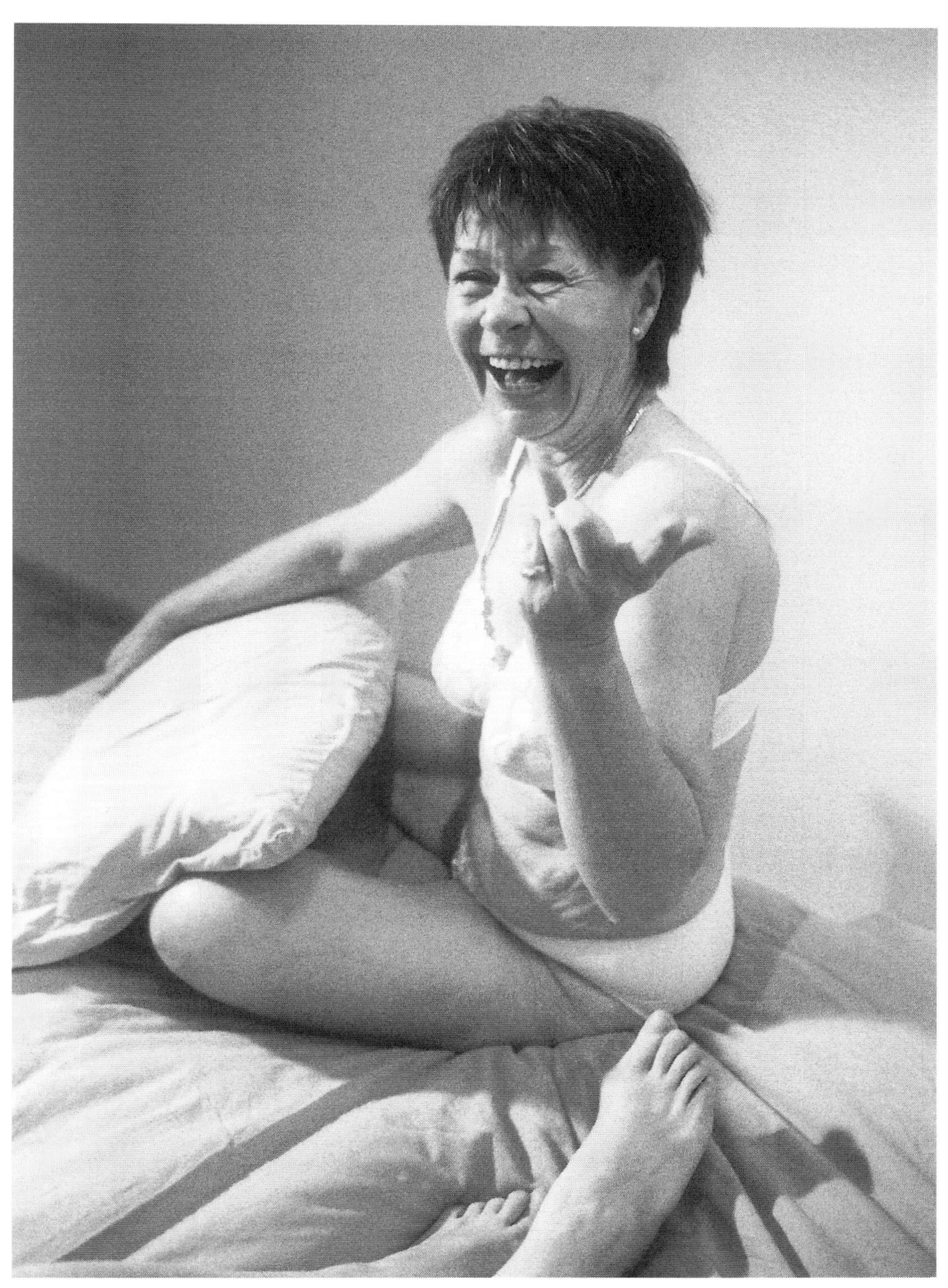

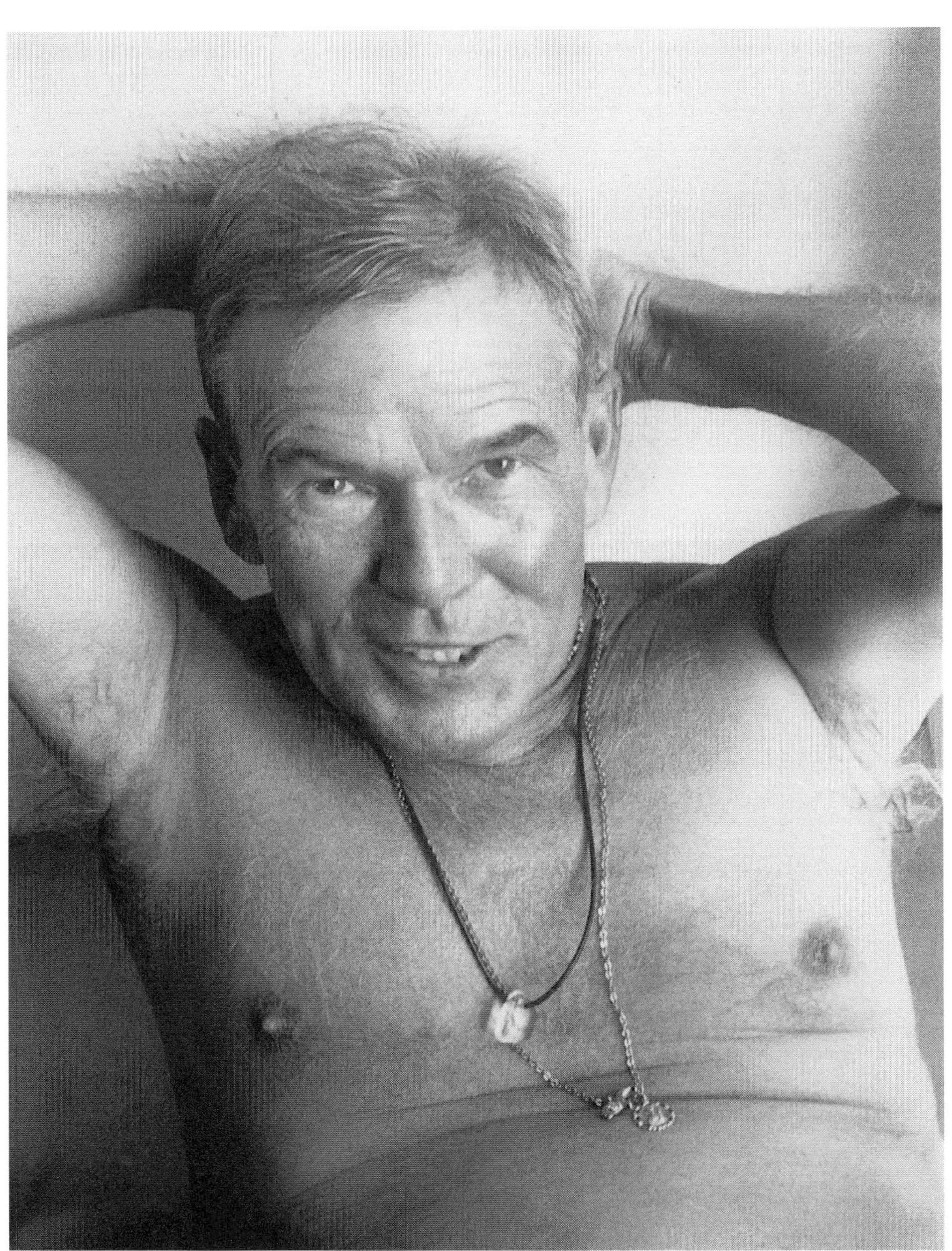

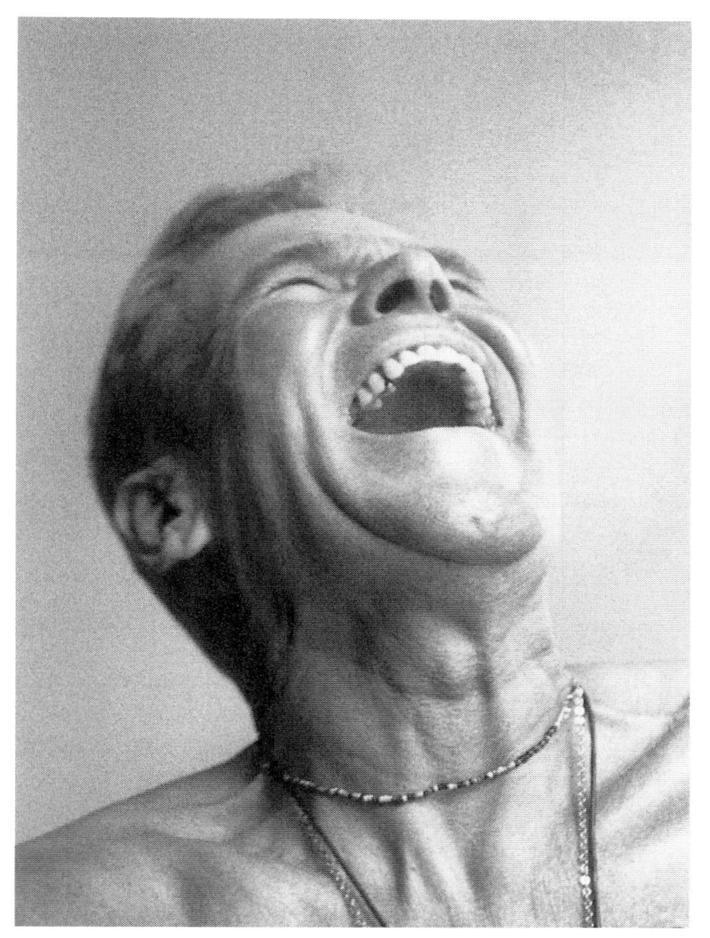

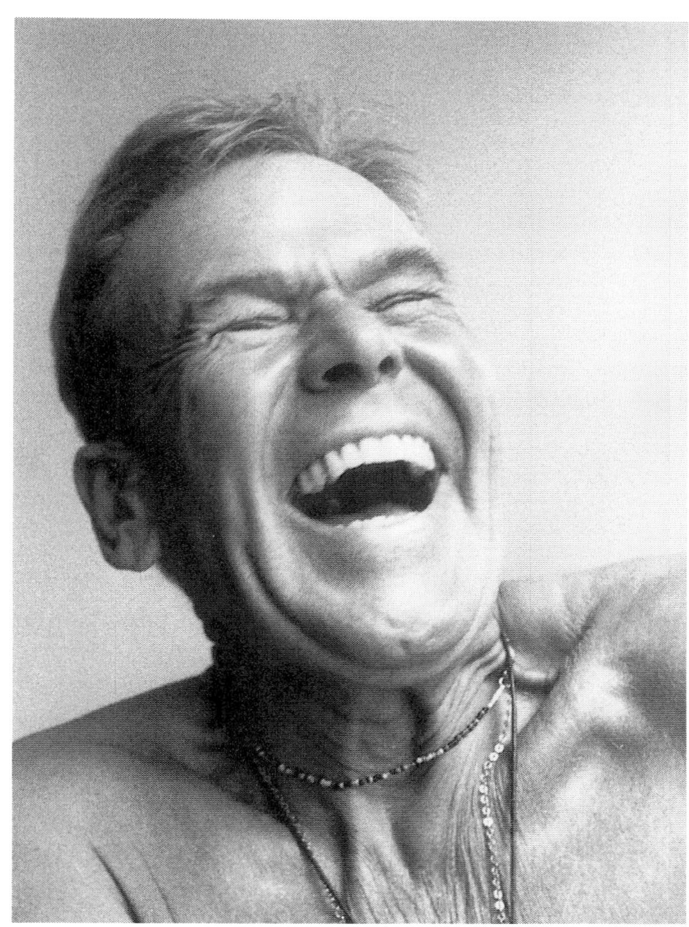

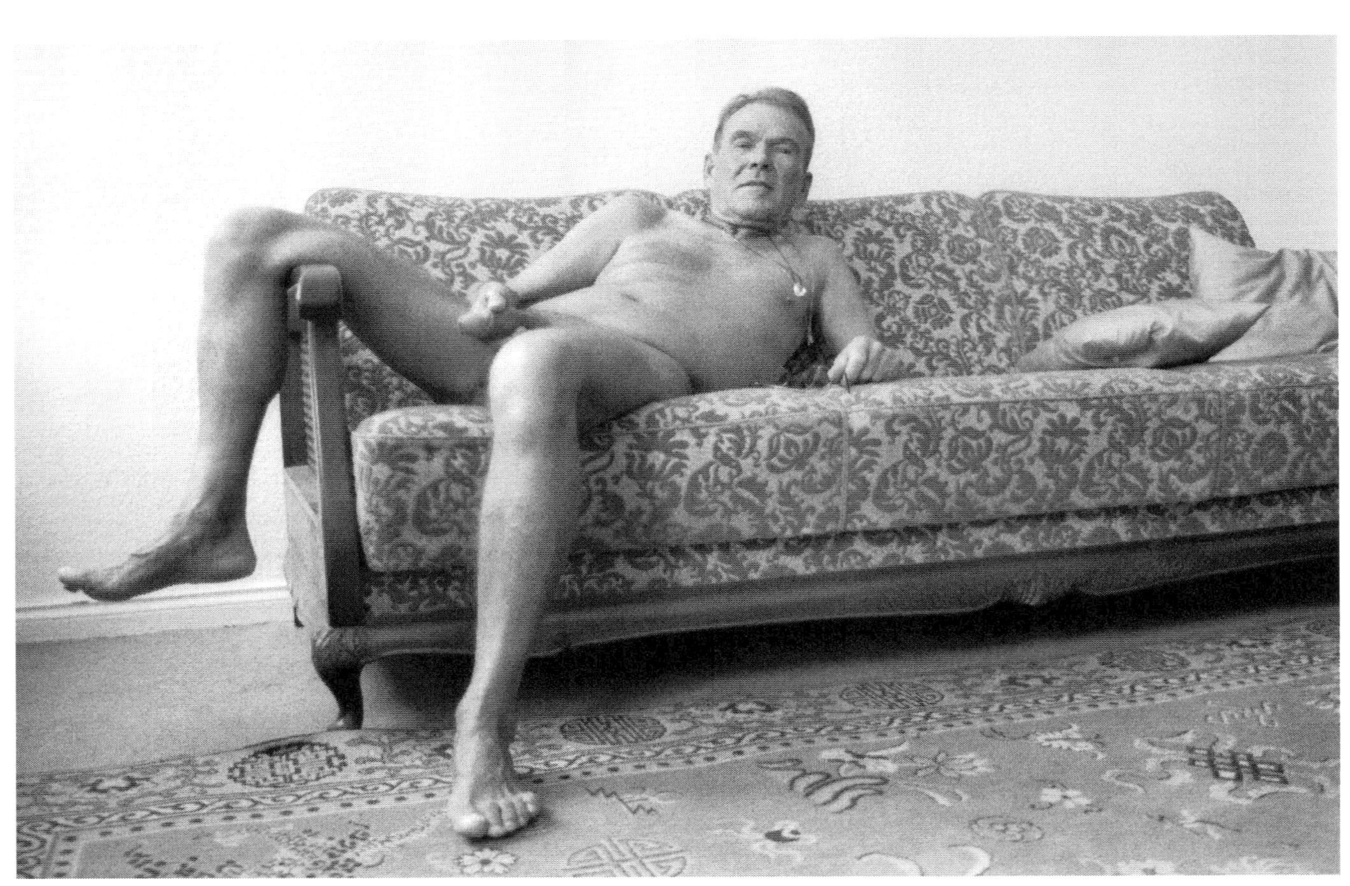

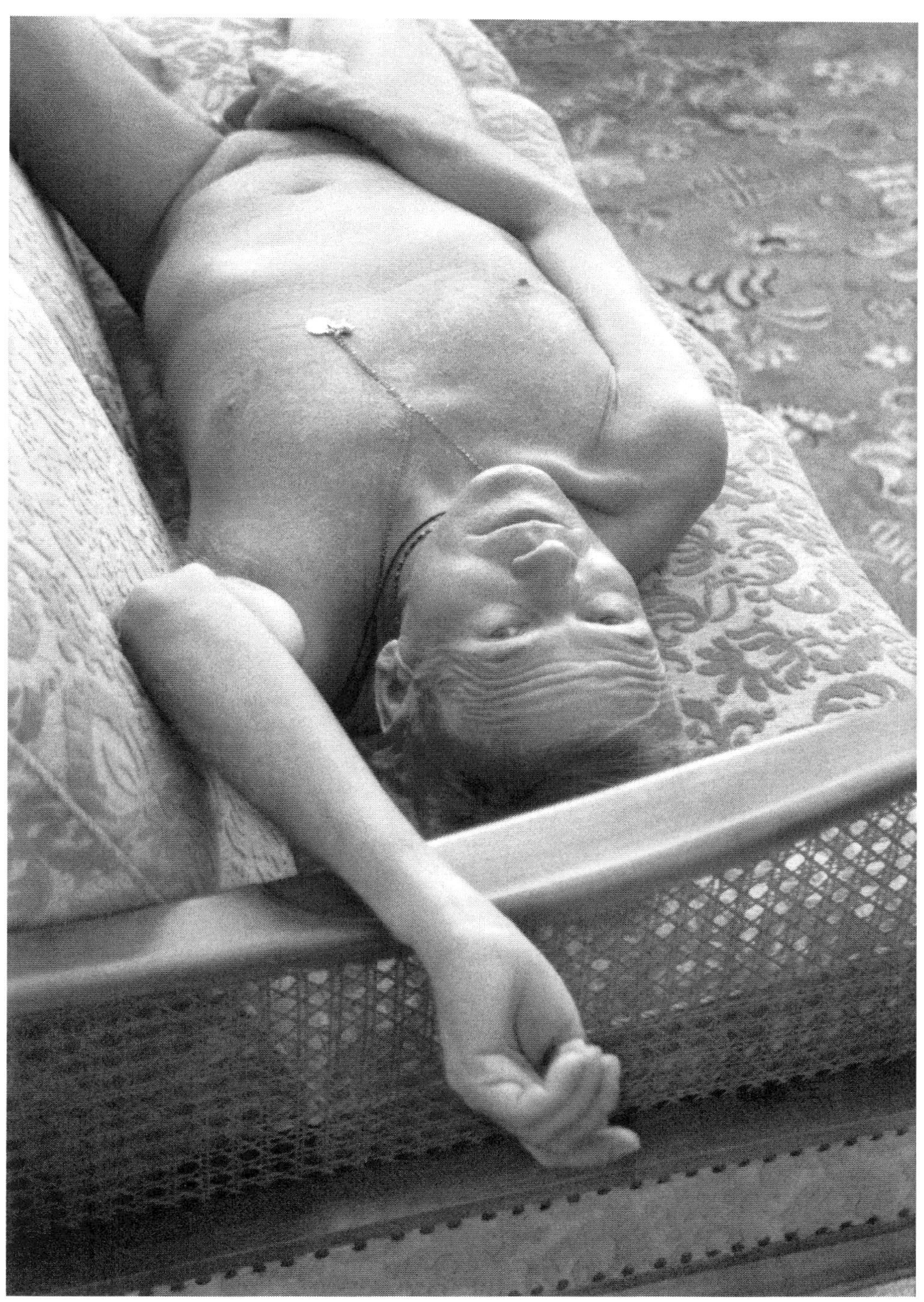

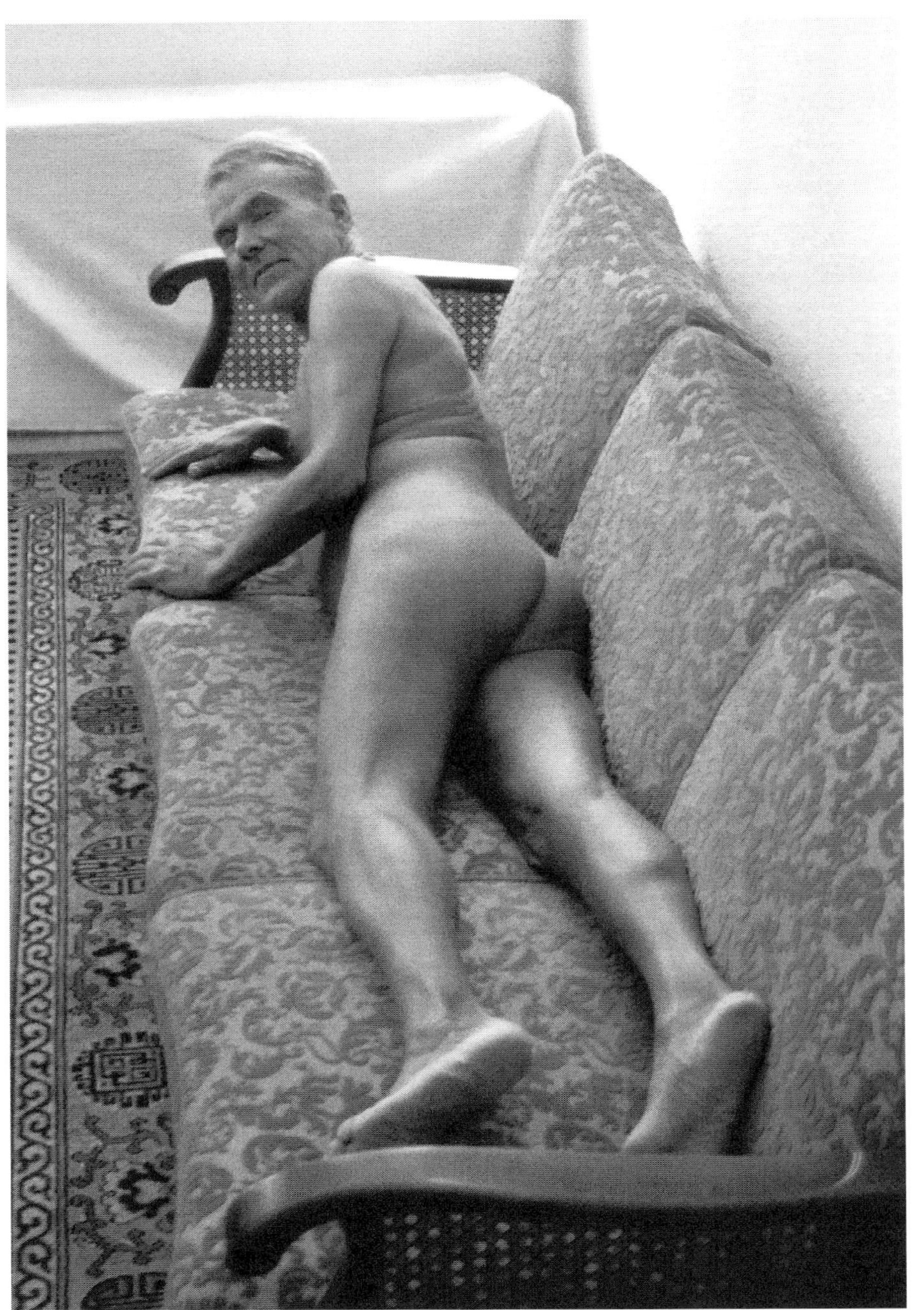

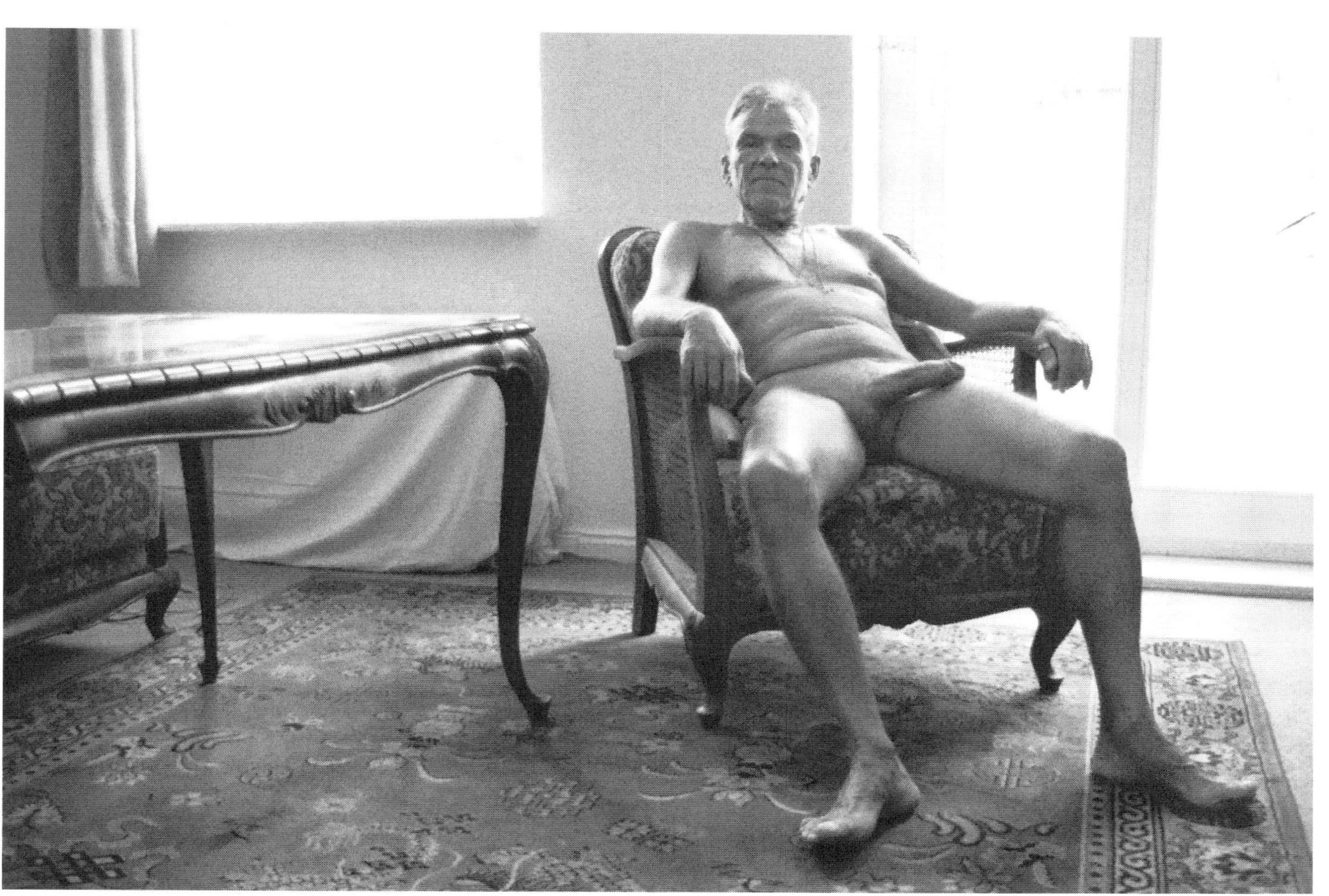

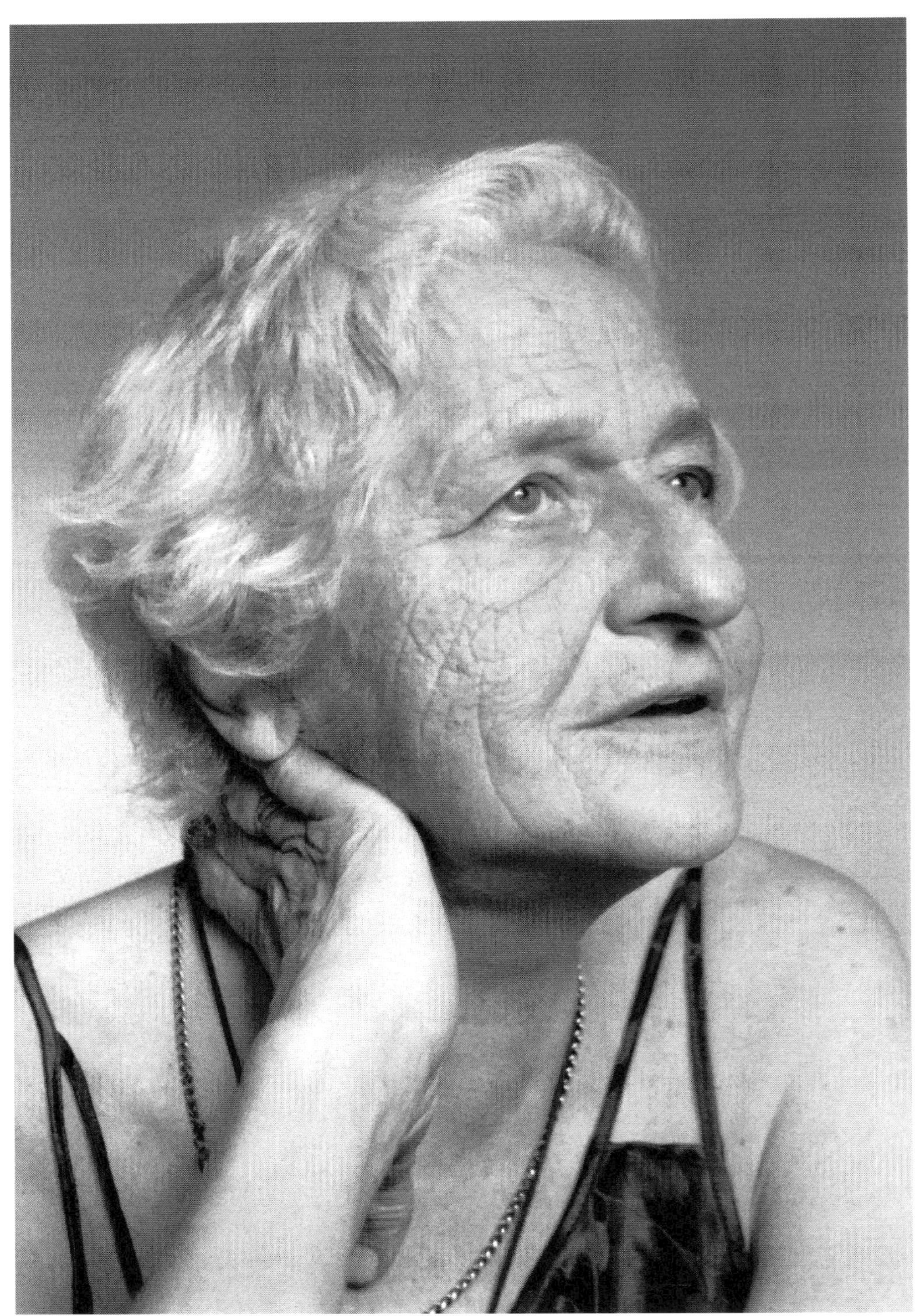

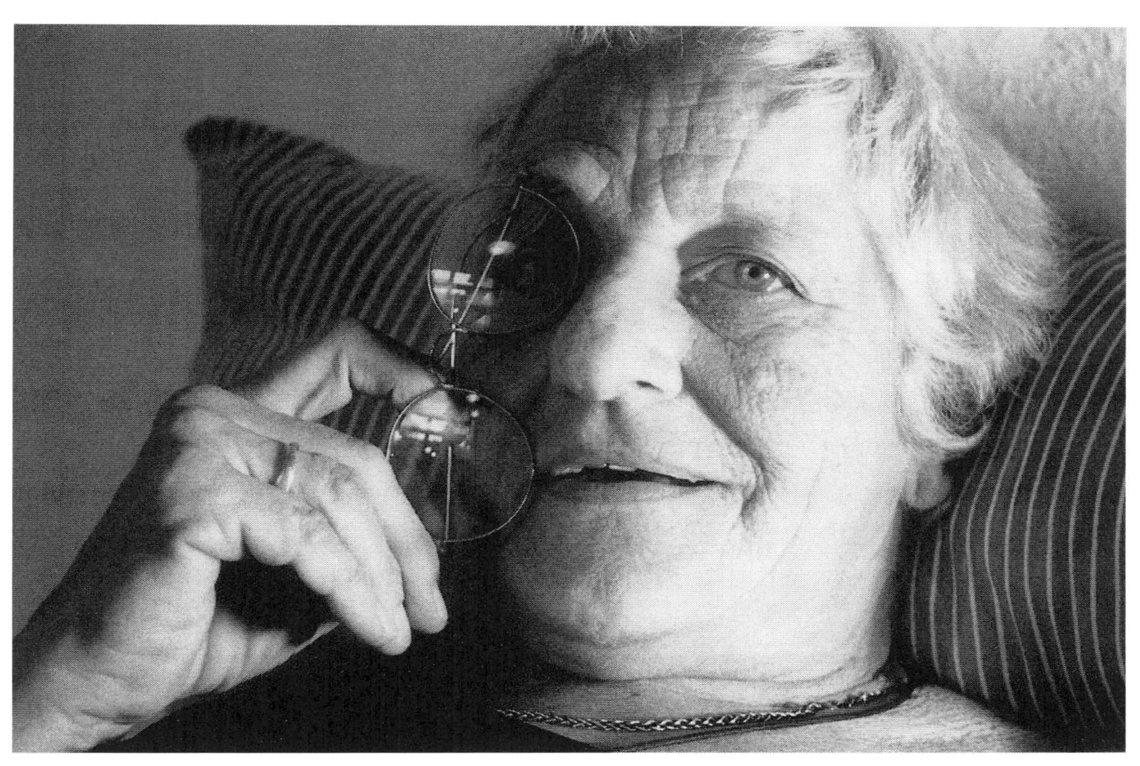

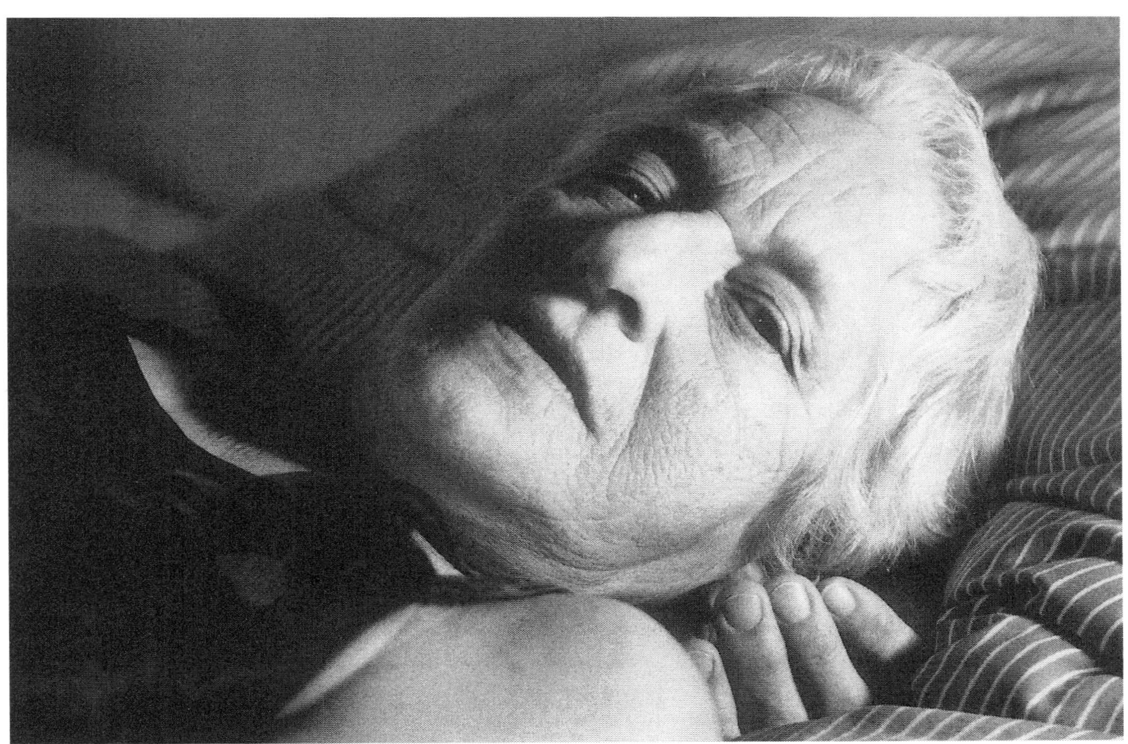

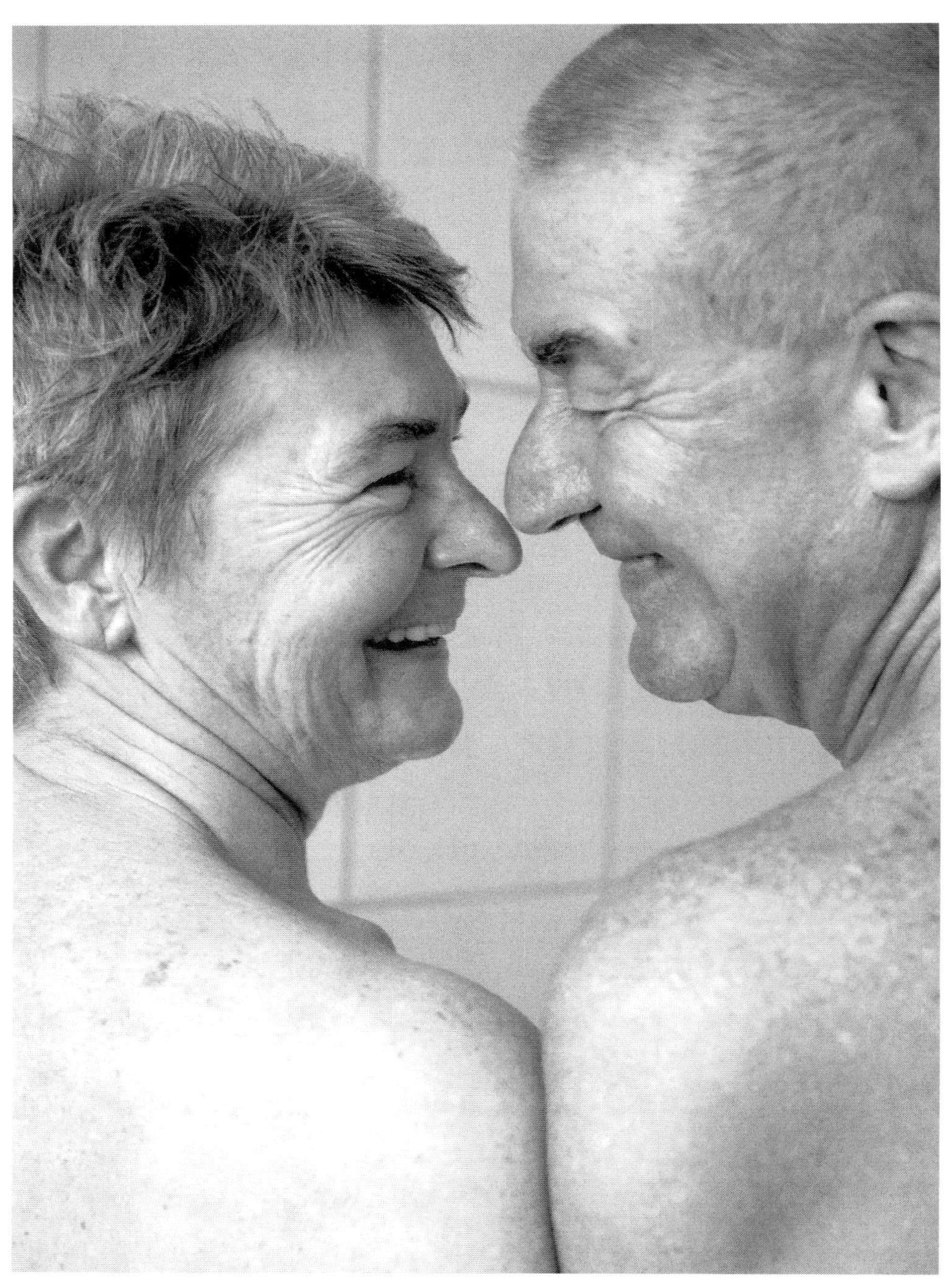

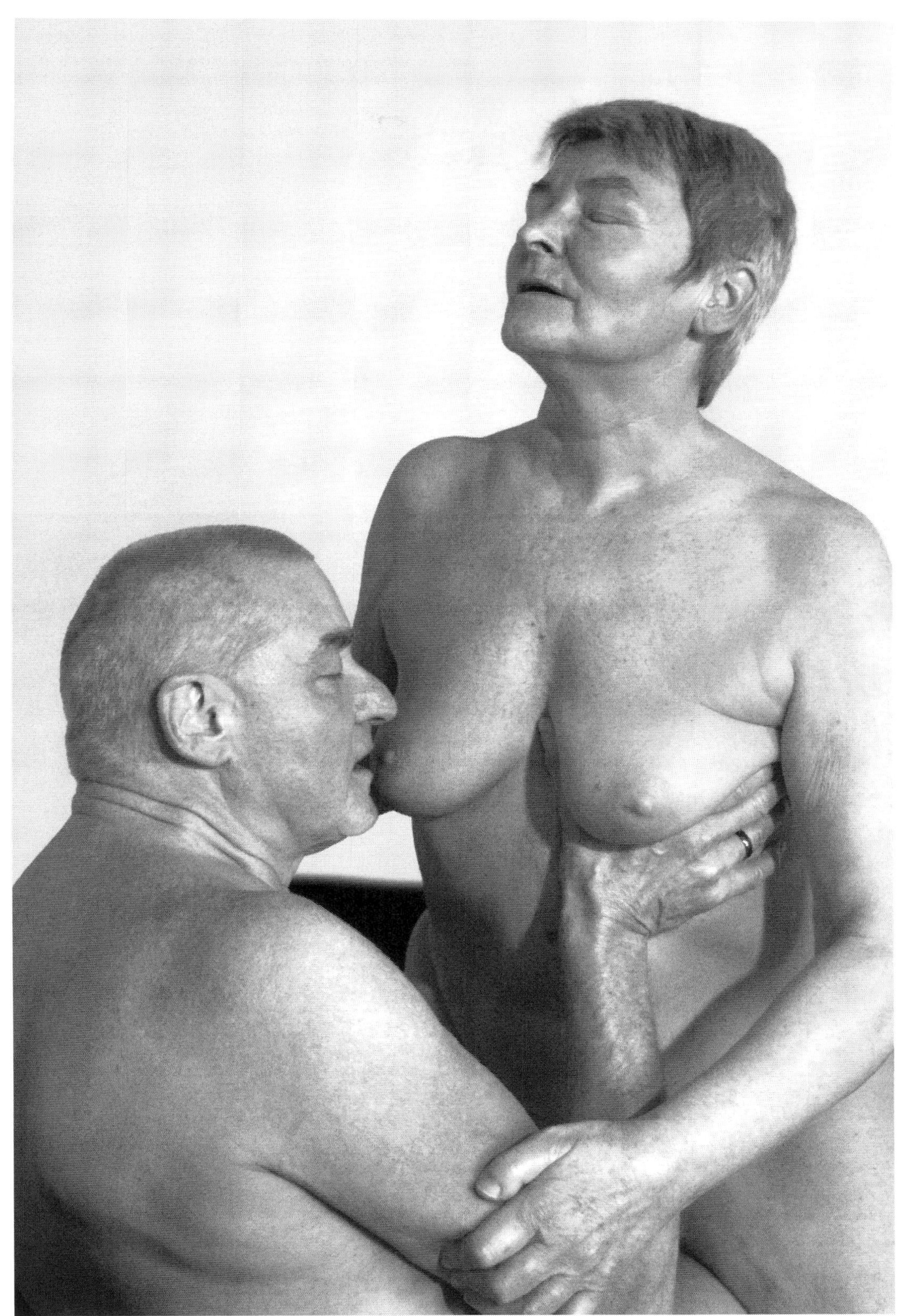

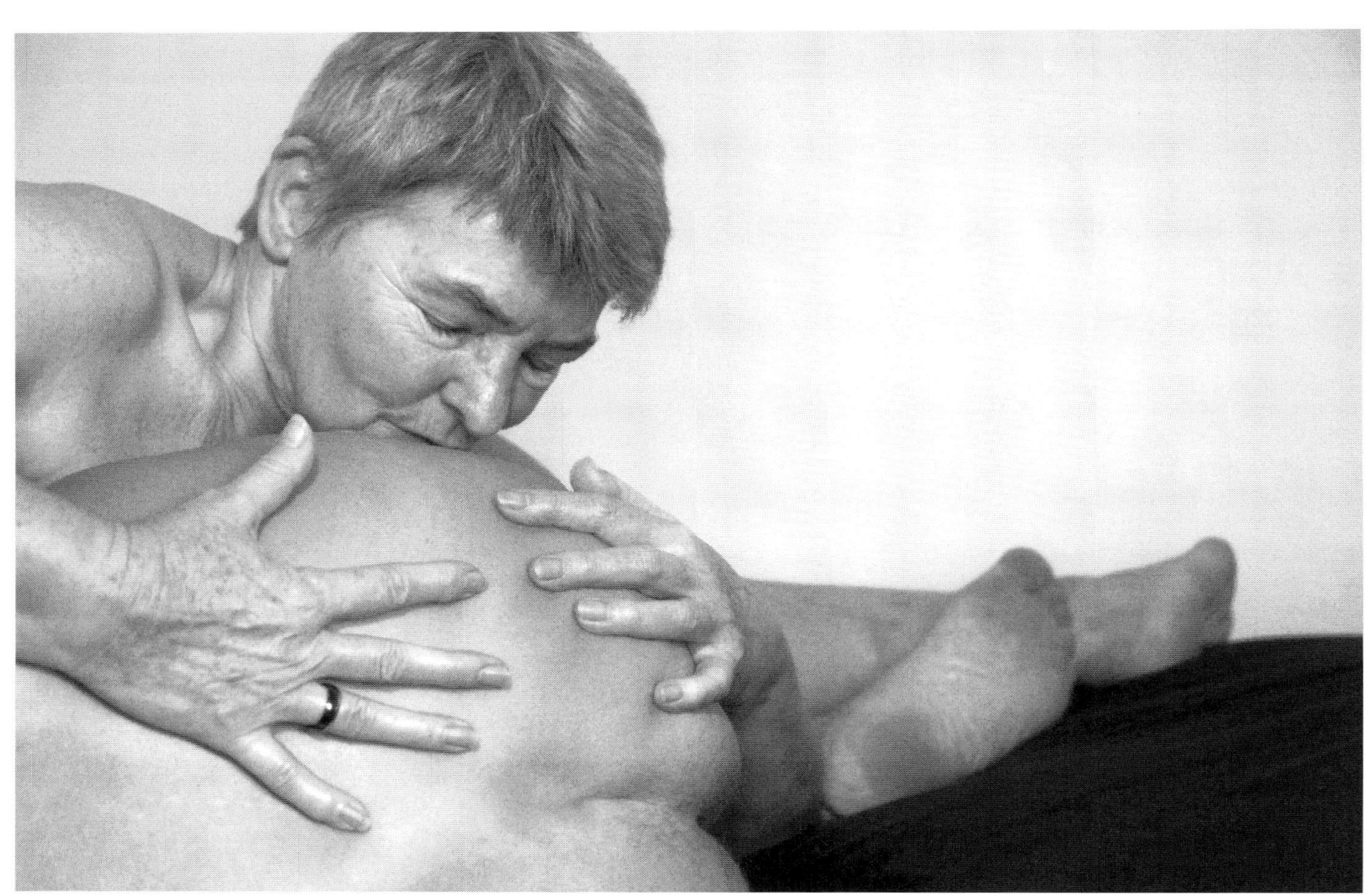

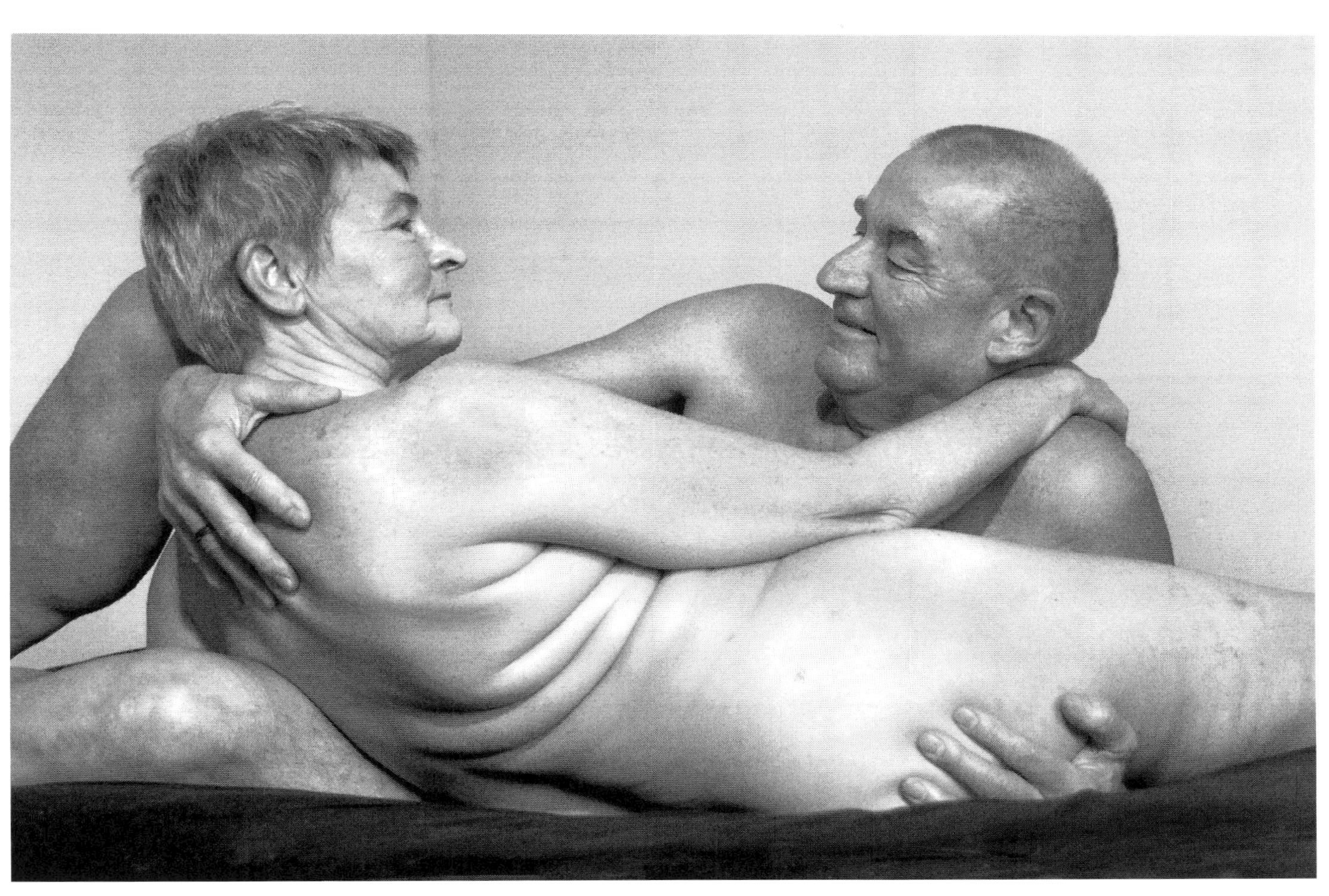

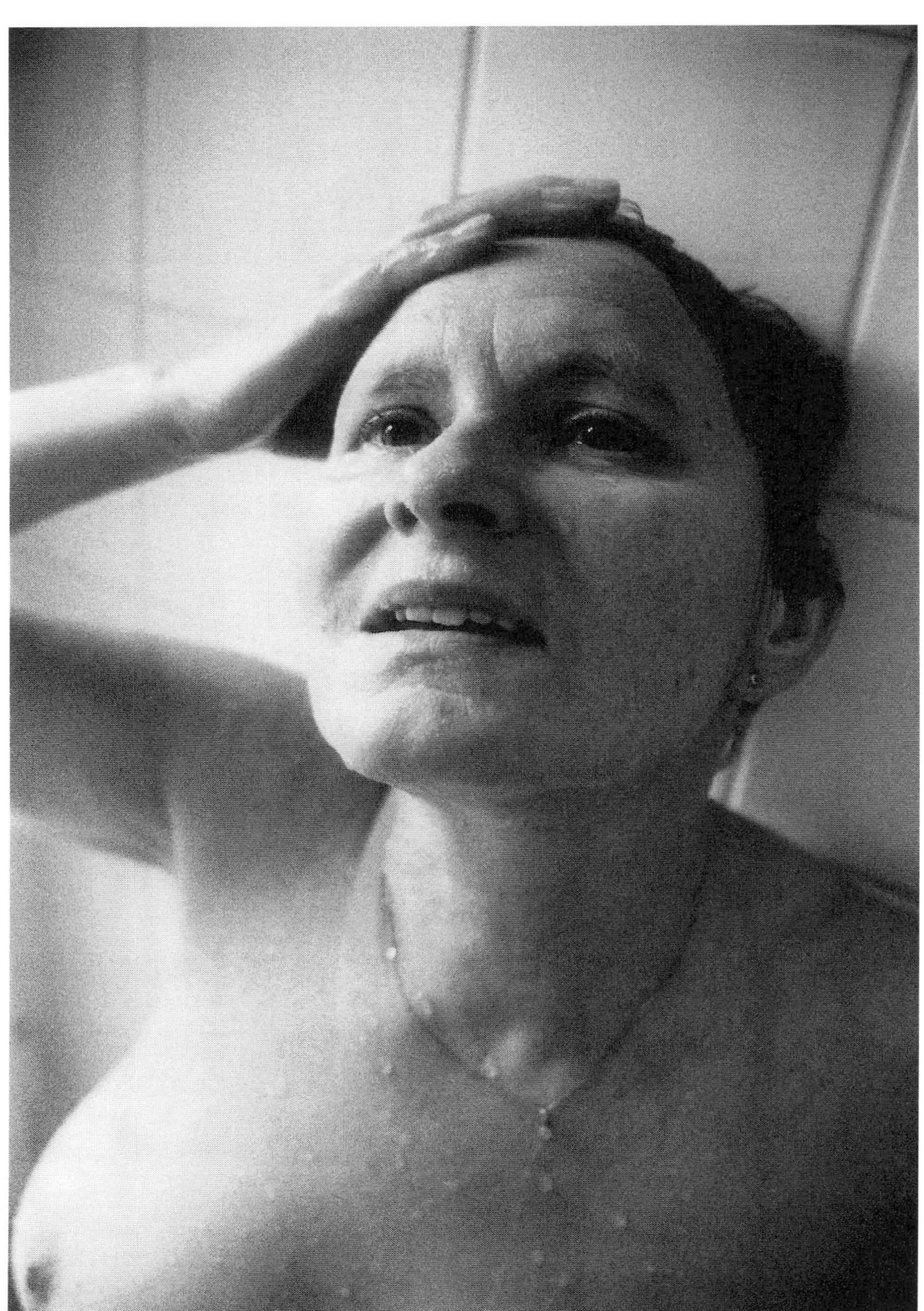

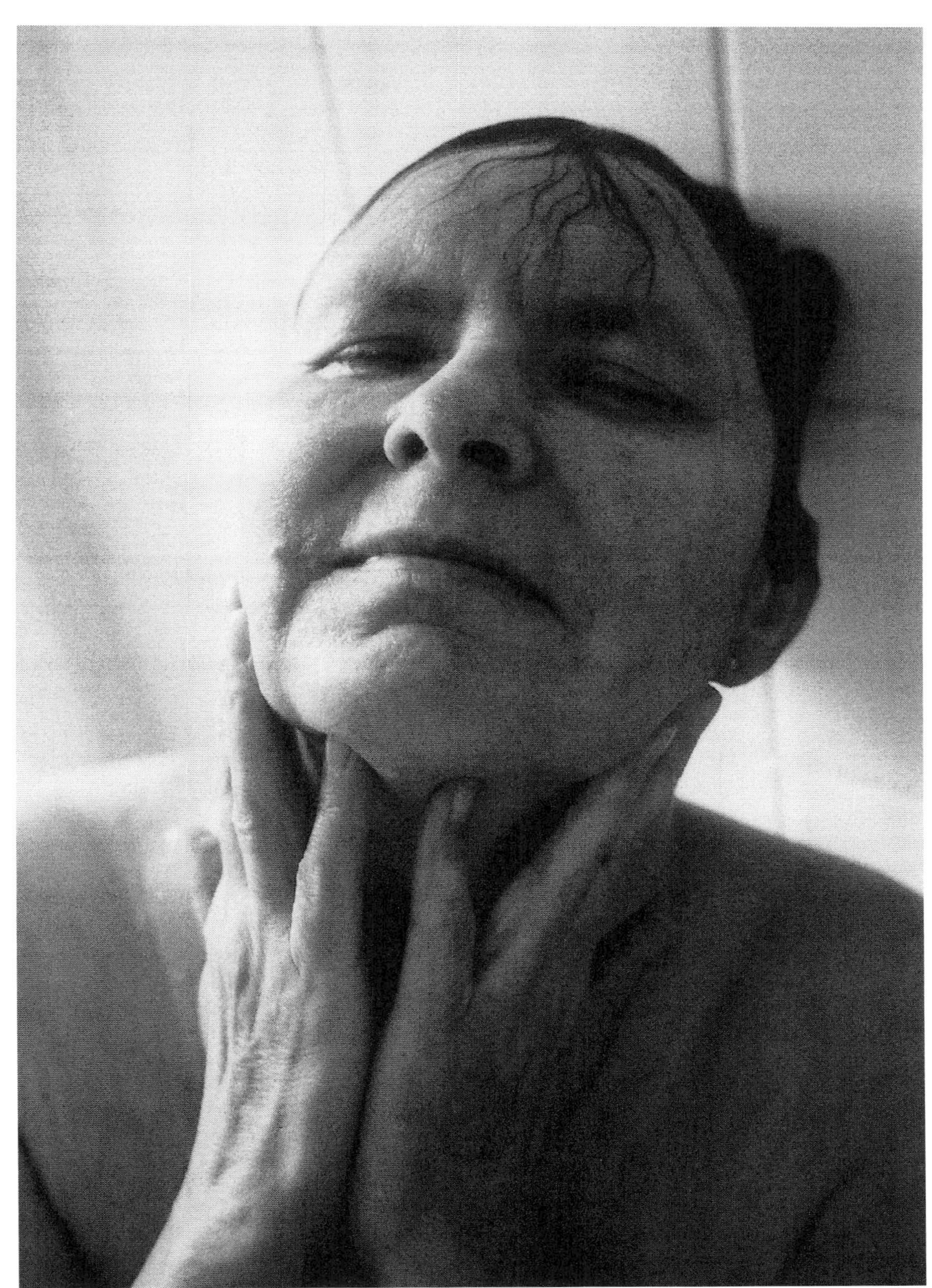

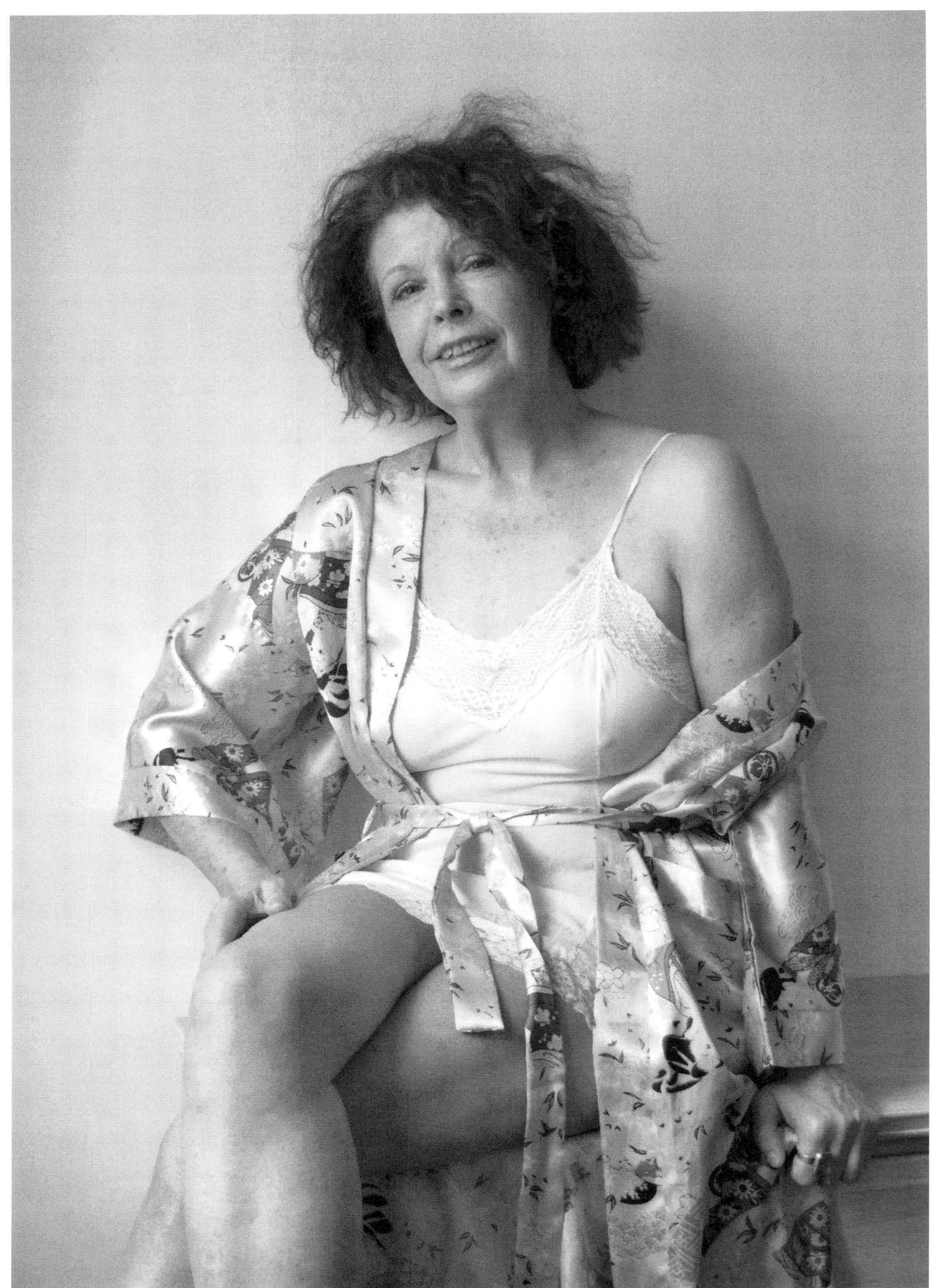

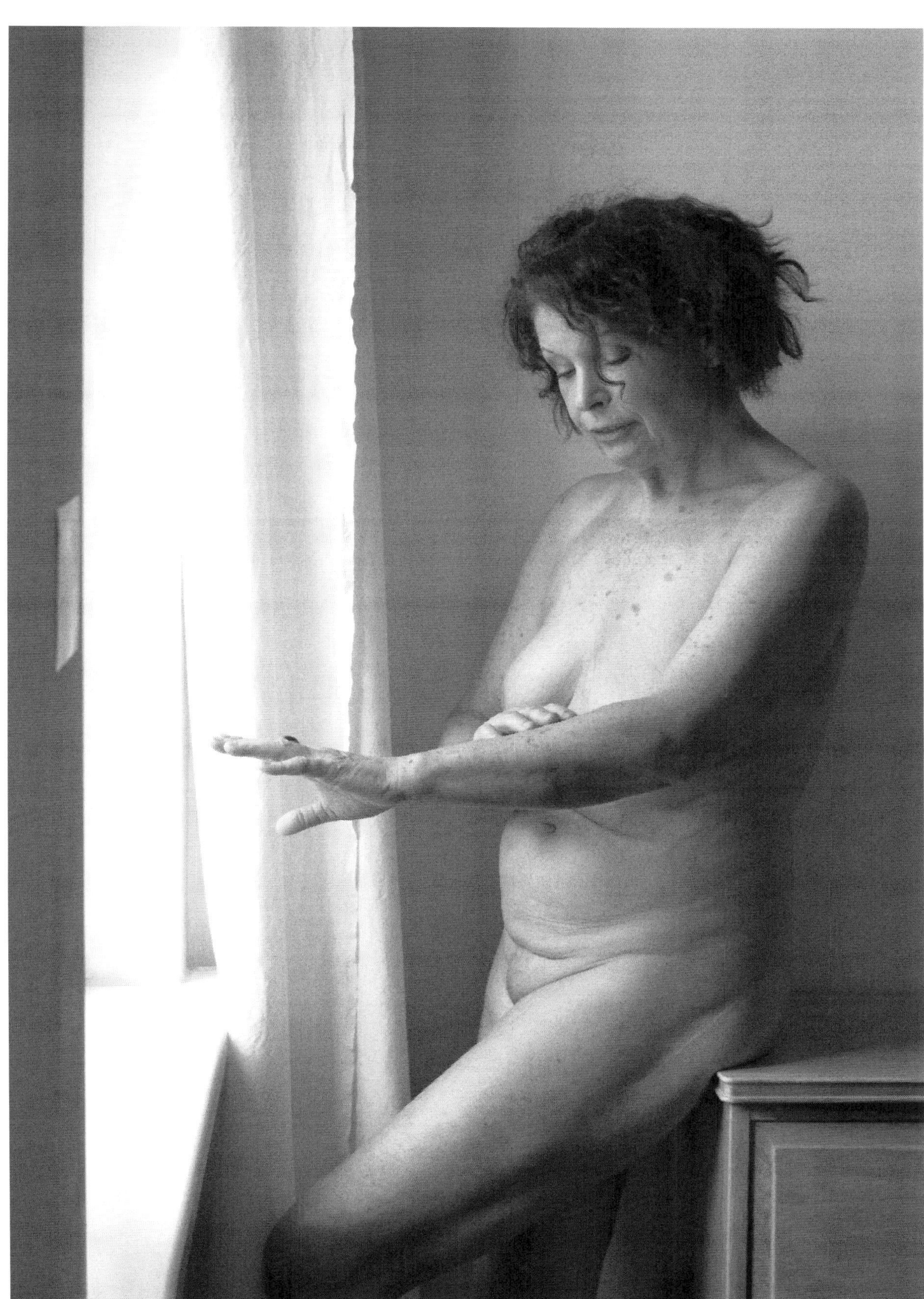

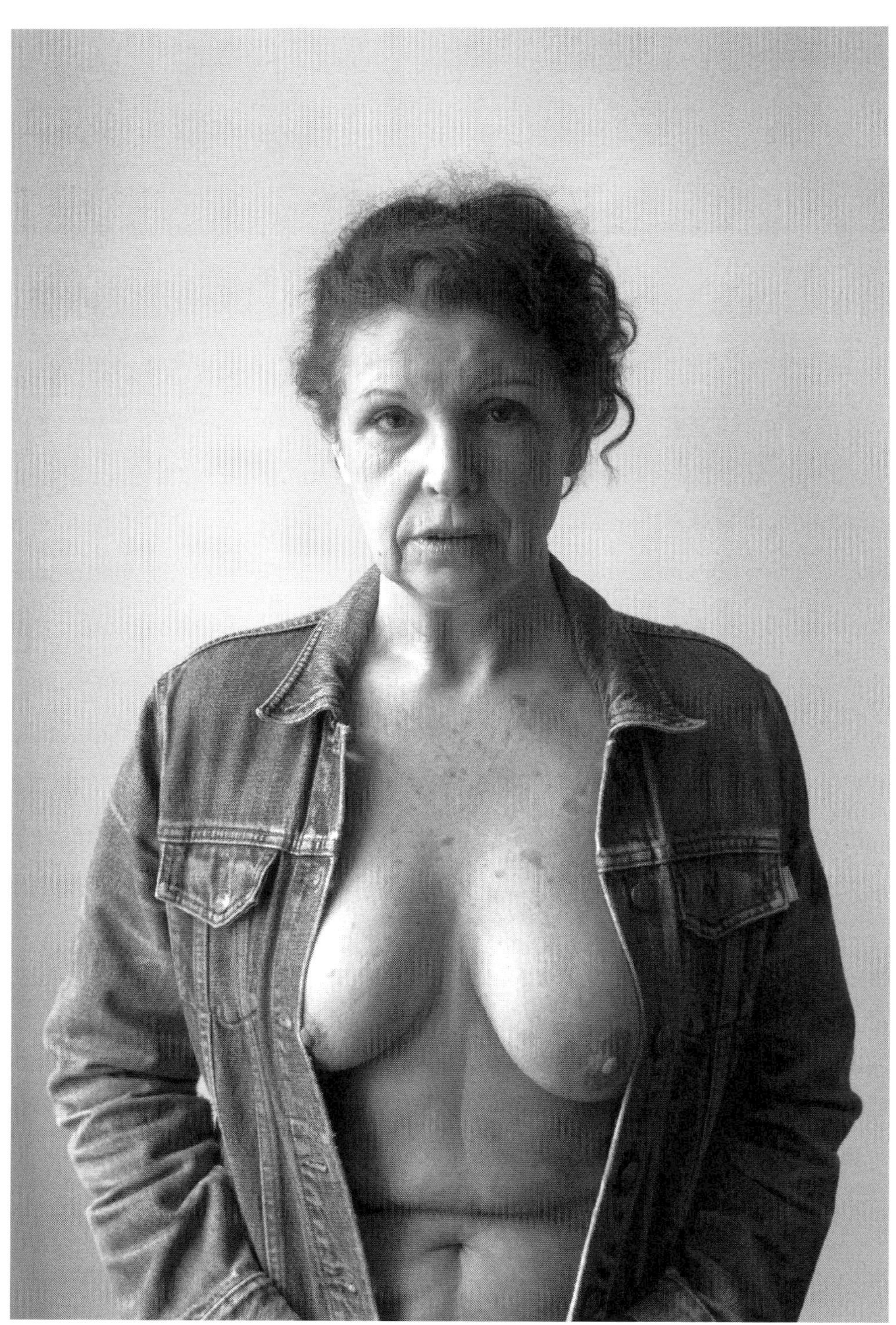

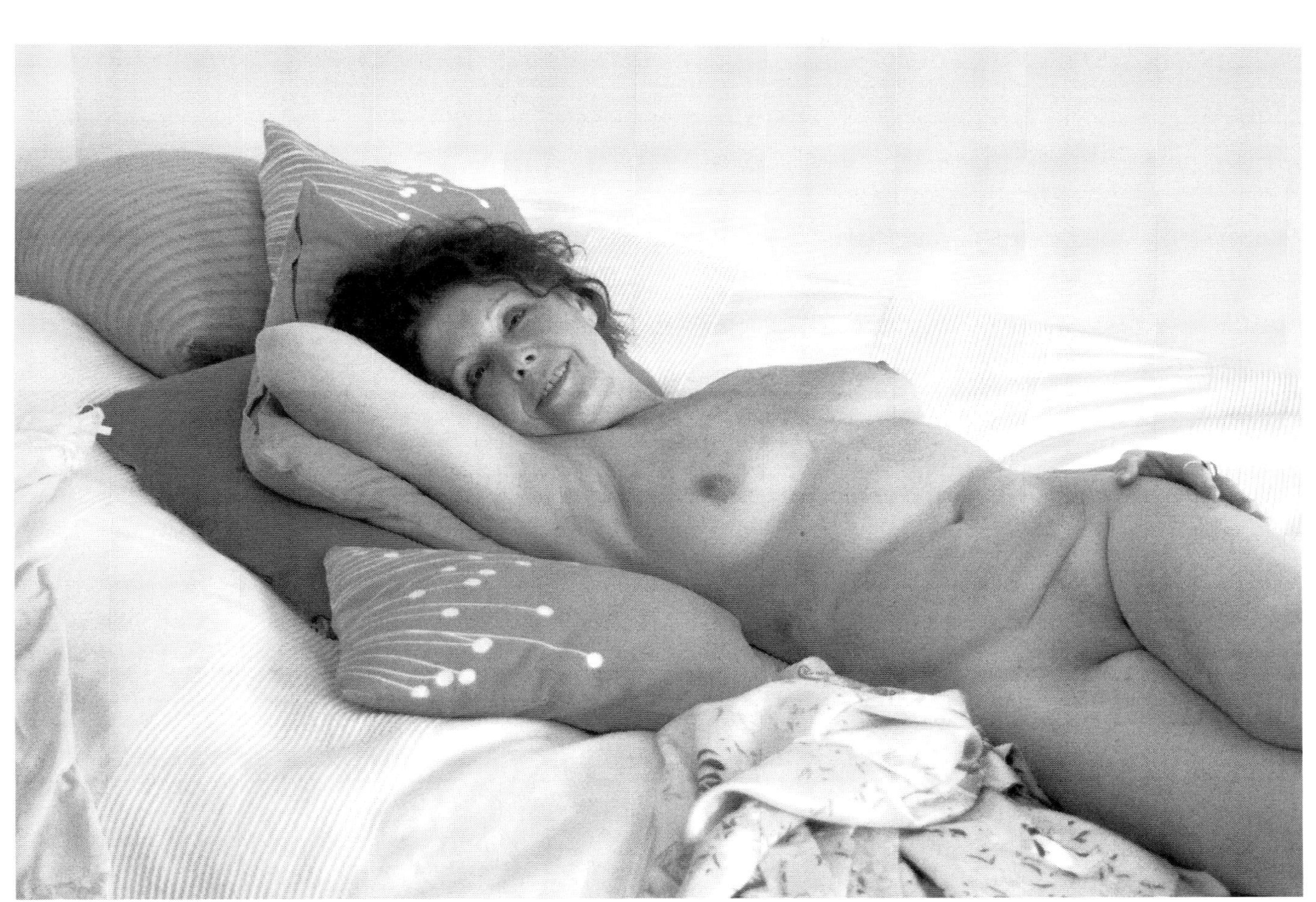

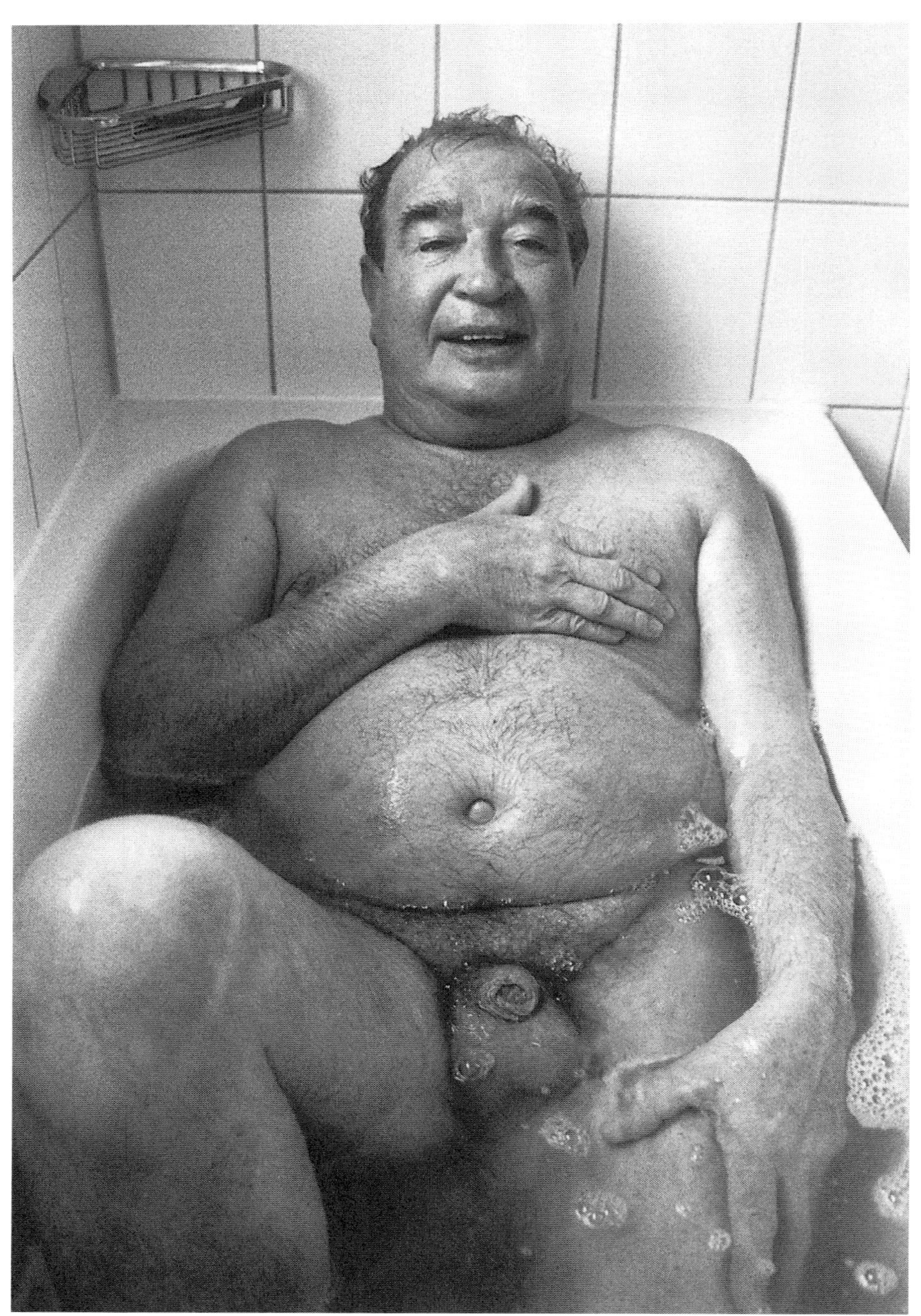

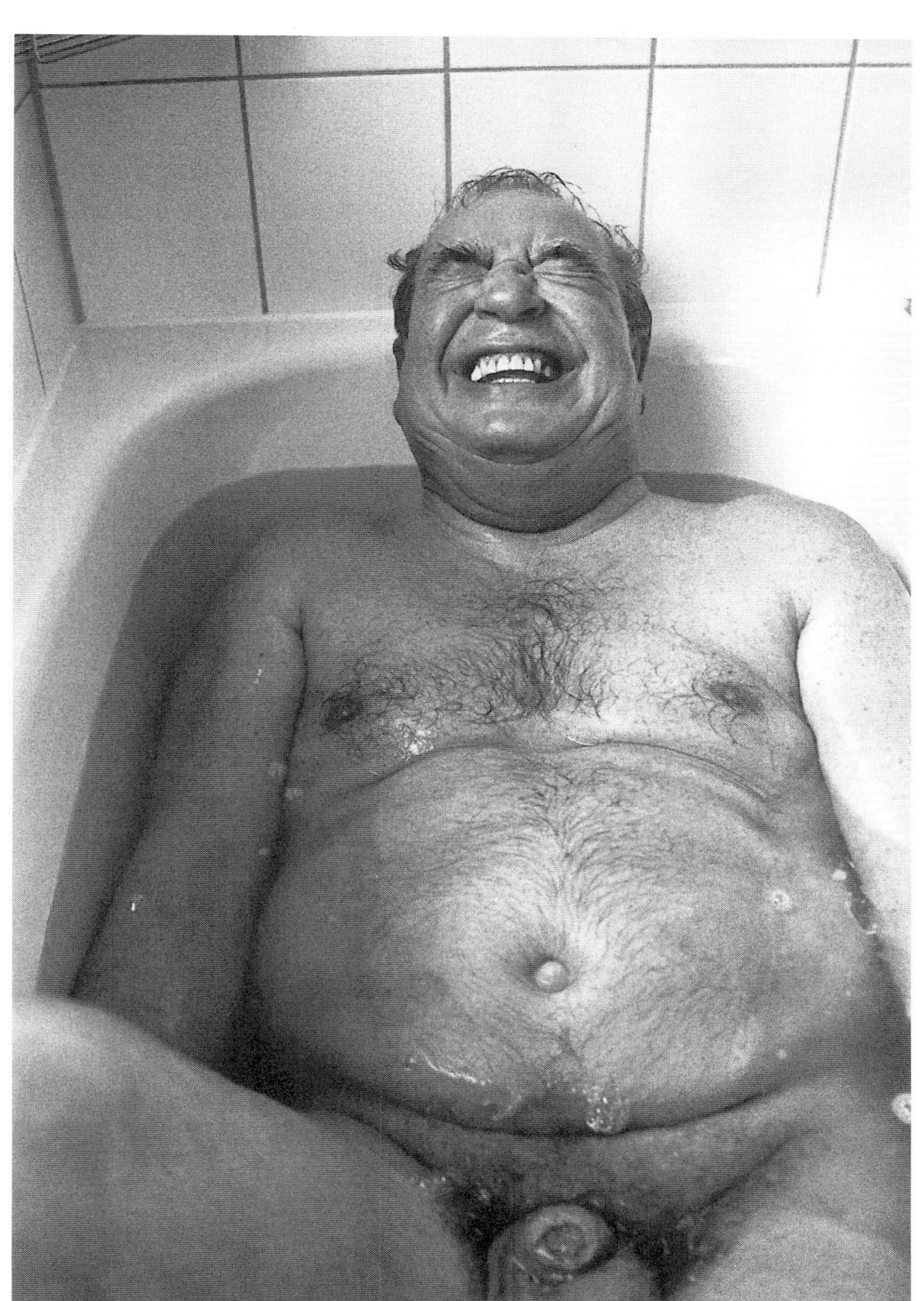

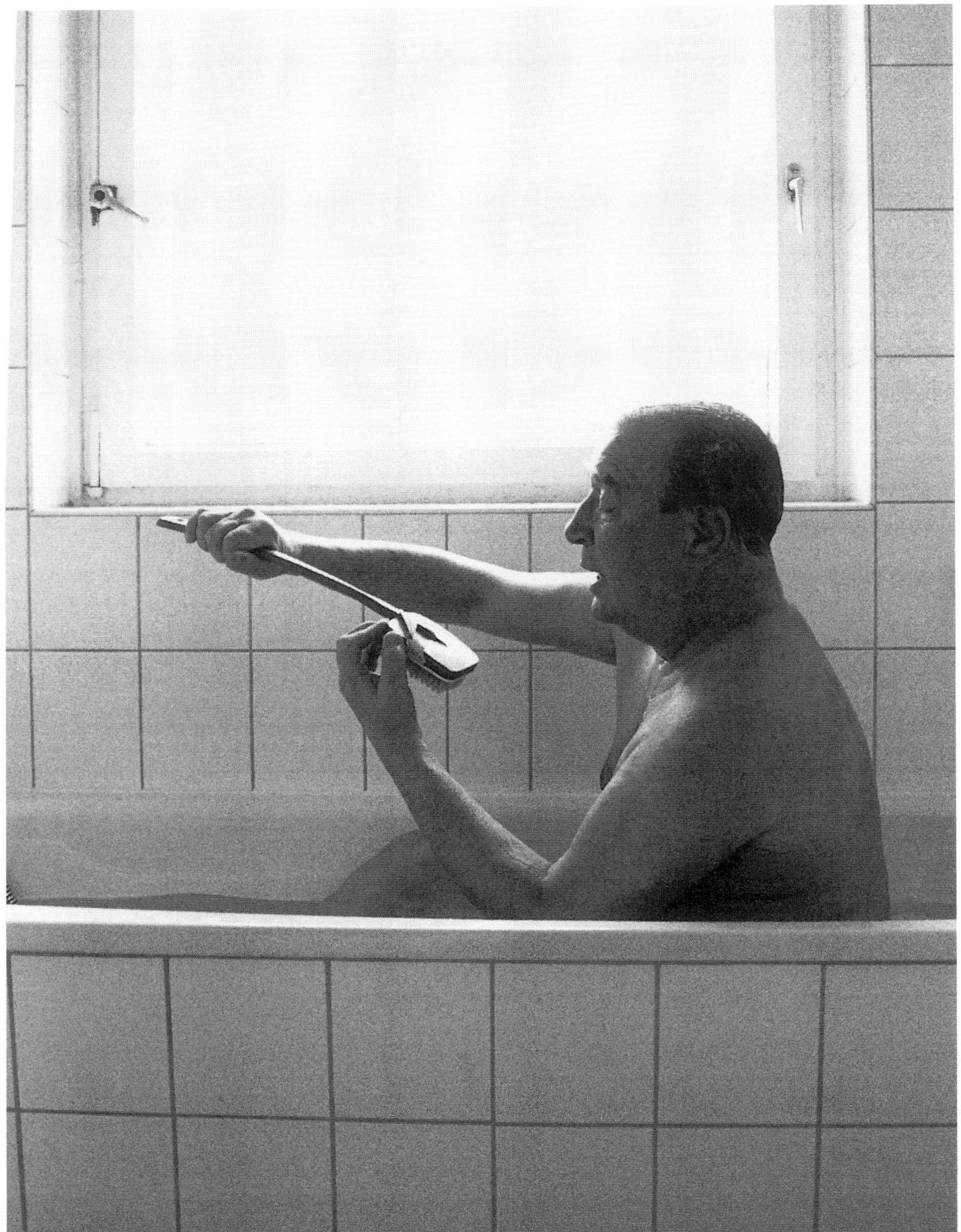

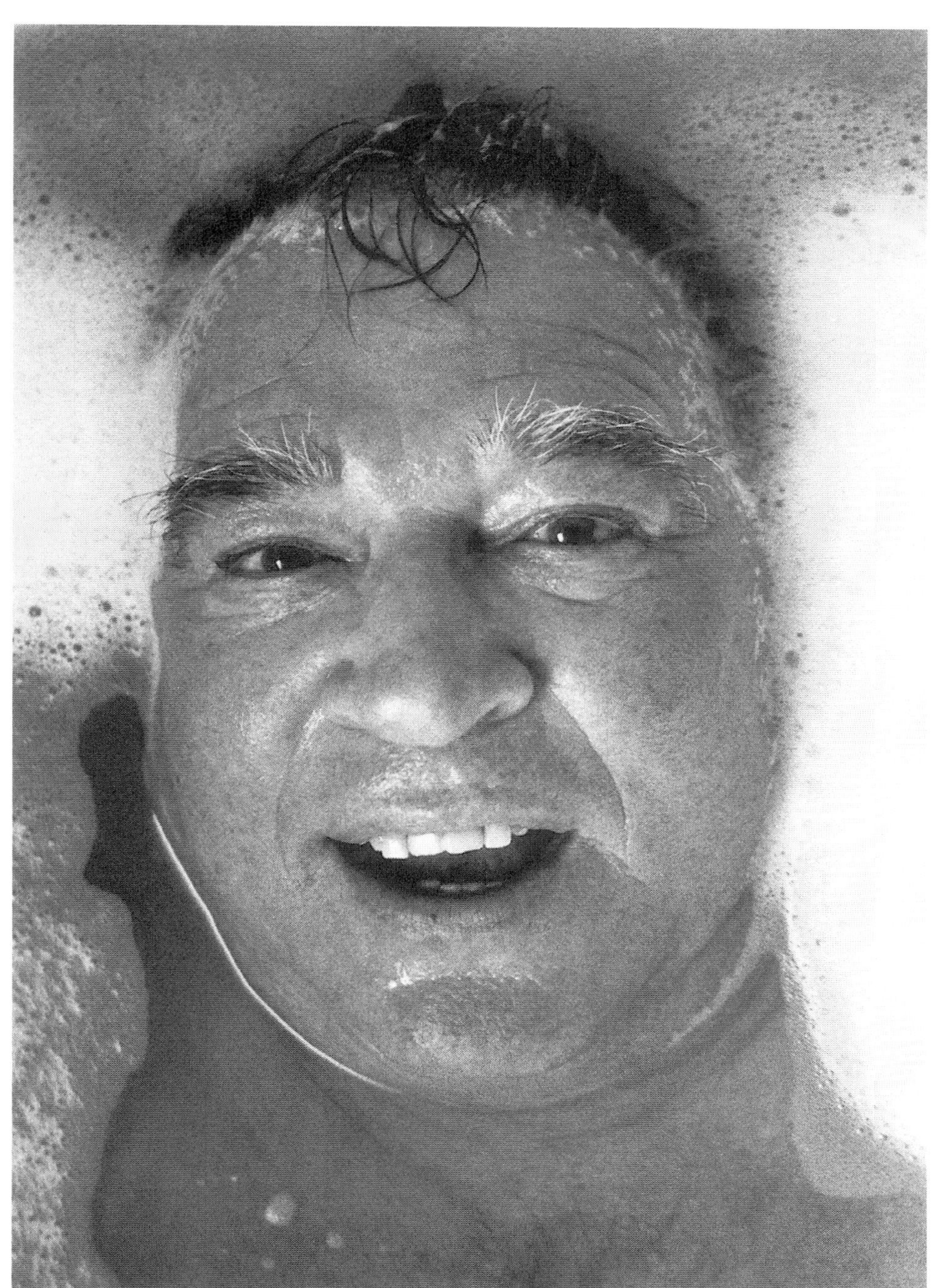

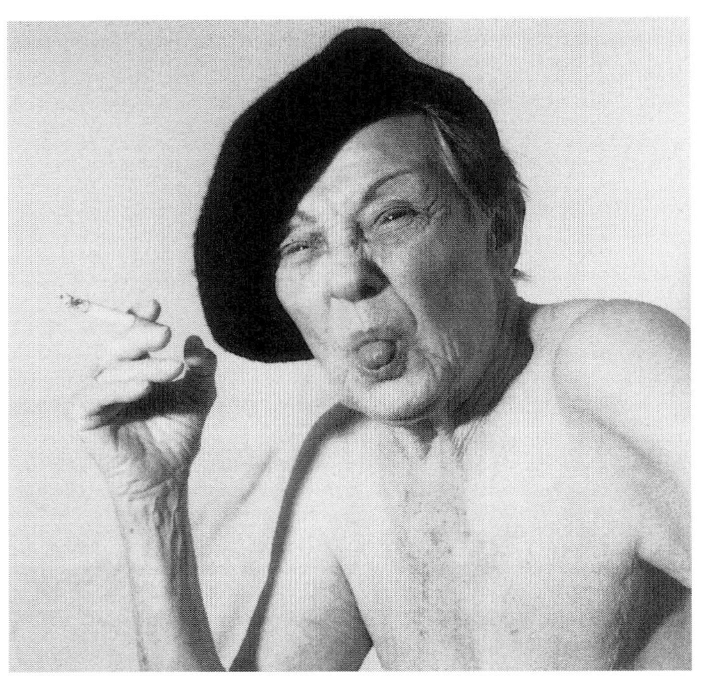
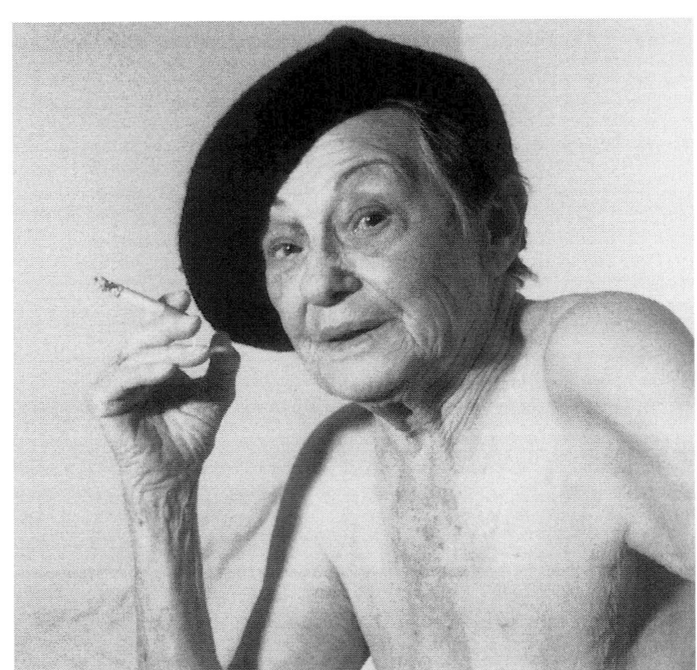
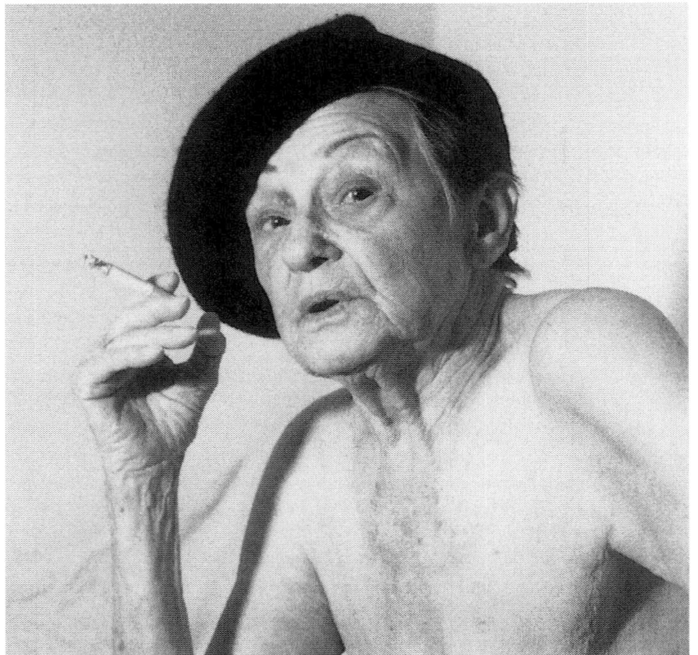
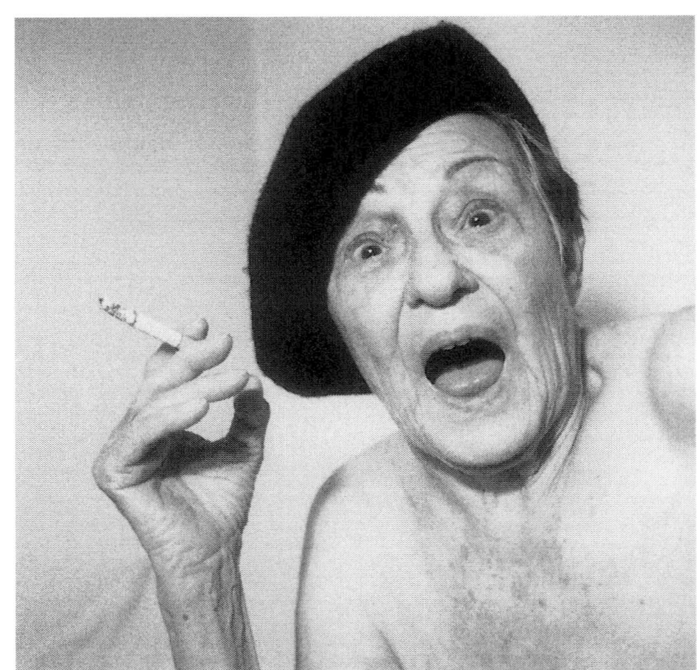

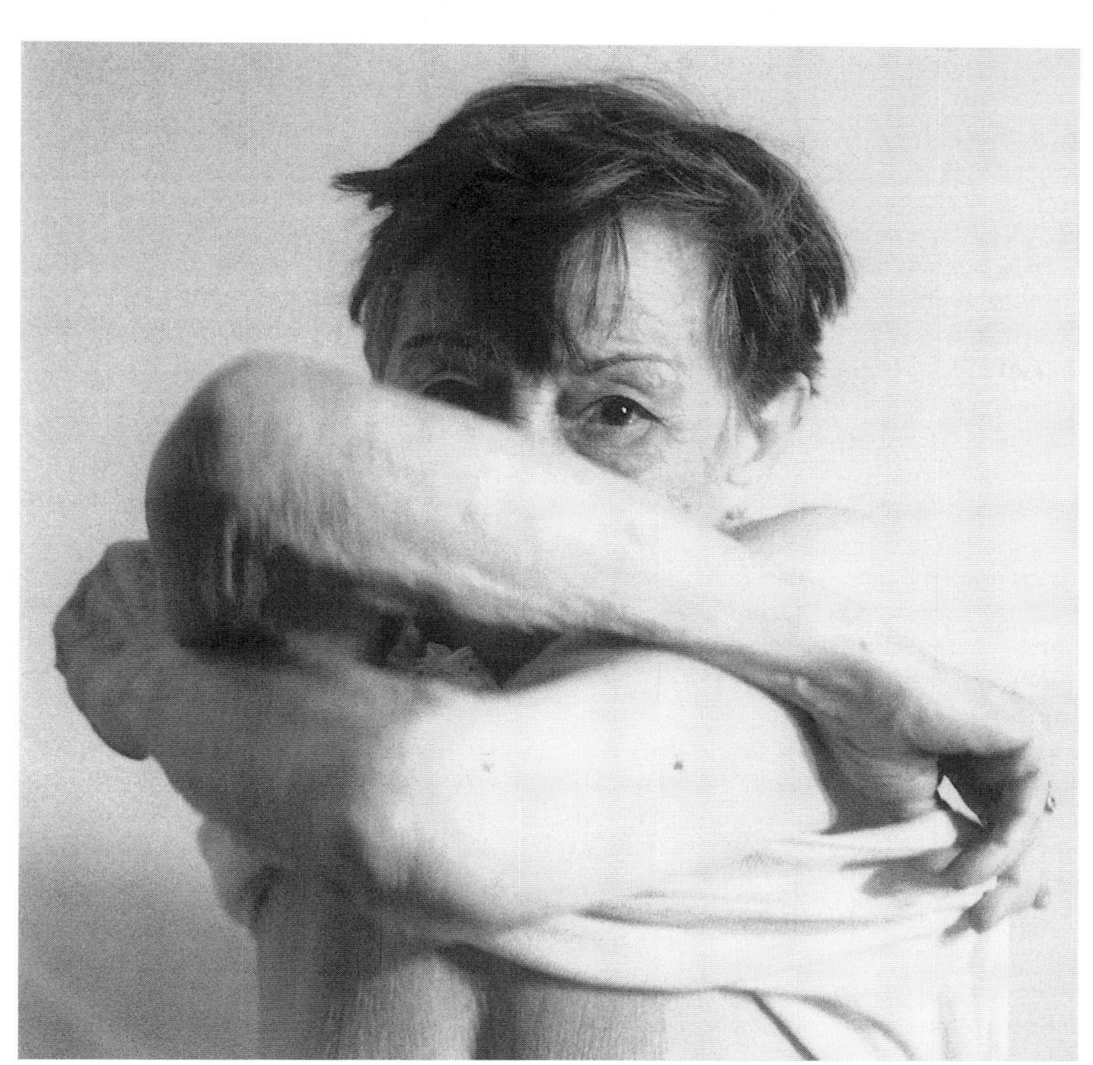

Jeder will alt werden, aber niemand will alt sein.

Natürlich ist "Alter" nicht "schön"; es sind Lügner, die das behaupten. Alt zu werden ist nicht schön, aber nicht alt zu werden, ist noch weniger schön. Das Wort "Alter" wird mit allen möglichen Synonymen verkleidet – man spricht von "älterer" Frau, "älterem" Mann - aber ich finde , man kann von einem gewissen Alter an – ab 70 etwa - sagen: ich bin alt.
Das Wort "Greis" dagegen mag ich nicht. Und eins der schlimmsten Worte - ich habe es neulich im ZDF gehört – ist "Lustgreis". Es gab einen Bericht über "Lustgreise". Kurz darauf war die 70jährige Bibi Jones (in den 1950er/60er Jahren berühmte schwedische Sängerin) in einer Talkshow. Sie hatte einen 45 Jahre jüngeren Mann geheiratet. Ist sie dann eine "Lustgreisin"? Kein Mensch würde auf die Idee kommen, sie so zu bezeichnen.
Es gibt alte Junge und junge Alte. Es gibt Frauen und Männer, die schalten sehr früh ab. Manche Fünfzigjährige sagen, das ist jetzt vorbei, ich bin alt. Und dann lassen sie sich gehen. Das ist eine Wechselwirkung. So können wir einen Unterschied machen zwischen dem biologischen und dem psychologischen Alter. Meine Freundin José zum Beispiel ist eine junge Frau im Herzen. Sie ist aktiv, erotisch, und will noch viel vom Leben. Wer ein bisschen auf sich achtet, seinen Körper ein bisschen pflegt, dem bleibt die erotische Ausstrahlung erhalten. Das gilt für Männer und Frauen gleichermaßen.
Am wichtigsten aber ist, dass man älteren Menschen deutlich macht, dass sie nicht das, was sie nicht mehr haben, - die straffe junge Haut usw. – für das Wichtigste in der Erotik halten. Sie haben, wenn sie es darauf anlegen, eine erotische Ausstrahlung des Wissens. Sie wissen viel mehr über ihre Erotik und ihre Sexualität, sie wissen, was sie wollen, was sie nicht wollen, sie können viel mehr. Sie wissen all das, was junge Leute oft noch überhaupt nicht wissen. Junge lassen sich irgendwohin treiben.
Ältere lassen sich nicht mehr manipulieren zu Dingen, die sie vielleicht nicht wollen, sie wissen genauer, was sie wünschen in der Sexualität und Erotik, ihre Berührungen sind kunstvoller und erfahrener... Und dieses Wissen verleiht ihnen erotische Ausstrahlung.
Manche Menschen haben das Gefühl, Erotik liegt in der glatten Haut. Sogar Simone de Beauvoir hat schon mit 50 gesagt, sie habe das Gefühl, die Anziehungskraft der Frau sei erloschen mit dem Altern der Haut. Doch später hat sie sich selber Lügen gestraft, denn sie hat erst danach die große Liebe ihres Lebens neben Sartre gefunden. Doch mit 65 sagte sie wieder: nun ist es vorbei, nun will ich nicht mehr, nun ist es aus. Warum?
Ein Problem alter Menschen ist, dass sie sich nicht mehr attraktiv fühlen - dagegen muss geschrieben und fotografiert werden. Wir sollten ältere Menschen ermutigen, immer wieder ermutigen, gebt nicht auf. Noch mal: das gilt für Männer und Frauen. Use it or loose it. Gebrauch's oder verlier's. Wenn jemand jahrelang keine Sexualität betreibt, auch nicht mit sich selber, dann verliert er es.
Das Hauptproblem alter Menschen ist ja meist, dass sie keinen Partner haben. Sie haben ihren Partner verloren. Sie sind geschieden oder getrennt. Und sie trauen sich nicht oder haben Schwierigkeiten, einen neuen Partner zu finden. Dann sollten sie – so banal das klingt - masturbieren. Um es nicht zu verlieren; das Gefühl für den eigenen Körper, für die eigene Wärme, die eigene Lust, sich immer weiter spüren zu können. Das ist meine grundsätzliche Empfehlung. Wir wissen: Sexualität ist nicht nur eine Angelegenheit der Lust, sondern auch eine der Gesundheit. Sexualität und erlebte Orgasmen halten die Haut jung, sind gut für den Kreislauf und vieles mehr. Ob es nicht gefährlich sei, mit Herzschwierigkeiten etc., werde ich immer wieder gefragt. Es gilt grundsätzlich, wer zwei Treppen hochlaufen kann, ohne in totale Atemnot zu geraten, der kann auch Sexualität erleben mit Orgasmen. Das ist ungefähr die gleiche Anstrengung.
Auch dieses anregende Gefühl, sich zu verlieben, hält die Haut jung ... Doch "Liebe" und "sich Verlieben" sind schwammige Begriffe. Was ist der Unterschied zwischen Liebe und Sexualität? Liebe fliegt einen an, Sexualität kann man lernen. Sexualität kann man auch "üben". Liebe und sich

Verlieben kann man nicht "ausüben". Das hast du oder kriegst du, dann bist du glücklich oder du hast es weniger – aber dann sollte man nicht nur unglücklich sein. Man kann trotzdem die Erotik pflegen. Nicht aufgeben. Das finde ich wahnsinnig wichtig.

Die Zeit hat sich verändert. Ich erzähle immer wieder diese Geschichte einer Freundin von mir: eine Psychologin hatte vor 25 Jahren eine 80-jährige Patientin. Die sagte immer, das Knöpfle –die Patientin war Schwäbin – das Knöpfle da unten, das juckt immer. Sie wollte das wegoperiert haben. Sie wollte die Klitoris wegoperiert haben. Die Ärztin und auch die Psychologin haben damals noch gesagt, na wenn Sie das unbedingt wollen, dann machen wir das. Aber das hat natürlich weiter gejuckt, das Knöpfle da unten. Denn, was den Leuten eingeredet wurde, dass die Klitoris so ein kleines Knöpfle ist, war ein Irrtum. Sie ist so groß wie der Penis und geht in den Körper hinein, sie ist ein Stamm, ein Zweig, der ganz tief in den Körper reicht, und so werden auch die Orgasmen erlebt. Das hat man früher nicht gewusst. Vor 25 Jahren dachte man noch, wenn die Frau das unbedingt möchte und sie sich dann subjektiv besser fühlt, dann kann man eine solche Operation machen. Das ist heute unvorstellbar... Wenn heutzutage eine 80-jährige in die Praxis dieser Psychologin kommt und unter der Tatsache leidet, dass sie noch starke Lustgefühle hat, dann bringt die Psychologin dieser Frau, die in ihrem Leben nie masturbiert hat, masturbieren bei. Das ist eine Befreiung. Jetzt darf sie das. Die Psychologin hat es erlaubt, sogar empfohlen und plötzlich sind diese Lustgefühle legitim

Das kommen wir auf ein spezielles Problem alter Frauen. Diese Frauen sind – fast gehirngewaschen – in einer Gesellschaft aufgewachsen, in der man ihnen gesagt hat, du darfst Sexualität nur haben, wenn du wirklich liebst. Und am besten nur in der Ehe. Das sitzt tief drin. Man muss sich vorstellen, wie schrecklich das in den frühen 50er Jahren war. Viele Frauen haben den ersten Kerl, der mit ihnen ins Bett gegangen ist, geheiratet. An den waren sie dann gebunden. Scheidung war gesellschaftlich kaum akzeptiert und schwierig. Und nun haben sie ihren Partner verloren. Es sei fürchterlich, erzählen sie, sie haben mit ihrem Mann eigentlich nie rechten Spaß gehabt und dann haben sie im Urlaub so einen Typen kennengelernt – sie wären überhaupt nicht verliebt gewesen – und dann... Da war ein bisschen Rotwein, ein bisschen Strand, und plötzlich waren sie mit ihm im Bett und haben einen tollen Orgasmus gehabt. Und dann erschrecken sie. Das kann ja nicht sein. Nun gibt es mehrere Möglichkeiten zu reagieren. Häufig – und das ist die schrecklichste Möglichkeit – denken sie: wenn ich das so doll im Bett empfunden habe, dann muss es Liebe sein. Sie legen es sich dann entsprechend zurecht: das kann ja nur die große neue Liebe sein – obwohl es vielleicht ein fürchterlicher Mann gewesen war. Sie war einfach in der richtigen Stimmung. Und er hat vielleicht die richtigen Sachen im Bett gemacht. Und das ist das Problem vieler älterer Frauen: diese Kopplung: Ich habe Lust empfunden, das muss Liebe sein. Nur mit Liebe kann man Lust empfinden. Es erzeugt nicht nur Schuldgefühle, wenn man ohne Liebe Lust hat, sondern es ist unmöglich. Sie bauen sich eine Konstruktion der Liebe auf und werden oft tödlich unglücklich, weil von der anderen Seite kein entsprechendes Gefühl da ist. Weil es der falsche Mann ist.

Ich bin überzeugt, dass sich das im Moment ändert. Die Frauen, die jetzt in die Menopause kommen, sind die Frauen, die in den 60/70er-Jahren aufgewachsen sind und Sexualität als solche akzeptiert haben, sie haben akzeptiert, dass sie auch sexuelle Wesen sind...

Und die darauf folgende Generation, die jetzt ganz Jungen, ist wieder anders. Ich habe letztes Jahr einen Vortrag vor 400 jungen Schwestern und Pflegepersonal aus Altersheimen gehalten: Es wurde der Vorschlag diskutiert, - was wir hier (in NL) schon haben - Kuschelecken in Altersheimen einzurichten. Und ich sagte, ich habe eine bessere Idee: dass es in jedem Altersheim eine Art kleine Wohnung gibt – mit Wohnzimmer und Schlafzimmer und Küche, wo sich Leute eintragen können, einige Tage zu verbringen. Dieser Vorschlag wurde von den älteren Leuten dort – Ärzten und Pflegepersonal – außerordentlich begrüßt und von den sehr jungen außerordentlich abgelehnt: Ja dann wissen wir ja, was die da machen. Diese Abwehr hängt vielleicht damit zusammen, dass man sich als junger Mensch nicht vorstellen kann und möchte, dass die eigenen Eltern und Großeltern Sex machen. Oder dass sie masturbieren. Das ist ein Tabu. Ich bin richtig wütend geworden; habe gesagt, Kinder, wir haben mit Herzblut gekämpft, auch dafür, dass ihr euch frei entscheiden könnt, wie ihr eure Sexualität leben wollt – und ihr möchtet es den Alten, mir und den anderen, praktisch nicht möglich machen... Freut euch doch. Eure Eltern und Großeltern werden dadurch länger jung und länger glücklich bleiben. Vielleicht werden sie neue Partner finden.

Neue Partner zu finden, ist schwierig. Ich kenne ein Paar in einem Altersheim. Sie haben sich dort kennengelernt und verliebt und haben mir ihre Lebens- und Liebesgeschichte erzählt. Sie saßen Hand in Hand und haben fünf mal im Verlauf dieses Gesprächs gesagt: "Herr Kolle, Sie müssen eins wissen, wir tun nichts Unrechtes." Und ich sagte: "Was meinen Sie denn?" "Na Sie wissen schon, das machen wir nicht." Das kann man nur machen, wenn man verheiratet ist. Und heiraten wollen sie nicht und ohne ist es unrecht... Dieses "nichts Unrechtes tun wollen" ist so tief verankert. Wir haben zwar die Leute aus der Kirche rausgekriegt, aber nicht die Kirche aus den Leuten. Das sitzt: Was man darf und was man nicht darf, das Sündengefühl: "Das ist unanständig." "Wenn man älter ist, schickt sich das doch nicht mehr..." "Das ist doch was für junge Leute..." usw. Doch auf der anderen Seite wollen die meisten "Älteren", solange es irgendwie geht, auch Erotik, Sexualität und Liebe erleben. Dieses Wollen und ein Hindernis im Kopf liegen im Widerstreit miteinander: es gibt eine Blockade, Erotik wirklich auszuleben. Das Hindernis setzt sich fort unter den jüngeren. Daher kommt auch die Frage: ein Buch mit sinnlichen Fotos von "Alten" - geht das überhaupt? In erotischen Kunstbüchern gibt es kaum Bilder von Älteren.

Ich habe das Thema Alterssexualität mit 40 angefangen zu bearbeiten, habe es schon damals als wichtiges Thema gesehen und bin zu den Chefredakteuren großer Illustrierten gegangen. Die waren begeistert und haben gesagt: "Phantastisches Thema, mach doch - aber bitte keine über 40, das kann man nicht illustrieren." Grotesk. Sie nehmen 20-jährige, und eine 40-jährige war damals schon jenseits des Abbildbaren. Deshalb fand ich es gut, als "ältere" Schauspielerinnen – z.B. Christine Kaufmann im Playboy auftauchten. Hier in Holland gab es vor kurzem eine Podiumsdiskussion mit prominenten "älteren" Frauen – Schriftstellerinnen – und wieder haben sie geäußert: Mich guckt ja keiner mehr an. Sie saßen da in riesigen Schlabberkleidern, Körper auseinandergegangen, Gesichter depressiv... Das ist ein Teufelskreislauf. Wenn sie schon ausdrücken, ist ja alles egal, mich guckt sowieso keiner mehr an, dann guckt sie vielleicht auch keiner mehr an. Manche Menschen wollen sich einfach gehen lassen, haben keine Lust mehr, auf sich, auf ihre Körper zu achten – das kann auch Freiheit bedeuten. Aber man kann nicht auf der einen Seite sagen: ich hake das ab, ich will nicht mehr, und sich auf der anderen Seite beklagen: Niemand guckt mich mehr an und ich habe gar keine Möglichkeit mehr, jemand kennenzulernen.

Ein Problem, wenn jemand sehr früh abhakt, könnte allerdings auftauchen: ES kann ja doch noch mal kommen. Und dann kommt ES plötzlich. Vielleicht gerade dann, wenn man ES nicht unbedingt erzwingen will. Dann hat er/sie sich gehen lassen und findet sich selbst plötzlich total unattraktiv... Ältere heterosexuelle Männer haben es einfacher als ältere heterosexuelle Frauen, jemanden zu finden. Das gebe ich zu. Doch es gibt viele ältere Frauen, die dem widersprechen. Wie Bibi Jones - sie ist wahnsinnig attraktiv und aufregend, und sie ist 70. Oder Mae West, die mit 80 den berühmten Ausspruch getan hat: ist das dein Schlüsselbund, oder hast du solche Sehnsucht nach mir. Es hat immer ältere Frauen gegeben, die eine starke erotische Ausstrahlung haben und die auch Freunde finden. Wir sollten uns daran orientieren und nicht an den Leuten, die aus irgendwelchen Gründen sagen, nee, nö, das klappt nicht mehr, nee, das muss nicht sein.

Ich möchte sagen, ganz persönlich sagen:

Ich habe ungeheuer gern und viel und ausdauernd Sexualität, ich finde es wunderbar, es ist einfach eine schöne herrliche Sache. Es vertreibt die Alterstraurigkeit. Mit der kämpft jeder. Und die Sexualität ist ein wunderbares Heilmittel auch bei Schmerzen. Man vergisst seine Rückenschmerzen. Es ist halt so – im Alter kriegst du automatisch mal hier ein Zipperlein, da ein Zipperlein; die Zähne machen nicht mehr mit, der Rücken; immer hast du irgendwas. Und ich kann nur aus eigener Erfahrung sagen, beim Sex vergesse ich all das.

Es gibt ein großes Bedürfnis nach Wärme und Zärtlichkeit, klar. Nur habe ich dennoch immer Schwierigkeiten damit, wenn die Leute sagen: im Alter verändert sich alles, es geht viel weniger um den Orgasmus, es geht eigentlich mehr um Wärme und Zärtlichkeit. Hör auf. Das stimmt nicht. Es geht um Sexualität, wirklich runde Sexualität. Die man auch voll erleben kann.

Wir kommen in die Zeit - ich nenne es mal so - einer zweiten sexuellen Revolution. Das hat angefangen mit Viagra, und es wird weitere Mittel geben. Auch Frauen, die mehr Lust erleben wollen, können sich durch Medikamente helfen lassen. Durch kleine Dosen männlicher Hormone. Natürlich gab es sofort wieder empörte Reaktionen, etwa in einem Artikel in der Welt: Das ist doch fürchterlich, die armen alten Männer werden jetzt von ihren geilen Frauen überfallen... Es gibt auch eine Reihe von lokal wirkenden Hormonmitteln, die die Gleitfähigkeit der Vagina verbessern .

Und mit diesen Mitteln verdickt sich die Wand der Vagina wieder. Das Problem vieler alter Frauen ist: die Wand wird pergamenten... Natürlich kann frau auch Gleitmittel benutzen...

Aus diesen medizinischen Möglichkeiten wird eine große kritische Diskussion entstehen, aber die Mittel sind da oder kommen. Es kommen auch andere Mittel für Männer, die besser wirken als Viagra. Die landläufige Meinung, die BILDzeitungsmäßig verbreitet wird: Viagra sei so etwas wie eine Partydroge, ist Unsinn. Viagra ist kein geilmachendes Mittel – d.h. es erzeugt keine sexuelle Erregung, sondern wirkt ausschließlich bei vorhandener sexueller Erregung: Dann wird der Penis steif. Wir wissen aus Untersuchungen in Holland, dass die Frauen und Freundinnen von impotenten Männern mehr leiden als die Männer selbst. Männer sind eher bereit, das wegzudrükken. Man geht wegen jeder Kleinigkeit zum Arzt, wenn man Halsschmerzen hat, eine kleine Schnittwunde am Finger, eine Verletzung des Fußnagels, ein wenig Ohrenschmerzen. Aber wenn ein so wichtiges Organ ausfällt, geht der Mann nicht zum Arzt. Früher hieß es: es gibt keine impotenten Männer, es gibt nur ungeschickte Frauen. Oder: ein Mann der keine Erektion kriegt, liebt nicht, begehrt diese Frau nicht. Wir wissen in der Zwischenzeit, dass Impotenz in 90% der Fälle nicht seelisch bedingt ist, sondern körperlich. Bei Diabetikern, bei Menschen mit Blutdruckproblemen usw. ist Impotenz rein körperlich bedingt – und dagegen gibt es die Erektionsspritze, dagegen gibt es Viagra.

Natürlich gibt es eine Wechselwirkung von seelischen und körperlichen Problemen, das ist gar keine Frage, und das körperliche Problem wird mit Ängsten überlagert. Die Ängste der Frauen sind: ich hab was falsch gemacht, sonst hätte er eine Erektion – er liebt mich nicht genug, sonst hätte er eine Erektion – er geht fremd, er verschwendet sich bei anderen Frauen, deswegen hat er bei mir keine Erektion... Frauen und Männer leiden unter dem Stress, den eine Impotenz hervorruft. Beginnende Impotenz ist häufig ein Signal für eine andere Krankheit. Häufig ist eine Verkalkung und Verengung der kleinen Blutgefäße die Ursache. Manchmal wird festgestellt, dass eine noch nicht diagnostizierte Diabetes vorliegt. Und so weiter. Es ist ein Signal. Man sollte nicht dieser obsessiven Idee folgen: Ja wenn einer wirklich lieben würde, dann würde er eine Erektion kriegen.

Andere - feministische - Argumente der Viagra-, bzw. Anti-Viagra-Diskussion waren: Zur Liebe braucht man(n) eigentlich keine Erektion... Als wenn eine Erektion überhaupt nicht nötig sei. Ich stelle mir vor – schreib das bitte auch! – ich würde sagen: Eine Frau braucht keine feuchte Scheide, keine erigierte Klitoris. Es geht ja auch so. Das Land wäre für mich zu klein. Die Frauen würden mich steinigen, zu Recht. Früher haben wir gesagt – wohl als Trost, weil wir nichts anderes hatten: Solange du deine Zunge und 10 Finger hast, kannst du immer eine Frau befriedigen. (Obwohl in der Realität noch immer viele Männer "Cunnilingus" für eine irische Fluggesellschaft halten, und mit der Klitoris geht es ihnen wie mit der Waschmaschine: Sie wissen zwar, was das ist, aber nicht wie es funktioniert). Natürlich ist es schön, eine Frau mit Fingern und Zunge zu befriedigen, aber wenn ein Mann es nur deshalb macht, weil er keine Erektion bekommt, dann heißt das auch Stress. Eine schöne Vorstellung: Da liegt ein Mann und bringt die Frau zum Orgasmus, sie hat ihren Spaß und braucht den Penis nicht. Aber manchmal will sie ihn doch haben. Sie sagt, ach das macht doch nichts, ist doch schön so... und eigentlich glaubt das kein Mann. Wenn er es sich erklären kann, also z.B. weil er zuviel getrunken hat, zu müde ist, kann er sagen, ok morgen geht's wieder, aber wenn das immer wieder vorkommt, dann ist es ungeheuer belastend für ihn. Ich möchte das nochmal sagen: Kein Mensch würde auf die Idee kommen, bei Frauen zu behaupten: Macht doch nichts, dass deine Scheide trocken bleibt, deine Klitoris nicht erigiert, es geht doch auch so, ist doch auch so schön.

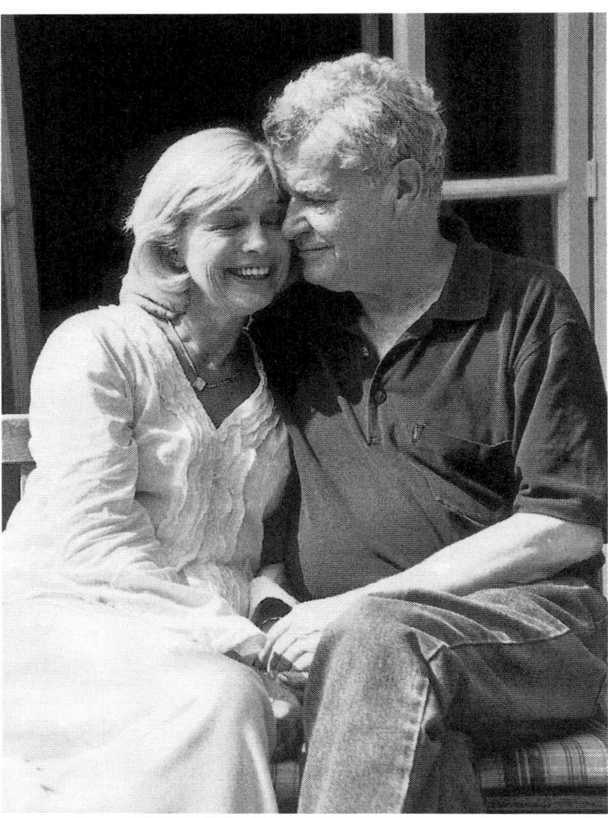

Ganz egal ob 2 Frauen, 2 Männer oder Mann und Frau. Es gibt immer ein Zusammenspiel von Phantasien und Ängsten und von körperlichen Dingen. Ich sehe keinen so großen Unterschied zwischen homosexuellen und heterosexuellen Paaren. Gerade ältere Paare, die sehr lange zusammen sind, haben dasselbe Hauptproblem mit der Sexualität. Man muss sich das so vorstellen: da ist die breite Sexualität mit all ihren Möglichkeiten und im Laufe der Zeit spielen sich zwei Menschen aufeinander ein. Das ist einerseits gut so: Weil man weiß, wobei das Gegenüber schön und schnell oder langsam kommt. Man spielt sich ein, um dem anderen auf einem sicheren Weg gut zu tun. Doch die andere Seite ist, dass sie zum Schluss auf einen winzigen gemeinsamen Nenner aus dem riesigen Feld der Sexualität kommen – und so kann es stinklangweilig werden. Keiner wagt mehr, dem anderen zu sagen, also eigentlich möchte ich lieber mal dies oder das. In diesem Zustand müssen wir den schmalen Pfad wieder verbreitern. Du hast doch noch Wünsche. Du hast andere Ideen...
Die Wünsche laufen manchmal auch in Richtung anderer Menschen. Das hat dann mit sexueller Technik wenig zu tun. Es ist die Frage, wieweit Menschen es schaffen, diese Wünsche in ihre Beziehung zu integrieren. Es werden so viele Wünsche unterdrückt. Beide denken doch, wenn ich jetzt den oder jenen Wunsch äußere, dann denkt der oder die andere: Ich habe es bisher nicht gut gemacht – oder: Wo hat sie, wo hat er das her, hat er, hat sie das woanders gelernt usw. Meine Frau und ich, wir haben uns dazu bekannt, eine offene Ehe führen zu wollen, weil wir nicht das verstunkene kleinbürgerliche Betrügen hinter dem Rücken haben wollten. Wir haben gesagt, unsere Treue heißt Vertrauen, heißt, den anderen nicht hinter dem Rücken schwarz machen, keine heimlichen Geschichten, sondern sich gegenseitig sagen: Da ist was – sich aber auch mal sagen können: Jetzt gehst du zu weit, du entfernst dich zu weit, überlege dir das mal. Das war unsere Art. Wer das nicht kann, der

soll das lassen. Wer zu leicht schwitzt soll aus der Küche bleiben, hat H. S. Truman gesagt.
Für andere Menschen ist eine Möglichkeit, viele wechselnde Beziehungen zu haben. Sie möchten immer neu in einen Rausch der Verliebtheit fallen. Manche jagen dem Gefühl des Verliebtseins hinterher.Es kann aber sein, dass sie ein einsames Alter haben werden. Dieses Gefühl bleibt nicht immer gleich in einer Beziehung, es geht auf eine andere Ebene. Man muss an einer Beziehung arbeiten. Mir sagte neulich eine Journalistin: Ich will doch nicht an einer Beziehung "arbeiten". Wenn ich liebe, dann liebe ich. Ja, das ist schön, wenn man jung ist... Aber wenn man älter ist, könnte man schon ein bisschen an Beziehungen "arbeiten". Man kann auch mal bewusst sagen, ich will jetzt – eigentlich habe ich gar keine Lust – aber trotzdem: Der Partner braucht es und darum will ich es. Z.B. wenn der Partner krank ist. Meine Frau hatte Brustkrebs, und es war so wichtig nach der ersten Operation, dass ich sie in die Arme genommen habe, und dass ich mit ihr geschlafen habe. Weil sie das Gefühl hatte, sie wäre keine vollständige Frau mehr. Ich sagte: Das interessiert mich nicht. Ich habe doch nicht deine Brüste geheiratet, ich habe dich geheiratet. Du bist die Liebe. Du bist für mich immer noch heil. Das sind Dinge, die wichtig sind. Etwas tun, wenn der Partner einen braucht. Es muss nicht immer – die Idee, die die Jungen so haben – nicht immer so schnufflig sein. Da gilt: wenn es nicht mehr so ist, dann geht es nicht mehr. Das dauert im Durchschnitt vier Jahre. Nach vier Jahren ist es nicht mehr schnufflig. Dann gehen die Leute auseinander. Dieser Zeitpunkt ist der Höhepunkt der Scheidungen und des Auseinandergehens von Partnern. Denn danach würde beginnen, was man nun "Arbeit" oder "aufeinander Eingehen" nennen könnte. Dazu gehört auch, dass man als älteres Paar mal sagt: Wir haben so lange nicht miteinander geschlafen, lass es uns heute abend mal wieder tun. Nicht spontan, sondern geplant. Das ist so wichtig. Aber man muss es den Leuten sagen. Sie sind so vergiftet von der Idee der Liebe. Die Liebe, sie kommt einfach, sie überfällt die Menschen und die Sexualität läuft dann mit, immer ganz spontan. Aber vielfach nutzt auch die große Liebe nichts. Man kann nicht immer auf das "Spontane" vertrauen in der Sexualität. Man muss Sexualität immer wieder miteinander ausprobieren. Was will man? Wie gehen die Phantasien? Und dann eben nicht spontan, sondern geplant und bewusst. Z.B. sagen: Wir fahren jetzt ein Wochenende weg und dann machen wir Liebe.
Natürlich muss man keine Sexualität haben - das ist klar. Alle Empfehlungen gelten immer nur für die Menschen, die sagen, ich möchte eigentlich mehr Lust leben.
Aufgrund meiner Beschäftigung mit Alterssexualität wurde ich schon mehrfach angegriffen: Jetzt bringt er die auch noch unter einen Leistungsdruck – oder: Jetzt versucht er auch noch die Alten zu verderben! Nein, ich will ihnen Mut machen. Und die, die es nicht mehr wollen, sollen es halt lassen. Wer bin ich denn - als würden sie sich von mir verführen lassen. Ich wende mich an die, die noch wollen. Sex ist schön. Erotik zu leben verleiht Schönheit. Die Haut glüht, die Augen leuchten...
Ich wurde mal gefragt: Jagen Sie immer noch nach Frauen. Nein. Denn ich habe mein Leben lang nicht gejagt. Ich kann das nicht, habe mich "verführen" lassen. Wie und wo ich meine heutige Liebe kennengelernt habe? Hier beim Italiener um die Ecke, in dem ich immer alleine essen ging. Sie saß – auch alleine – an einem anderen Tisch. Ich habe sie ja erst für eine andere gehalten und mich gewundert, dass sie nicht "Hallo" sagte und habe sie angelächelt und sie hat mich angelächelt. So haben wir uns immer wieder mal angelächelt. Aber sie musste dann den ersten Schritt machen. Mir ganz deutlich zeigen: Ich will was von dir. Das war sehr hübsch. Wir haben uns ein bisschen zugelächelt und dann bin ich an die Bar gegangen, um zu bezahlen und da hat sie sich neben mich gestellt. Und dann habe ich die Initiative übernommen und habe gesagt: Also eines möchte ich; wir essen hier niemals mehr an getrennten Tischen, findest du das gut? Und da hat sie gesagt: Ja, das finde ich gut.

Oswalt Kolle

Gesprächsmitschrift eines Gesprächs von Claudia Gehrke mit Oswalt Kolle, Amsterdam, September 2002

ANJA MÜLLER, geboren 1971 in Berlin (Ost), dort aufgewachsen. Mit 12 Jahren hat sie begonnen zu fotografieren, Bilder auf den Straßen Ostberlins.
Anja Müller geht mit den vor ihr fotografierten Menschen eine Beziehung ein, in der sie sich sicher fühlen und aufgehoben. (Auch wenn diese Beziehung manchmal nur für die Dauer einer Fotositzung besteht.) Dadurch gelingt es ihr, sehr intime Bilder zu machen und immer wieder einmal auch Seiten aufzuspüren, die die fotografierten Personen selbst noch nicht kennen. „Anja Müllers Bilder zeichnet eine selten zu findende Vertrautheit und Gegenwärtigkeit aus.“ (Märkische Allgemeine)
Ende 2021 erscheint ihr 10tes Fotobuch: „Männer 2“, weitere Fotobücher u.a. „Mittendri. Erotische Fotografien von Frauen zwischen 45 und 55; Paare 2; Frauen 2. Veröffentlichungen in Anthologien, Coverabbildungen.

SIGRUN CASPER, geboren 1939 in Kleinmachnow, 1961 Flucht nach Westberlin. Lebt in Berlin als Autorin. Kunst- und Pädagogikstudium, bis 1994 Lehrerin an einer Lernbehindertenschule. Erzählungen, Romane und Jugendbücher. Zuletzt: „Unterbrochene Schienen. Ost-West-Geschichten“, „Wortschätzchen 2.0“

OSWALT KOLLE, 1928 bis 2010, berühmter Sexualaufklärer. Er veröffentlichte Filme, Vorträge, Bücher und lebte in Amsterdam. Bücher in den letzten Jahren u.a..: Die Liebe altert nicht. Erfüllte Sexualität ein Leben lang – Nach beiden Seiten offen. Lust und Last der Bisexuellen (zus. mit Sabine zur Nieden).

Impressum

Die erste Ausgabe des Buch erschien 2003.
PF 1621 – D-72006 Tübingen ·
Tel. 07071-66551 – Fax 07071- 63539
gehrke@konkursbuch.com
www.konkursbuch.de

Gesamtherstellung: TZ-Verlag & Print GmbH, D-64380 Roßdorf

ISBN 978-3-88769-193-6

Gerne schicken wir Ihnen auch unser gedrucktes Gesamtverzeichnis